La Mercadotecnia Política en América Latina

Andrés Valdez Zepeda
Miguel Angel Esparza Iñiguez
Sergio Díaz González
Arturo Vergara Ochoa

Índice temático

Parte uno: mercadotecnia política

Parte dos: Mercadotecnia gubernamental

Parte Uno: Mercadotecnia política

Objeto y Campo de Estudio de la Mercadotecnia Política

En el debate especializado, se ha iniciado una discusión sobre la naturaleza y el carácter disciplinar de la mercadotecnia política, ya que diferentes expertos la catalogan por una lado, como ciencia, mientras que otros, la describen como un arte, una técnica, un proceso social y administrativo[1] e incluso una tecnología. De igual forma, hay autores que consideran a la mercadotecnia política como parte de las ciencias políticas, otros como una subdisciplina de la mercadotecnia comercial y otros como parte de las ciencias de la comunicación.[2]

Sin duda, que sobre este nuevo y controversial campo del conocimiento existen múltiples interpretaciones y lecturas, muchas de ellas encontradas, no sólo sobre su naturaleza, desarrollo histórico y su carácter ético, sino incluso sobre sus verdaderas atributos y potencialidades. Esta variedad de lecturas ha generado muchas interrogantes y cuestionamientos que, hasta el momento, no se ha podido responder con satisfacción.

Hasta hoy la mercadotecnia política es, al menos para nuestro país, un campo del conocimiento muy ambiguo que incluye aspectos que tienen que ver con la investigación y segmentación de mercados político-electorales, los procesos de comunicación política, la cuestión de la imagen y el trabajo proselitista y de construcción de legitimidad social por parte de partidos e instituciones políticas, candidatos a puestos de elección popular y gobernantes.

En este escrito, lo que se busca es tratar de dar ciertas explicaciones conceptuales sobre la mercadotecnia política y, en lo particular, abordar el debate acerca del carácter y naturaleza de este campo del conocimiento.

Su Naturaleza Epistemológica

La mercadotecnia política puede ser definida como ciencia en la medida que cumple con los requisitos de toda ciencia. Es decir, es una disciplina que implica preguntar, explorar, experimentar, observar, medir, concluir y comunicar, como cualquier otra ciencia social. Sin embargo, la mercadotecnia política es una disciplina todavía necesitada de una mejor justificación y de marcos teóricos y metodológicos propios, ya que su juventud le ha significado la existencia de vacíos y limitaciones propias de un naciente campo del saber. Su ubicación disciplinar y

---

[1] De acuerdo a Philip Kotler y Gary Armstrong (1991), la mercadotecnia es un proceso social y administrativo mediante el cual las personas y los grupos obtienen aquello que necesitan y quieren, creando productos y valores e intercambiándolos con terceros.
[2] Andrés Valdez Zepeda, *Marketing político: Un acercamiento a su objeto y campo de estudio*, Ed. Universidad de Guadalajara- ALACOP, México, 2001.

naturaleza cognitiva también es sujeta de controversia e interpretación distinta entre diversos estudiosos de los fenómenos sociopolíticos.

No existe claridad, además, sobre el estatus académico de la mercadotecnia política ni sobre su campo de delimitación con respecto a otras disciplinas. Para algunos, la mercadotecnia es tan sólo un arte, ya que implica una serie de aptitudes, destrezas, técnicas y estrategias propagandísticas que tienen como objetivo la búsqueda de la persuasión y cortejo de los electores.[3] Para otros, la mercadotecnia puede ser considerada una ciencia,[4] ya que tiene su propio cuerpo conceptual, así como métodos, principios, marcos teóricos y su propio capital intelectual.[5] Otros hablan de la mercadotecnia política como tecnología, ya que busca la utilidad, al aplicar sus conceptos, conocimientos y estrategias a la realidad socio-política.[6]

A esta disciplina se le cataloga como arte, ya que implica virtud, destreza, poder, eficacia y habilidad en la manufactura de programas propagandísticos y planes de campaña, entre otras cosas. De acuerdo a una definición ortodoxa, el arte es el conjunto de reglas de un oficio que el hombre aplica a la manufactura de un objeto o a la realización de una representación u obra.[7] En este sentido, la mercadotecnia política tiene mucho de arte que implica creación, imaginación y talento de parte de los profesionistas de esta disciplina.

Sin embargo, otros autores[8] la asocian y definen más como técnica, ya que a ésta misma se le define como el conjunto de procedimientos propios de un arte, ciencia u oficio. De esta forma, para algunos analistas, la mercadotecnia política se constituye en una serie de técnicas de persuasión de los ciudadanos para alcanzar los objetivos de poder por parte de los candidatos o formaciones políticas. Por ejemplo, de acuerdo a Rodrigo Borja, acudir al subconsciente- donde germinan las motivaciones profundas de los actos humanos, utilizar medios subliminales para modificar sutilmente su voluntad, simplificar las ideas y repetirlas incesantemente hasta incrustarlas en el cerebro de las personas, martillar con los slogans propagandísticos hasta lograr condicionar su conducta, repetir

---

[3] Véase a M. Martinez Silva y Roberto Salcedo, *Manual de Campaña*, Colegio Nacional de Ciencia Política y Administración Pública, México, 1997.

[4] Andrés Valdez Zepeda, *Mercadotecnia política: El estado actual de la disciplina en México*, Editorial Libros del Arrayán, México, 2000.

[5] De acuerdo a Ronald Bonstetter *et al*, ciencia es una recopilación organizada de conocimientos que contienen información acumulada de datos y que establece relaciones y teorías sobre las cuales los científicos se basan a medida que avanzan su trabajo(véase R. Bonstetter, J.M. Briceño Valero y J. O´Callagham, ¿Qué es ciencia?, Science Education Center, University of Nebraska, USA, 2001).

[6] Rafael Reyes Arce, *Comunicación y Mercadotecnia Política*, Ed. Noriega, México, 1998.

7 Ramón García-Pelayo y Gross, Diccionario Enciclopédico Larousse, edición 1997.

[8] Véase Javier Barranco, *Técnicas de Marketing Político*, Ed. Rei, México, 1997.

invariablemente el logotipo para que el objeto de la promoción entre también por la vista son también algunas de las técnicas del marketing político.[9]

Una apreciación distinta a las anteriores, señala que la mercadotecnia es una tecnología administrativa aplicada a la política para influir en el comportamiento de las masas en una situación de competitividad. De esta manera, a esta disciplina se le asocia más con el termino tecnología que con ciencia.[10]

De acuerdo a una definición convencional, la tecnología es el conocimiento científico aplicado a tareas prácticas, misma que se diferencia de la ciencia por su perfil pragmático.[11] Como todos sabemos, la ciencia busca la verdad mientras que la tecnología persigue la utilidad, la ciencia observa la realidad y la tecnología trata de modificarla, la ciencia es eminentemente especulativa mientras que la tecnología es aplicada.

En este sentido, bien se puede decir que la mercadotecnia política mantiene elementos tridimensionales tanto de ciencia, de arte, así como de tecnología. O mejor dicho, es una ciencia con un alto perfil tecnologizado que connota e implica creatividad artística. Como ciencia busca conocer la verdad del mercado político y la relación entre fenómenos que se presentan en él, pero como tecnología busca la utilidad, ya que aplica sus conceptos y categorías a la realidad.

Como tecnología, la mercadotecnia proporciona a la sociedad política herramientas y conocimientos útiles para el estudio, percepción y persuasión del mercado político, en el diseño de planes de campaña y proyectos propagandísticos, de manufactura de programas proselitistas y mejoramiento de la imagen de hombres de Estado, políticos, líderes y diversos actores sociales.

La mercadotecnia política se auxilia de otras tecnologías de vanguardia para alcanzar sus objetivos. De esta manera, utiliza como medios para su expresión a la radio, la televisión, los programas de cómputo, la Internet, la imprenta, el diseño gráfico y la fotografía. Estos medios, a su vez, complementan a la nueva disciplina, ya que sin ellos el desarrollo de la mercadotecnia sería muy limitado. Es decir, la mercadotecnia está ligada al propio desarrollo de otras tecnologías que al usarse intensivamente, como medios, le dan la forma y el peso específico como disciplina.

Como campo disciplinar, la mercadotecnia política designa un conocimiento, busca la verdad con rigor y objetividad. También cumple con los elementos

[9] Rodrigo Borja, *Enciclopedia de la Política*, México: Ed. Fondo de Cultura Económica, 1998.
[10] Teodoro Luque, *Marketing político: Un análisis del intercambio político*, Editorial Ariel, México, 1996.
[11] Otra definición apunta que la tecnología es el conjunto organizado de todos los conocimientos científicos, empíricos e intuitivos y el proceso de su aplicación en la producción y la comercialización de bienes y servicios (Ronald Bonstetter, *op. cit.*).

esenciales del conocimiento científico como son la corregibilidad, la demostrabilidad y la describilidad, permitiendo además, a través de la investigación, la generación de conocimientos.

La mercadotecnia presenta elementos indiscutibles de cientificidad, en la medida que implica un proceso de averiguación, un procedimiento para hacer preguntas y resolver problemas y para desarrollar métodos más eficaces y modernos. De esta forma, se puede afirmar que la mercadotecnia política es un cuerpo de conocimientos sobre el proceso de intercambio político y de legitimización de grupos gobernantes o que aspiran a serlo.

Como disciplina, sus conocimientos están en constante renovación y actualización, desechando esquemas, técnicas y métodos rebasados y construyendo continuamente nuevas pautas del entendimiento y comunicación socio-política. En este sentido, es una disciplina diferente que se aleja de los principios del positivismo que considera que todos los fenómenos están sujetos a leyes naturales invariables. Es una disciplina que tiene una arista teórica y una aplicada.

Sus hallazgos se pueden contrastar con la realidad, demostrando la validez de sus principios generales y la aplicación de los mismos a otras realidades específicas. En este sentido, se cumple el principio conductista de generalización en la que sus principios pueden aplicarse en otros casos, siempre y cuando presenten las mismas características y se den en similares circunstancias.

Su Concepto

Como pasa en otros campos del saber, no existe una definición única y absoluta sobre la mercadotecnia política, sus alcances y límites. Para Salvador Mercado, la mercadotecnia política consiste en la aplicación de los conceptos básicos de la mercadotecnia para satisfacer las necesidades y expectativas del mercado electoral.[12] Por su parte, Francisco Javier Barranco Sáiz, señala que el marketing político es el conjunto de técnicas que permiten captar las necesidades que un mercado electoral tiene, estableciendo, con base a esas necesidades, un programa ideológico que las solucione y ofreciéndole un candidato que personalice dicho programa y al que se apoya e impulsa a través de la publicidad política.[13]

De acuerdo a Carlos Fernández Collado y Roberto Hernández Sampieri, la mercadotecnia política es el conjunto de actividades tendientes a crear, promover y ofertar, ya sea a candidatos o gobernantes, fuerzas políticas, instituciones o ideas en un momento y sistema social determinado.[14] Por su parte, Patricia

---

12 Véase Salvador Mercado H, Mercadotecnia de Servicios, Editorial Pac. S.A. de C.V. 1996.

13 Francisco Javier Barranco Sáiz, Técnicas de Marketing Político, Ed. Rei, México, 1997.

Gudiño Pérez, Arturo Sánchez Martínez y Alejandro Morales Guzmán, apuntan que el marketing político consiste en un grupo de técnicas destinadas a apoyar la comunicación y el contacto entre el elector, sus preferencias, gustos, actitudes e inclinaciones y el candidato, quien para ejercer un puesto público, deberá transmitir, convencer y generar altos niveles de credibilidad y legitimación entre su plataforma política, el partido del que forma parte y lo que los electores buscan.

La primera definición tan sólo considera que se tiene que trasladar los conceptos, esquemas y principios de la mercadotecnia comercial a la política, lo cual desde diferentes puntos de vista es incorrecto. En primer lugar, la lógica de funcionamiento de las empresas es discordante a la lógica de la política. Es decir, el mercado electoral es por naturaleza distinto al mercado comercial, ya que el político responde a otro tipo de estímulos (aceptación popular y posición política), el proceso de intercambio también es diferente (se permuta apoyos o votos por programas de gobiernos o expectativas de mejoramiento público) y los actores involucrados en el proceso responden a motivaciones también distintas (empleo-salario versus militancia).

En segundo lugar, la política entendida en su visión weberiana, como el arte de influir en las decisiones públicas, es un campo mucho más complejo, dinámico e incierto que el comercial que responde a principios y leyes un poco más estables y predecibles. Finalmente, la mercadotecnia comercial fomenta el intercambio de objetos, valores o servicios y la política busca el intercambio de ideas, proyectos, y simpatías personales o colectivas.[15]

La definición de Javier Barranco es un poco más acertada y acorde con el planteamiento independentista de la disciplina como campo específico y autónomo del saber político. Sin embargo, también presenta sus limitaciones. En primer lugar, lo define única y exclusivamente como un conjunto de técnicas para satisfacer las necesidades que se presentan en el mercado electoral. Sin embargo, la mercadotecnia política no comprende únicamente las cuestiones técnicas, sino y sobre todo, una serie de estrategias y acciones ligadas a los fenómenos de comunicación política, la construcción de imagen, el trabajo proselitista y el estudio del mercado político.

En segundo lugar, la mercadotecnia política, aunque lo incluye, tampoco se reduce a establecer un programa ideológico o proponer candidatos para tratar de solucionar las necesidades que se presentan en el mercado electoral, ya que la

---

14 Carlos Fernández y Roberto Hernández, *Marketing Electoral e Imagen de Gobierno en Funciones: Cómo Lograr Campañas Electorales Exitosas*, México: Mc Graw Hill, 2000.

15 Existen otras diferencias entre mercadotecnia comercial y política. Las más importantes son: 1) Que en la mercadotecnia política existe un limitado número de partidos y candidatos y en la comercial es enorme el número de productos o servicios que se ofrecen; 2) el mercado político es temporal y el comercial generalmente es permanente; 3) el objetivo de la mercadotecnia política es ganar las elecciones o la aprobación del ciudadano y en la mercadotecnia comercial el objetivo es la utilidad monetaria; 4) La organización electoral es dinámica, se establece totalmente nueva y la comercial es más estable; 5) Finalmente, la mercadotecnia política se basa predominantemente en voluntarios y la comercial en asalariados.

mercadotecnia política, en su acepción amplia, es una disciplina que no se limita a los procesos electorales, sino que también es una herramienta que puede ser utilizada en procesos de legitimizacion política antes y más allá de los procesos comiciales.

Finalmente, los términos que usa no pertenecen al nuevo campo del saber de esta naciente disciplina, ya que habla de publicidad, propio del ámbito comercial, en lugar de propaganda que es más acorde a la mercadotecnia política.[16]

La conceptualización de Carlos Fernández Collado y Roberto Hernández Sampieri, es confusa e imprecisa, ya que, por un lado, confunde la mercadotecnia electoral con la mercadotecnia política y esta última con la pública y la mercadotecnia de las ideas.[17] Por el otro lado, esta definición es imprecisa, en la medida que sólo considera el aspecto promocional de esta disciplina, omitiendo otros campos de acción como los estudios de mercado, la planeación estratégica de campañas y las actividades de proselitismo electoral, entre otras.

Por su parte, Patricia Gudiño Pérez, Arturo Sánchez Martínez y Alejandro Morales Guzmán, también enfatizan sólo en el aspecto de comunicación, aunque acertadamente introducen el aspecto de la búsqueda de la credibilidad y legitimación social como parte sustancial de los objetivos de la mercadotecnia.

Estas definiciones, lejos de aclarar el objeto de estudio, lo tornan más confuso, se contradicen entre si, se refieren a las funciones y a lo que debería de ser la mercadotecnia política y no a lo que es. Ante este tipo de limitaciones, se puede aventurar una nueva definición que bien puede ir en los términos siguientes: como campo del conocimiento la mercadotecnia política es una disciplina que se encarga del estudio de los fenómenos relacionados con el análisis del mercado político, los procesos de comunicación y legitimidad política, las estrategias proselitistas y el proceso de intercambio entre elites políticas y ciudadanos. Como herramienta política, la mercadotecnia se puede conceptualizar como una serie de técnicas y estrategias para avanzar los objetivos de poder.

La Mercadotecnia Política y otras Disciplinas

La mercadotecnia política comparte fronteras, conocimientos y métodos con otras disciplinas como lo son la economía, el derecho, la sociología, la geografía, la informática y la computación, las matemáticas y la estadística, los estudios internacionales, la administración y las finanzas, la sicología, la filosofía, la historia, el trabajo social y las ciencias de la comunicación.

---

16 El término propaganda está asociado más a los aspectos políticos e ideológicos y la publicidad al ámbito comercial.

17 Aquí es importante distinguir entre los conceptos de mercadotecnia política, mercadotecnia gubernamental y mercadotecnia electoral. Aunque comparten conocimientos, métodos y áreas de análisis, estos son relativamente diferentes. Mercadotecnia electoral tiene que ver con la búsqueda del poder político, por lo que se da en el momento electoral. La mercadotecnia gubernamental se asocia a la búsqueda de la legitimidad una vez en el poder. La mercadotecnia política implica a la mercadotecnia electoral y a la mercadotecnia gubernamental.

Muchas de estas disciplinas se constituyen en verdaderos soportes de la mercadotecnia. La economía, por ejemplo, le ayuda a conocer el contexto socioeconómico en el que se realizan los procesos políticos, diagnosticando las políticas económicas prevalecientes y sus efectos sobre el bienestar de la ciudadanía. La economía ayuda también a la mercadotecnia a conocer sobre la situación de ingresos percapita de los electores, el nivel de vida, ayuda a diagnosticar el mercado electoral como lo es lo referente a la oferta y la demanda y acerca de las políticas económicas de una nación.

La historia sirve a los mercadólogos políticos para conocer la evolución política de un determinado mercado electoral, su conformación y cambios que se han dado a través de las diferentes épocas. A través del conocimiento de la historia, la mercadotecnia puede realizar un diagnóstico más adecuado del mercado político, recomendar estrategias a seguir, enfatizar sobre las hazañas y remembranzas de sus héroes e identificar al candidato con valores y tradiciones muy arraigadas entre el electorado.

El trabajo social ayuda a diagnosticar los problemas sociales de los grupos más desfavorecidos de la sociedad, propone alternativas para su solución y para que candidatos y partidos puedan establecer una mejor comunicación con grupos vulnerables de la sociedad.

La ciencia política como una disciplina cercana de la mercadotecnia ayuda al mejor entendimiento de los fenómenos políticos y los temas relacionados con los asuntos de gobierno, políticas públicas y el poder. Por ejemplo, el conocer la cultura política predominante en un determinado segmento del mercado político ayuda al mercadólogo a recomendar estrategias y planes de acciones para persuadir de mejor manera ese mercado.

El derecho también es importante ya que un mercadólogo político debe basar su trabajo en el respeto a las leyes, normas y reglamentos vigentes en una determinada entidad. De particular importancia resulta, el conocimiento, respeto y observancia de las leyes electorales como lo son el COFIPE y las leyes electorales de los estados.

El estudio de fenómenos sociológicos, objeto de estudio de la sociología, tales como los movimientos sociales, la segmentación social y los conflictos de interés entre diferentes sectores sociales ayudan a que el mercadólogo político tenga una mejor conocimiento de su entorno y el medio donde desarrollará su trabajo.

La geografía auxilia en la construcción de mapas electorales, cartografías de posicionamiento de candidatos y estrategias de campaña por región. La informática y cómputo son esenciales para elaborar bases de datos sobre determinados sectores del mercado político, para llevar la contabilidad y el seguimiento de los gastos de campaña, para hacer proyecciones estadísticas sobre las tendencias electorales, para elaborar los comunicados, para diseñar una hoja de Internet, para dictar conferencias con tecnología virtual, para integrar una red de comunicación con los comités municipales, entre otras actividades.

Las matemáticas y estadística le ayudan a conocer las tendencias electorales, auxiliar en la elaboración de encuestas sobre las preferencias electorales y para la toma de decisiones sobre bases cuantitativas.

Los estudios internacionales son básicos para conocer las tendencias mundiales y los acontecimientos internacionales que afectan o inciden en las elecciones nacionales o estatales, así como para tomar como referencias las experiencias electorales de otros países y los avances más importantes en materia de campañas políticas.

La administración y finanzas proporcionan conocimientos útiles para hacer un uso eficiente de los recursos económicos de la campaña y planificar el gasto de los mismos.

La sicología auxilia a los mercadólogos para conocer la forma en la que piensan los electores, sus valores, miedos e idiosincrasia. Para diseñar estrategias que permitan una mayor incidencia del candidato y partido sobre los electores incluyendo mensajes subliminales y procesos neurolingüísticos.

La filosofía es necesaria para conocer la historia de las ideas políticas y su sustento filosófico, para darle mayor sustento teórico a las presentaciones de mensajes y discursos de los candidatos y para rescatar ideas y planteamientos hechos por filósofos y grandes pensadores de la historia.

Finalmente, las ciencias de la comunicación como parte central de la mercadotecnia nos ayuda a diseñar las mejores estrategias de propaganda que puedan incidir en el mercado político. Esto incluye el estudio del proceso mismo de comunicación y los medios por los que llegar los mensajes a los electores.

Desarrollo de la Disciplina

Los estudios y debates sobre la mercadotecnia política se encuentran en auge en México, a raíz del inicio de la transición política hacia de democracia de fines de la década de los ochentas y se han multiplicado debido la pasada coyuntura política-electoral de cara a la sucesión presidencial y a la renovación de cientos de espacios de representación política a nivel estatal, distrital y municipal que se dieron en el año 2000. Tan sólo en ese año, se renovaron del 2 de julio al 12 de noviembre, además del Congreso de la Unión y la Presidencia de la República, cinco gubernaturas, la jefatura del Distrito Federal, 772 ayuntamientos, 16 demarcaciones políticas y 498 diputaciones locales. Todos estos procesos han generado amplias expectativas sobre la temática de mercadotecnia y organización de campañas políticas entre las formaciones políticas, sus militantes y simpatizantes.

En los diversos medios de comunicación, por ejemplo, frecuentemente se escuchan comentarios y análisis sobre las diferentes estrategias y campañas propagandísticas de los candidatos a la presidencia de la república, a los cargos directivos para dirigir los partidos políticos con registro nacional y a otros puestos de representación popular. Sin embargo, aún no existen en México revistas especializadas en la temática de mercadotecnia política, campañas y elecciones, a pesar de la gran diversidad de procesos electorales que se realizan año con año en el país.[18]

En las formaciones políticas se han empezado a crear espacios y estructuras especializadas en mercadotecnia política y estudio de imagen como es el caso del Partido Acción Nacional que contempla dentro de su organigrama la Dirección de Mercadotecnia Política. De hecho, todos los partidos políticos con registro ante el IFE cuentan ya con espacios y personal especializado en esta materia, aunque predominantemente en las estructuras nacionales.

En el extranjero, la mercadotecnia política está mucho más desarrollada. Por ejemplo, en los Estados Unidos se ofertan programas académicos especializados para formar mercadólogos políticos, gerentes de campañas, expertos en imagen y propaganda, así como estrategas y consultores políticos de alto nivel.[19] En estos países sobresalen publicaciones especializadas como es el caso de la *Revista Campaigns and Elections*. En ese país tiene su sede también el Centro Interamericano de Gerencia Política que organiza seminarios internacionales de mercadotecnia política en diferentes partes del mundo. En Argentina, se encuentra la sede de la Asociación Latinoamericana de Consultores Políticos (ALACOP), que ha introducido esta nueva disciplina a muchas partes del subcontinente a través de la organización de seminarios y cursos internacionales en el campo del marketing político y de encuentros entre especialistas en esta materia. En Brasil, se conformó en mayo de 1998, la Asociación de Consultores de Comunicación Política y Gubernamental de las Américas (MERCOPAM), que ofrece consultorías especializadas en mercadotecnia política a todo el continente y cuyo presidente es el mercadólogo Hiram Pessoa de Melo.

 En México, la mercadotecnia ha tenido un desarrollo diferenciado, presentándose un desarrollo incipiente como campo del conocimiento académico, y un desarrollo avanzado como campo pragmático del saber político. Es decir, la mercadotecnia se ha incorporado planamente a las campañas políticas, a pesar de que aún no ha adquirido, propiamente hablando, un estatus académico.

---

[18] De acuerdo a Gabriel González Molina, en México se organizan cada seis años más de siete mil campañas electorales con una duración en promedio de doce semanas (Véase Gabriel González Molina, *Cómo Ganar Elecciones: Estrategias de Comunicación para Candidatos y Partidos*, México: Ed. Cal y Arena, 2000).

[19] Por ejemplo la Escuela de Asuntos Públicos de la Universidad Americana en Washington, DC ofrece a través de su Instituto de Administración de Campañas ofrece estudios sobre administración de campañas, la Escuela de Graduados en Administración Política de la Universidad George Washington ofrece una maestría en administración de campañas y la Universidad de Florida ofrece una maestría en campañas políticas.

A la par de la pujante emergencia en México de cursos, seminarios y diplomados sobre mercadotecnia política se ha generado un amplio mercado para las publicaciones sobre esta temático o sobre la organización de campañas electorales. Sin embargo, predomina también en este tipo de materiales la orientación prescriptiva, tipo manual, por encima de los enfoques analíticos.

En materia legal, existe un vacío normativo sobre la permisividad y límites en el uso de las técnicas, estrategias propagandísticas de la mercadotecnia política. El Código Federal de Instituciones y Procedimientos Electorales (COFIPE), señala algunas definiciones básicas sobre campañas, emblemas, encuestas y financiamiento de las campañas, pero no existe, propiamente hablando, un código que defina limites y delimite fronteras ligadas a pautas éticas de una contienda política civilizada. Es cierto, existen otros ordenamientos propios de procedimientos del comercio, el mercado y penales que pueden ser referenciados, pero no existe en la actualidad una ley que reglamente el uso de la mercadotecnia en procesos político-electorales.

Consideraciones finales

La mercadotecnia política es un nuevo campo del conocimiento ligado a tres fenómenos de la modernidad: el proceso de transición política hacia la democracia, el desarrollo tecnológico y la construcción de sociedades de mercado.

La mercadotecnia política es una ciencia social que se encarga del estudio de los fenómenos de intercambio político entre individuos y grupos sociales. Esta ciencia proporciona además un conjunto de técnicas y conocimientos prácticos en la búsqueda de la persuasión y la constitución de mayorías. Los resultados que genera la mercadotecnia son intangibles y, en cierta medida, difíciles de cuantificar, pero están asociados con el proceso de construcción de consensos y legitimidad política. Hasta hoy, son pocas las investigaciones de carácter científico que se han realizado en México para conocer los alcances y potencialidades reales de esta disciplina y también son pocos aún los análisis serios que existen en nuestro país que justifiquen la enormes inversiones económicas que se hacen en esta materia por gobierno, instituciones, partidos políticos y candidatos.

Desde su nacimiento, esta disciplina ha estado inmersa en un fuerte debate sobre su naturaleza epistemológica, la cientificidad de sus teorías, así como el carácter ético de su empleo. Los señalamiento van desde aquellos que le dan grado de ciencia o disciplina científica y otros que consideran tan sólo un conjunto de técnicas que utilizan políticos para acceder o retener el poder.

Sin embargo, analizado a profundidad este campo del conocimientos no es descabellado considéralo como una disciplina científica, ya que posee las características y requerimientos que toda ciencia social presenta: un objeto y campo de estudio, un método, un marco conceptual y teórico, así como la posibilidad de explicar, desde una perspectiva racional, los fenómenos relacionados con el intercambio político de carácter voluntario que se da entre ciudadanos y elites políticas.

Esta disciplina científica, no sólo provee de herramientas e instrumentos para la construcción de mayorías electorales, edificación de consensos sociales y reconstrucción de la legitimidad, sino que además proporciona los fundamentos teóricos y metodológicos para explicar la conducta del hombre en su dimensión política y su relación social. Empero, esta disciplina tiene mucho aún que desarrollar, principalmente en el campo teórico y epistemológico.

Hasta hoy, como disciplina académica, la mercadotecnia ha tenido un desarrollo aún limitado, preferenciando un perfil prescriptivo, más que analítico, por lo que se impone la necesidad de abrir espacios para la investigación en este nuevo campo disciplinar. Los fenómenos políticos ligados al impacto de la mercadotecnia en los procesos de decisión del voto del elector, los estudios de mercado político, en análisis de las diversas estrategias mercadotecnicas impulsadas por las formaciones políticas, así como el desarrollo de esta disciplina son, entre otros, algunas de las áreas propias para la investigación científica. De hecho, sin temor a equívocos, se puede decir que en este campo disciplinar existe una enorme veta para la investigación, ya que prácticamente son escasos los trabajos analíticos sobre la mercadotecnia política.

En los campos académicos, la mercadotecnia tendrá que evolucionar de ser una disciplina periférica, que se imparte de manera optativa o complementaria en los programas académicos predominantemente de ciencia política, comunicación y mercadotecnia en general o en programas de educación continua, hacia la constitución de su propio campo disciplinar a nivel superior. Es decir, a futuro los centros de educación superior tendrán que ofertar programas de licenciatura, especialidades o posgrados en mercadotecnia política, administración de campañas políticas, o en vinculación con programas académicos para la formación de consultores políticos, en sicología y comunicación de masas o estrategas de campaña.

Como parte de su desarrollo, en el corto plazo se impone la necesidad de trabajar en la delimitación y diferenciación de su campo de estudio de esta disciplina,[20] así como en la generación de líneas de investigación propias sobre el proceso de intercambio político y el análisis científico de las campañas electorales. De esta forma, la mercadotecnia pasará de ser una disciplina emergente para constituirse en un campo consolidado del saber político como la sociología o la misma ciencia política.

Mercadotecnia Política y Sistema Político

---

20 Recuérdese que su naturaleza y objeto de estudio aún no se encuentra bien delimitado, ya que la mercadotecnia política retoma muchos de los conceptos y categorías de la mercadotecnia comercial, de la sicología política y de las ciencias políticas. En este sentido, bien se le puede denominar, una disciplina híbrida producto de la conjugación de la mercadotecnia comercial con la política y la ciencia política.

La mercadotecnia política es una disciplina un tanto incomprendida y severamente criticada tanto por los analistas políticos y comunicadores como, en general, por amplios sectores de la sociedad. Se le acusa de hechos ligados con la maldad, el engañó y la manipulación en la política, de tal forma que bien se puede decir que representa, de acuerdo a sus críticos, la versión moderna del maquiavelismo y un atentado a la democracia.[21] Sin embargo, la mercadotecnia y los sistemas democráticos contemporáneos[22] son dos fenómenos estrechamente ligados, que no sólo tienen orígenes similares, desde la perspectiva histórica, sino que además comparten características y principios funcionales. Es decir, la mercadotecnia política es producto y consecuencia de la democracia electoral y sólo en estos sistemas puede florecer,[23] ya que la democracia se basan en el consenso, la pluralidad y la libertad individual en la que las mayorías electorales determinan el carácter y perfil de la representación pública. Por su parte, los sistemas autoritarios y totalitarios basan su legitimidad en la coerción, el terror y la imposición.

Las críticas y descalificaciones que se hacen a la mercadotecnia política son, muchas de las veces, producto del desconocimiento sobre el objeto y campo de estudio de esta disciplina y otras por la confusión conceptual que existe, ya que se le asocia con el termino propaganda, publicidad o comunicación social. Sin embargo, estos términos tienen connotaciones diferentes y se les ha empleado en áreas o épocas distintas a la actual.

Por ejemplo, el termino propaganda, que fue acuñado en 1622 por el Papa Gregorio XV en los tiempos de la contrarreforma,[24] deriva del latín *propagare* que significa propagar, sembrar, extender. Este vocablo tiene, a su vez, varias definiciones superpuestas: causar que los animales o las plantas se multipliquen o procreen; engendrar descendientes, transmitir características de una generación a otra; dar a conocer, publicitar y transmitir. Si bien, el termino fue acuñado en el siglo XVII, su práctica es muy antigua, ya que desde los tiempos del emperador Julio Cesar se encuentran algunos graffitis en las bardas de la Roma Antigua como instrumentos de propaganda. Por su parte, Alejandro Magno acuñó

---

[21] De acuerdo a Jorge Alonso (2000), la mercadotecnia política representa una real amenaza a la democracia, ya que hace de la política un espectáculo.

[22] De acuerdo a Schmitter y Karl (1993), la democracia política moderna es un sistema de gobierno en el que los gobernantes son responsables de sus acciones en el terreno público ante los ciudadanos, actuando indirectamente a través de la competencia y la cooperación de sus representantes electos.

[23] Aquí es importante señalar que la competencia no siempre se ha considerado una condición esencial y determinativa de la democracia. Las democracias "clásicas" partían del supuesto de la toma de decisiones basada en la participación directa conducente al consenso. Por ello, aquí nos referiremos a la democracia moderna llamada liberal o electoral.

[24] Este papa creó la institución canónica denominada Sagrada Congregación de *propaganda fide*. Esta congregación tuvo como objetivos la propagación del catolicismo para contrarrestar el expansionismo de las ideas protestantes.

monedas con su propia imagen.[25] Esto implica que los orígenes de la propaganda política datan de muchos años atrás, antes del establecimientos de democracias de mercados y se asocia a sistemas políticos predemocráticos.[26] Hoy día, el término propaganda se circunscribe a la cuestión de la política y las ideologías y a los sistemas autoritarios o totalitarios.

El termino publicidad, por su parte, que nace muy ligada al mercantilismo del siglo XIX, se asocia más bien al ámbito del comercio y la empresa y se refiere a la promoción publicitaria de los bienes y servicios que se ofrecen en el mercado para inducir a los consumidores a adquirirlos.[27] Por otro lado, el termino comunicación social se le denomina a todas las actividades de difusión de las actividades, planes, posiciones políticas y proyectos de las instituciones u organizaciones, así como de sus directivos.

La mercadotecnia política, en cambio, es una disciplina que se encarga del estudio de los fenómenos relacionados con el análisis y estudio de los mercados políticos, los procesos de comunicación, persuasión y legitimidad política, las estrategias proselitistas y el proceso de intercambio entre elites políticas[28] (incluyendo aspirantes) y ciudadanos. Como herramienta política, la mercadotecnia se puede conceptualizar como una serie de técnicas y estrategias que utilizan dichas elites para conservar o alcanzar los objetivos de poder.

El objeto central de preocupación de la mercadotecnia política es el conocimiento y persuasión de los ciudadanos constituidos en mercado electoral, investiga sus principales problemas como ente social, indaga su sensibilidad a los estímulos, analizando sus reacciones, sentimientos y comportamiento, diseña las estrategias propagandísticas más efectivas para lograr su cometido, estudia el contexto y la coyuntura política, establece relaciones entre mensaje, percepción y persuasión, se preocupa por los problemas asociados a la imagen y opinión pública, así como de las acciones proselitistas de las elites políticas, penetra en la doctrina y las teorías políticas e investiga los fenómenos de la comunicación política. En este sentido, la mercadotecnia política implica el análisis y el conocimiento de las necesidades de los ciudadanos dentro del ámbito socio-político y el desarrollo de planes y programas conducentes a su satisfacción.[29]

---

[25] En materia de propaganda, el antecedente más antiguo que se recuerda es una pintura mural en Pompeya que elogiaba a un político y pedía al pueblo que votara por él. Sin embargo, el momento decisivo para la publicidad fue en 1450 cuando Johann Gutenberg invitó la imprenta. El primer anuncio impreso en lengua inglesa apareció en 1478.

[26] Aquí es importante recalcar que entre propaganda y publicidad, existe una indebida sinonimia, ya que la propaganda se refiere al ámbito del pensamiento ideológico y la acción política, mientras que la publicidad se refiere a cuestiones de las empresas y los asuntos comerciales.

[27] J. Thomas Russell y W. Ronald Lane, *Publicidad*, Décima cuarta edición, Editorial Prentice Hall, 2001.

[28] Aquí el concepto de elite comprende a los gobernantes, partidos políticos, candidatos a puestos de elección popular y dirigentes de organizaciones políticas.

El sistema totalitario

La mercadotecnia política no puede concebirse ni tendría razón de ser bajo los sistemas totalitarios, ya que estos son regímenes sustentados en la coacción, el terror y la opresión, como fueron los casos de Alemania bajo el gobierno de Adolfo Hitler o de la Unión de Repúblicas Soviéticas Socialistas (URSS) bajo el control de José Stalin. Estos sistemas no son uniformes ni homogéneos sino que presentan particulares y rasgos distintivos entre si que los hacen ser únicos y diferentes. Sin embargo, comparten también características y especificidades que permiten clasificarlos dentro de este tipo de sistemas.

Los sistemas autoritarios despliegan sobre las personas un poder ilimitado y envolvente, ya que nada deja de ser competencia estatal, predominando un poder englobante que no observa limitaciones de ninguna especie y que envuelve a los individuos en todos los aspectos.[30] La máxima de este tipo de sistemas políticos reza: Nada contra el Estado, nada fuera del Estado, todo dentro del Estado.[31]

Las características más distintivas de estos sistemas son las siguientes:

a. La existencia de un partido único de masas, guiado típicamente por un dictador y estructurado de modo jerárquico. Es decir, eran sistemas monopartidistas, que se basaban en el terror para controlar a las masas y a los individuos a través de una policía secreta.

b. La existencia de una ideología oficial, la cual todos los miembros de la sociedad deberían abrazar y que era cultivada y fomentada desde las más altas esferas del poder a través de grandes campañas propagandísticas. En este tipo de sociedades, hay una reducción además de los hombres a autómatas absolutamente obedientes que temen el poderse involucrar en actividades que disientan del estatus quo.

c. La personalización del poder, en la que la voluntad del jefe máximo es la ley del partido, es otra de las características de estos regímenes. Es decir, el jefe se convierte en arbitro exclusivo, por lo que no se puede concebir la existencia de tribunales u órganos independientes al que acuda los habitantes para defenderse.

e. Un control monopolista de los medios de comunicación, que de manera avasalladora apoyaban las posturas y políticas oficiales, negando cualquier espacios a posiciones disidentes o alternativas al estatus quo.

f. No se tolera la oposición y no se respetan los más mínimos derechos humanos.

---

29 Véase Rafael Reyes Arce y Lourdes Munch, Comunicación y Mercadotecnia Política, Ed. Noriega, 1998.

[30] Rodrigo Borja, *Enciclopedia de la Política*, México. FCE, 1999.
[31] Esta fue una máxima del gobierno de Mussolini en Italia.

En pocas palabras, son sistemas políticos que se basan en la opresión y el control total de las masas, ejerciendo todo esto, ya sea por medios coercitivos o por los sistemas propagandísticos.

En este tipo de regímenes, los individuos carecen de derechos políticos y civiles, por lo que la posibilidad de organizar elecciones periódicas y transparentes, respetar los resultados de los comicios y presentar alternativas electorales opuestas al régimen son imposibles. De hecho, la ciudadanía en el sentido moderno del término, en este tipo de sistemas, no existe, ya que se conculcan las libertades civiles y políticas y no existe el más mínimo respeto del Estado de derecho.

Al cultivar una creencia fanática en la ideología oficial, no es posible que la mercadotecnia pueda existir, ya que no se permitía la existencia de una ideología o partidos alternativos que motive a los individuos para poder escoger entre dos o más opciones de gobierno.

La comunicación política, denominada propaganda, es un importante elemento para lograr la legitimidad de este tipo de sistemas y enaltecer de la jefatura máxima, pero no la mercadotecnia, ya que ésta última supone la existencia de un mercado electoral que tiene el derecho de poder decidir libremente sobre el carácter de la representación pública.

El sistema autoritario

Los sistemas autoritarios, al igual que los totalitarios, acentúan en el control del poder como factor de ordenación social por encima de la libertad. Son regímenes que no se fundamentan en el consenso general, como es característico de las democracias, sino en la coerción, el control y la manipulación, aunque bajo esquemas diferentes a los de los sistemas totalitarios.

Estos sistemas privilegian el aspecto del mando y menosprecian, de un modo más o menos radical, el de la mayoría, concentrando el poder político en un hombre o en un solo órgano que exige obediencia incondicional y restando valor a las instituciones representativas. Hay además, una centralización de la autoridad en pocas manos y una restricción de las libertades. En este sentido, los hombres no tienen derechos o son muy limitados, sino, más bien, son sujetos de obediencias.

Sin embargo, a diferencia de los sistemas totalitarios, los autoritarios se caracterizan por un bajo grado de movilización y de penetración de la sociedad, ya que los sistemas autoritarios se caracterizan por una alta movilización social fundada en la ideología y motivada por los sistemas de propaganda. Por su parte, en los sistemas autoritarios las ideologías mantienen un bajo grado de articulación simbólica y conceptual.

De acuerdo a Juan Linz (1964), el autoritarismo es aquella forma de régimen político con pluralismo limitado y no responsable y con baja movilización política en la fase intermedia de mayor estabilidad y poder detentado por una pequeña elite dentro de límites muy claros. En estos regímenes, el pluralismo se limita por normas jurídicas o de hecho, puede estar restringido a pequeños grupos políticos y extendido a un mayor número de grupos de interés. Los líderes son responsables más que ante los ciudadanos ante los grupos que los sostienen. Otro componente relevante del pluralismo limitado suele ser el partido único, asimismo, los gobernantes, salvo en ciertas coyunturas, procuran la desmovilización y la despolitización; la ideología suele ser poco articulada.

A diferencia, también, de los sistemas democráticos, los autoritarios se fundamentan en doctrinas anti igualitarias, altamente jerarquizados en la que los hombres deben ser educados en los dogmas y en la fe y no en el ejercicio de la razón.

Son sistemas rigurosamente jerárquicos, que se sustentan en la coacción, ejercida, generalmente, por el ejercito, la guardia nacional o la policía secreta y donde las elecciones populares son eliminadas o reducidas a actos ceremoniales. En consecuencia, la oposición política es suprimida o invalidada, donde el pluralismo de los partidos es suprimido o reducido a un simulacro sin incidencia real.

En este tipo de sistemas, hay además un control estricto de la educación y de los medios de comunicación, suprimiendo además, la crítica, el debate público y las manifestaciones. Algunos ejemplos de este tipos de sistemas son el caso de Franco en España, Augusto Pinochet en Chile y una gran cantidad de gobiernos de los países latinoamericanos durante la década de los sesentas y setentas.

En pocas palabras, son sistemas en el que el bien supremo es el orden, no el consenso y la pluralidad; la participación social es baja; y el ejercicio de las libertades y derechos políticos de los hombres es casi nula.

En estas condiciones, es imposible el que pueda florecer la mercadotecnia política, ya que ésta reclama una serie de condiciones mínimas de igualdad política, de libertades para la participación y de respeto a la decisiones de los ciudadanos. En estos sistemas, tampoco existe la ciudadanía, entendida en su sentido amplio, ni el respeto al estado de derecho.

La democracia liberal

La democracia, entendida como el gobierno del pueblo, para el pueblo y por el pueblo, es un sistema político relativamente moderno, aunque existen antecedentes de gobiernos democráticos desde la antigua Roma o Grecia. Sin embargo, como sistema basado en la competencia electoral, la democracia es un fenómeno que aparece en el siglo XIX y se extiende a nivel mundial en el siglo XX.[32] Es un sistema de consenso, basado en la participación de los ciudadanos, la legitimidad social[33] y el reconocimiento de una diversidad de actores que compiten por los espacios de representación pública. Este sistema también es definido como el derecho de la mayoría a determinar quién, cómo y cuándo y para qué ejercer el poder político.

Las elecciones son la fuente primaria e insustituible de la legitimidad de la autoridad en estos sistemas democráticos. Juan Jacobo Rousseau define a la democracia como el sistema de gobierno basada en la voluntad general. Por su parte, Joseph A. Schumpeter (1943) la conceptualiza como un sistema donde los responsables de tomarlas decisiones políticas, lo hacen en virtud de una lucha por el voto ciudadano en una competencia de proyectos alternativos.

Las características de los sistemas democráticos son las siguientes:

a. El poder no está concentrado en las manos de uno sólo, sino que está distribuido diversamente en diferentes cuerpos colegiados como los diferentes poderes públicos (ejecutivo, legislativo y judicial).

b. Es un régimen policrático, opuesto al régimen monocrático de los sistemas autoritario y totalitario, sustentado en la pluralidad de ideas, proyectos y alternativas políticas.

c. Predomina la libertad individual respecto del Estado y la libertad de organización.

d. Existen una serie de libertades políticas y civiles que están consagradas en el sistema legal de la nación (como de opinión, asociación, prensa, etc), además de un marco constitucional y legal que genera certidumbre a los participantes en los procesos político electorales.

e. Hay diversos grupos que compiten entre si por la conquista del poder, mediante una lucha que tiene por objeto ocupar espacios de representación pública.

[32] De acuerdo a Samuel Huntington (1991), la primer gran ola de gobiernos democráticos empezó en 1820 con la ampliación del sufragio a una gran parte de la población masculina en los Estados Unidos y continuó durante casi un siglo hasta 1926, lapso durante el cual nacieron unas 29 democracias.

[33] De acuerdo a Cesar Cansino (2000), por legitimad se entiende el conjunto de actitudes positivas hacia el sistema y político, considerado como merecedor de apoyo. La legitimidad supone un consenso activo y no pasivo. La legitimidad pude se especifica o difusa. Especifica cuando el conjunto de actitudes de adhesión al régimen y a las autoridades se debe a la satisfacción de determinadas demandas por medio de determinados actores gubernamentales. La legitimidad es difusa cuando el conjunto de actitudes de adhesión al régimen se basa en un sentido de confianza en las instituciones, ya sea por ideologías legitimantes o por su larga tradición.

f. La contienda de la lucha por el poder se resuelve a favor de quien haya logrado acaparar en una libre competencia el mayor número de votos, respetándose irrestrictamente la voluntad electoral manifestada en las urnas.

g. Es un sistema fundamentado en la participación ciudadana. De esta forma, la democracia moderna ofrece una variedad de procesos competitivos y de canales para la expresión de los intereses y valores, tanto asociativos como partidarios, funcionales y también territoriales, colectivos e individuales.

h. Es un sistema igualitario en el ámbito político, basado en el consenso y la construcción de mayorías electorales. De esta forma,

i. Se fomentan la construcción de alternativas y la pluralidad.

j. Predomina la libertad de prensa y la tolerancia de la oposición.

Un prerrequisito además necesario, aunque no suficiente, de los sistemas democráticos es la alternancia en el poder entre diferentes personalidades, partidos o formaciones políticas. Finalmente, sólo en un sistema democrático, la virtud de los políticos es premiada y reconocida, ya que éstos tiene que pasar por el escrutinio del voto electoral y apelar a su confianza y respaldo. Esta virtud tiene que ser publicitada a través de diferentes técnicas y estrategias de mercadotecnia política. Estos sistemas, a diferencia de los totalitarios, se fundamentan en la participación libre de los ciudadanos constituidos en mercado electoral y donde, si bien, el poder está en manos de una minoría, se gobierna, al menos teóricamente, para las mayorías.

El sistema político mexicano

El sistema político que predominó en México por más de setentas años no puede clasificarse estrictamente hablando en los tres tipos de sistemas anteriormente señalados, ya que, por un lado, presentó elementos propios de un sistema autoritario, pero, por el otro, también de un sistema democrático.

De acuerdo a Roderic Ai Camp (1993), el sistema político mexicano fue de naturaleza semiautoritario, que conservaba rasgos de los sistemas autoritarios, pero también una serie de libertades civiles y políticas propios de los sistemas democráticos. Las características distintivas de este sistema semiautoritario eran la concentración del poder en la institución presidencial, la existencia de un partido dominante de estado y la realización de elecciones periódicas pero no libres, todo esto sustentado en prácticas corporativas y clientelistas.

Los elementos distintivos del sistema político mexicano durante esos años fueron los siguientes:

a. Existencia de elecciones periódicas, como rito protocolario, para el acceso a los posiciones de poder público. Sin embargo, las elecciones no representaban un real mecanismo para el acceso de ciudadanos fuera del control gubernamental para poder obtener puestos de representación popular.

b. Un sistema de partido de monopolista de Estado, que toleraba sólo la existencia de partidos y grupos de oposición que no representaban una amenaza real al poder hegemónico del partido en el poder.

c. Un sistema político sustentado en el corporativismo y el clientelismo, en la que los derechos y las libertades civiles y políticas de los individuos no eran respetados a pesar de que se reconocían en la legislación.

d. Un control corporativo de los medios de comunicación, que apoyaban avasalladoramente a los diferentes candidatos del Partido Revolucionario Institucional (PRI) y negaban cualquier espacio o era prácticamente mínimo a la oposición.

e. Un control corporativo de los trabajadores y campesinos a través de sus organizaciones gremiales. De hecho, los trabajadores estaban afiliados al PRI en masa y en épocas electorales eran coaccionados, de diferente forma, a votar por sus candidatos.

f. Cooptación o represión selectiva para los disidentes políticos. En este sistema político, era práctica común, primero, el poder cooptar a la disidencia y, en caso de no poderse hacer, el reprimir, desaparecer o eliminar físicamente a la oposición.

g. Utilización del presupuesto público para apoyar, de diferente forma, al partido en el gobierno y sus candidatos. Esta situación generaba una competencia electoral muy desigual e inequitativa donde el PRI tenía todos los recursos económicos e institucionales a su servicios, mientras que a la oposición sólo se le asignaban recursos económicos escasos.

h. Un control de los organismos electorales por parte del gobierno y una legislación electoral que no garantizaba la imparcialidad, la libertad del sufragio y el castigo a los delitos electorales.

Por otro lado, de las siete condiciones de "procedimiento mínimas" que toda democracia debe presentar de acuerdo a Robert Dahl (1971), que él llama poliarquía, el sistema político mexicano cumplió, al menos formalmente, con cinco de ellos, ya que el control de las decisiones del gobierno sobre política está constitucionalmente investido en los funcionarios electos; prácticamente todos los adultos tenían derecho a votar en la elección de los funcionarios; los ciudadanos tenían derecho a expresarse, sin el peligro de un castigo severo, sobre asuntos políticos definidos ampliamente; prácticamente todos los adultos tenían derecho a presentarse como candidatos para cargos colectivos en el gobierno, y los ciudadanos también tenían derecho a formar asociaciones u organizaciones relativamente independientes, incluidos partidos políticos y grupos de interés que sean independientes.

Sin embargo, una cosa es lo que se señalaba en los ordenamientos legales y otra cosa, lo que sucedía en la vida cotidiana, ya que a pesar de que se organizaban elecciones éstas no eran conducidas con limpieza, en un marco de libertad y de respeto real a la voluntad electoral. De hecho, además de las prácticas corporativas y clientelistas que predominaban, se coaccionaba el voto o se orquestaban grandes fraudes electorales. Por otro lado, no se cumplía a cabalidad el principio de libertad de prensa y de expresión libre de las ideas, a pesar de existir en la ley, ya que existía un descomunal avasallamiento y control de los medios masivos de comunicación y las fuentes alternativas de información para la población eran casi inexistentes.

Estas situaciones de simulación, motivó el que Mario Vargas Llosa (1992) definiera al sistema político de México como una "dictadura perfecta," ya que se presumía como democracia formal, pero se limitaban realmente el ejercicio de los derechos políticos de los mexicanos y, muchas veces, no se respetaba la voluntad de los electores manifestada en las urnas.

No fu sino a partir de fines de la década de los ochentas, cuando el sistema político mexicano inició un proceso de quiebra y cambio permanente, ya que a partir de 1988, se hizo más evidente un proceso político nacional que llevó a la ruptura de los tres grandes pilares del sistema político mexicano: una crisis de legitimidad el partido hegemónico de Estado, el presidencialismo autoritario y el corporativismo. A partir de esta época, es cuando se empieza a constituir el mercado electoral en México y cuando se puede hablar, propiamente, del inicio de la mercadotecnia política, ya que la transición a la democracia generó las condiciones esenciales para el nacimiento y desarrollo esta disciplina.

En primer lugar, la existencia de una pluralidad de actores políticos que se disputan la voluntad de los ciudadanos, constituidos como mercado electoral. Es decir, en un sistema democrático existen, al menos, dos o más candidatos, partidos o formaciones políticas que se disputan la decisión de los ciudadanos en un momento electoral. En este sentido, en un sistema democrático, a diferencia de los otros dos sistemas, la oposición no sólo es tolerada, sino incluso estimulada, ya que todos los partidos políticos legalmente reconocidos gozan de una serie de prerrogativas y derechos para poder competir y participar en los procesos electorales.

En segundo lugar, los electores, en pleno ejercicio de la ciudadanía tienen la libertad de manifestar, sin ningún tipo de coacción, su voluntad electoral a favor de uno de los diversos candidatos y partidos que se le presentan en los comicios para renovar o elegir a los gobernantes o dirigentes de organizaciones político sociales. En este sentido, la democracia es un sistema de libertades y derechos, aunque también de responsabilidades, en la que se respeta la decisión de los individuos por apoyar a diversos candidatos, grupos o partidos que compiten por el poder.

En tercer lugar, existe un entramado legal y un marco normativo que hace respetar el resultado de las elecciones populares y determina claramente las reglas que rigen los procesos electorales. En este sistema, impera la regla de la mayoría que legitima el ejercicio del poder y da como resultado gobiernos socialmente legitimados. De hecho, la definición más popular de democracia la equipara con elecciones regulares, conducidas limpiamente y con un conteo honesto.

Finalmente, un sistema democrático es un sistema de respeto al Estado de derecho, donde la oposición no sólo puede ganar las elecciones, sino incluso puede apelar a los tribunales y organismos jurisdiccionales para hacer respetar la decisión de las mayorías manifestada en las urnas.

Consideraciones finales

La mercadotecnia política nace y se desarrolla muy ligado a los sistemas democráticos modernos, también llamadas democracias electorales, ya que sólo las democracias[34] son sistemas de franca competencia interpartidista, búsqueda de consensos sociales y libre participación de la ciudadanía.

Los sistemas totalitarios y autoritarios, por su parte, se caracterizan por la mediatización de la participación popular, la conculcación de los derechos humanos, la reducción de las libertades, la exclusión o mediatización de los partidos políticos y grupos de oposición, la supresión del sufragio popular, la inseguridad jurídica, la eliminación del pluralismo ideológico y político y, en general, por una falta de libertades políticas y sociales. Bajo estos sistemas, no es posible hablar de ciudadanía ni de mercadotecnia política, ya que ésta implica la existencia de un sistema de competencia política. Es decir, a diferencia de la democracia, en los sistemas autoritarios y totalitarios sólo un pequeño número de individuos ejercen y tienen acceso al poder político.

En el caso de México, la transición política hacia la democracia iniciada a finales de la década de los ochentas marca el comienzo de esta disciplina, la cual, desde la perspectiva instrumental, ha tenido un gran desarrollo. En este sentido, la mercadotecnia es un producto y una consecuencia de la democracia, ya que sólo en un sistema democrático existe un verdadero mercado político compuesto, por un lado, por electores que pueden decidir libremente la orientación de su voto y el carácter del respaldo político en los comicios electorales que se realizan de manera periódica y, por el otro, dos o más actores políticos (candidatos, partidos,

[34] Estamos hablando de democracia electoral que también supone una amplia participación de la ciudadanía. De acuerdo a Schmitter y Karl (1993), los ciudadanos han de poder influir en la política pública a través de diversos medios no electorales, como asociaciones de grupos de interés y movimientos sociales, que implican inevitablemente tanto la cooperación como la competencia entre los ciudadanos.

formaciones políticas, etc.) que compiten por captar los apoyos electorales y obtener el consenso social para poder acceder a las estructuras de poder.

Sólo en sistemas democráticos se presenta, además, una real competencia por lograr el apoyo de los electores y un sistema competitivo de partidos políticos que orientan sus esfuerzos a conquistar el mercado electoral. En este sentido, el nacimiento y creciente uso de la mercadotecnia está directamente ligado al aumento de los niveles de competitividad política de la sociedad y a la diversificación de los actores políticos que compiten por la titularidad de los espacios de representación pública.[35] Es decir, puesto de manera esquemática se puede afirmar que a mayores niveles de competitividad política (democratización) corresponde un mayor uso de la mercadotecnia política.

En los sistemas democráticos, sustentados en la representatividad y el consentimiento, las elecciones dejan de ser meros ritos protocolarios, como pasó en el viejo sistema político mexicano de corte semiautoritario, para transformarse en verdaderos conductos para el acceso al poder político y a los diferentes espacios de representación pública. Esto es así, debido a que, por un lado, sólo con la vigencia de una serie de libertades civiles y políticas, y ante la predominancia del estado de derecho, es posible hablar de una real competencia política y de la necesidad propiamente de la mercadotecnia;[36] y por el otro, a que regímenes políticos autoritarios o totalitarios dependen más del uso de la fuerza y la represión que en los apoyos de los electores.[37]

---

35 Por competitividad se entiende la capacidad de disputa y las habilidades para realizar una contienda política de alto nivel por parte individuos, grupos o partidos políticos existentes en una sociedad determinada.

36 De hecho, en la gran mayoría de las sociedades el progreso de la libertad política ayudó a desarrollar a la mercadotecnia, ya que en un régimen de intolerancia la mercadotecnia no puede ser concebida.

37 Véase Karen L. Remmer, Military Rule in Latin America, Boston: UNWIN HYMAN, 1989.

El ABC de la Mercadotecnia Política

El marketing político es una guerra de estrategias e ideas entre partidos y candidatos para conquistar la mente y voluntad del ciudadano, constituido en mercado electoral. Como instrumento, el marketing permite avanzar los objetivos políticos de los individuos y organizaciones en la búsqueda o conservación del poder público.

El marketing se refiere no sólo a aspectos de estrategia política, sino que comprende además temas sobre la investigación y segmentación de mercados, el proceso de comunicación y persuasión política, así como tópicos relacionados con la imagen, la percepción y la construcción de lealtades electorales.

El marketing se sustenta en una serie de principios y fundamentos, que permiten dar rumbo y direccionalidad a las acciones del hombre, en la búsqueda del liderazgo y la mejora continua. A continuación se enlistan y explican brevemente estos principios.

La repetición

Un principio básico de mercadotecnia apunta que la repetición, bien orientada, siempre genera memorización, penetración y posicionamiento en la mente del elector. De hecho, toda estrategia de mercadotecnia siempre contempla el emitir los mensajes de manera repetitiva tratando de machacar y moldear la mente de los ciudadanos. Por ello, es muy importante para un político el repetir creativamente sus argumentos centrales, parafrasearlos en diferentes foros, pero siempre manteniendo la esencia de su exposición. Recuerde, repetir es sinónimo de persuadir.

En política, los golpes publicitarios audaces y únicos, son los que dan mejores resultados. Sin embargo, estos deben ir acompañados de una estrategia de penetración en la mente del electorado, que se logra mediante la constante y permanente repetición de mensajes.

Un principio esencial de la propaganda nazi señalaba que "una mentira dicha mil veces se convertía en verdad." Es decir, toda proposición martillada insistentemente es creída por la población. De ahí, la necesidad de definir mensajes, proposiciones y argumentos centrales impulsando su propagación de manera insistente a través de los medios que estén a su alcance. En el mismo sentido, toda organización seria debe dilucidar cuales son los problemas fundamentales del hombre y la sociedad, fijando una postura clave como partido y recalcando sus argumentos.

El principio de la repetición parte de la premisa que el elector es un hombre "plástico," cuya voluntad siempre será moldeable e influenciable por los estímulos comunicacionales que se le envíen. Esto mismo pasa con la "opinión pública, ya que ésta es moldeable e influenciable. En política, repita hasta que esté seguro que ha formado adicción y penetración en su mercado meta. En mercadotecnia, siempre trate de apropiarse de una palabra, signo, símbolo o frase que penetre insistentemente en la mente del elector.

La investigación

El marketing político implica, sobre todo, investigación y segmentación de mercados. La investigación está orientada a diagnosticar la situación sociopolítica, conocer las opiniones, preferencias, problemas, sentimientos y expectativas de los electores. La investigación nos permite tomar decisiones más racionales y, sobre todo, definir el mensaje y las estrategias proselitistas a emprender.

La investigación nos proporciona información y la información, en política, es poder. Para investigar se usan métodos cuantitativos y cualitativos, orientados a conocer mejor al elector. La investigación es la base de todo plan de campaña, por lo que nunca se debe obviar esta importante herramienta de la política.

La investigación cuantitativa permite contar las opiniones y percepciones que los ciudadanos tienen sobre tópicos disímiles de interés colectivo. Este tipo de investigación consume más recursos económicos, pero permite tener con mayor amplitud y precisión información actualizada y diversa sobre los electores.

La investigación cualitativa es mucho más económica y permite profundizar los análisis y estudios sobre los mercados electorales. Como parte de la investigación cualitativa se puede utilizar los paneles de expertos, los *focus groups*, las entrevistas a profundidad, los estudios documentales e históricos y las entrevistas con informantes claves, entre otros.

En toda estrategia política, lo recomendable es utilizar tanto la investigación cuantitativa como la cualitativa, buscando maximizar recursos y ampliar los niveles de información. La conformación, por ejemplo, de un centro de documentación y estudios estratégicos pudiera ser la instancia encargada de las investigaciones. Su función está orientada a realizar trabajos de "inteligencia política," construir bancos de datos, realizar encuestas, analizar las fortalezas y debilidades de la oposición, así como conocer a profundidad los antecedentes y curriculums de sus contrincantes políticos.

Todo político serio debe realizar algún tipo de investigación de mercados lectorales, que le permita hacer política sobre bases más firmes y objetivas. Recuerde que las campañas son ejercicios proselitistas inteligentes sustentados en el manejo de información precisa y oportuna. Nunca olvide que la información es poder.

La venta

Un buen político es, sobre todo, un buen vendedor. Un político sensible ante los problemas de los demás, que atiende con cortesía y respeto a los ciudadanos, que entiende la política como proceso de construcción y de relación, que se preocupa por incorporar valor agregado a la sociedad y dar seguimientos responsable a sus acuerdos.

Un gran vendedor atento a los requerimientos, preocupaciones, propuestas e inquietudes de los demás, que entiende a los ciudadanos como sus más importantes activos (clientes y consumidores) de sus ideas y propuestas, que cimienta su futuro en base a su trabajo, su disciplina y entrega.

Un vendedor de ideas, propuestas, políticas y programas, que tiene la habilidad de persuadir a los demás sobre la bondad de sus propuestas, que documenta sus intervenciones y modera sus posturas. Un vendedor con visión de futuro, que se preocupa por ganar y conservar la amistad y lealtad de los demás, que se comporta como amigo cercano, que reconoce errores y omisiones, que siempre camina hacia adelante. Un vendedor que suma voluntades, agrega compromisos y unifica a los equipos.

Un vendedor que evita los excesos, no se "sobre vende," ni es altamente protagónico. Un vendedor humilde y responsable, que escucha, piensa y actúa, siempre buscando el beneficio colectivo. Un político moderado que aparece sólo en eventos necesarios, que no satura, ni enfada a los demás.

La credibilidad

Lo más importante en la política es que le crean, ya que todo aquel que se dice político y no es creído no es un buen político. La credibilidad es una consecuencia directa de la honestidad y el resultado de un comportamiento ético. La credibilidad tiene que ver además con la veracidad, el prestigio, la coherencia y, sobre todo, el cumplimiento de la palabra empeñada.

La credibilidad, como la política, implica un proceso de construcción que debe atenderse y edificarse en base al esfuerzo, la disciplina y la honestidad. La credibilidad es efímera y así como se construye se puede destruir. Usted debe saber que el elector cree lo que quiere creer y no cree lo que no quiere creer. Recuerde siempre, la honestidad es un plus en política.

La credibilidad cuando se pierde, es muy difícil de recuperar, de ahí que todo buen político debe cuidar escrupulosamente el carácter de sus actos, declaraciones y tipo de amistades que frecuenta.

Un político siempre encontrará obstáculos para ser creído, por lo que debe esforzarse aún más por lograr que los ciudadanos confíen en sus palabras y planteamientos. Tener credibilidad implica poseer autoridad moral y generan confianza en los ciudadanos.

El elector es un incrédulo de los políticos, ya que tiene muchos motivos y razones fundadas para desconfiar. Para construir credibilidad un político debe ejercer un liderazgo basado en la comunicación, la delegación de responsabilidad, la motivación, la valoración de la creatividad y esfuerzo personal, el trabajo en equipo y sobre todo, en la veracidad. Esta última se debe transformar en un paradigma de comportamiento del líder.

La legitimidad de un líder se encuentra directamente relacionado con la credibilidad. Un líder sin credibilidad es un cabecilla sin futuro. Un líder con credibilidad es un dirigente que, más pronto que tarde, será reconocido socialmente y llamado a ocupar responsabilidades importantes.

La credibilidad es la piedra angular de la persuasión. Los auditorios se dejan cortejar fácilmente y se entregan con fervor ante líderes con autoridad moral. La credibilidad forma opinión pública y moldea la voluntad de miles de ciudadanos. Cuide su credibilidad como el valor más importante en su accionar político.

El posicionamiento

El posicionamiento es el lugar que ocupa su persona u organización en la mente de los electores. Es la clave de la alta política y un elemento central de toda campaña de mercadotecnia. En política, la percepción es la realidad. Es decir, si existe el político y las políticas, existe sólo dentro de la mente del ciudadano y en la mente de otros.

El objetivo de todo buen político es posicionarse en la mente de los electores. Ningún político ha logrado apoyo popular sin antes penetrar las mentes y conciencias de los ciudadanos.

Posicionarse en la mente del elector implica que se realicen asociaciones automáticas en la imaginación de los ciudadanos con el sólo hecho de mencionar su nombre o su formación partidista. En política hay tres tipos de posicionamiento. Primero, la percepción que tiene el ciudadano sobre su persona. Segundo, la posición que tienen el elector en su mente frente a la competencia o sus adversarios políticos. Tercero, el grado de compromiso y apoyo que los ciudadanos pueden otorgar a sus propuestas, planes y programas.

Quien participa en política espera ocupar una posición determinada en una organización. Es decir, lograr un posicionamiento social que le permita o asegure un reconocimiento o un futuro más certero. Nadie participa en política en abstracto, todos lo hacen motivados, movidos por algo.

La política implica una relación, ocupar una posición en una determinada estructura social, gubernamental o partidista. El político exitoso es aquel que ha sabido posicionarse positivamente en la mente de los demás.

Posicionarse en la mente del votante implica primero que el elector sepa que existes. Por ello, lo primero que debe hacer es darse a conocer ante la sociedad por los medios que estén a tu alcance. Segundo, posicionarse implica que los ciudadanos se interesen en conocer más de ti, saber de tu pasado, tus experiencias y tus éxitos. Conocer cuales son tus propuestas, tus ideas y opiniones. Por eso, es importante no sólo que los demás sepan que existes sino además que asumes posturas que los demás comparten, que piensas como muchos otros y que defiendes las mismas causas que los demás defienden. Tercero, posicionarse implica también el que los electores se involucren en tus propuestas, planes y "utopías." Implica que los demás sientan el deseo de retomar tu causa y acompañarte por el sinuoso sendero de la política, que se sientan identificados con tigo y crean firmemente en la pertenencia de grupo. Finalmente, posicionarse implica que los demás se comprometan y participen activamente en los planes y proyectos que impulses. Implica que activen sus emociones y se involucren directamente en las tareas y labores que tu les encomiendes.

La diferenciación

Todo buen político debe buscar diferenciarse respecto de la competencia. Las elecciones son cada día muchos más competidas por diferentes personajes, no sólo por lo que implica la participación, desde la perspectiva ideológica y política, sino también por los beneficios económicos y de poder que la misma posición de gobierno y representación trae consigo.

La forma de diferenciarse, puede ser distinta, desde el tipo de plataforma programática, el catalogo de propuestas para la ciudadanía, los colores del partido, las estrategias de comunicación y persuasión que privilegié, hasta el medio que utilice para difundir sus mensajes y propuestas. Sin embargo, la principal diferenciación debe ser en creatividad e innovación de su campaña respecto de la competencia.

Ser diferente implica hacer análisis y ser observador sobre los mismos procesos políticos, hacer lo que otros no hacen, tratar los temas que la competencia no quiere tratar, aportar lo que otros no aportan, proponer lo que otros no proponen. En fin, utilizar la imaginación y atreverse a ser diferente respecto de los demás.

Sin embargo, se debe ser prudente y cauteloso en los medios y métodos que escoja para lograr la diferenciación, ya que no sería recomendable diferenciarse por lo ridículo, incoherente o utópico de sus planteamientos y acciones, sino por la seriedad y creatividad de sus ideas.

La imagen

La imagen es la percepción que se forman los demás de un individuo en su relación social. Es una percepción compartida de los electores sobre un político y su accionar. Todo político tiene una imagen, que lo acompaña como su sombra por los senderos donde camina. La imagen es inevitable y dinámica. Es como un castillo de naipes, su construcción es muy delicada y laboriosa, sin embargo, es muy fácil destruirla.

En política, la imagen lo es todo. Un buen político se preocupa por construir imagen y conservar una buena reputación. Diseñe su imagen prototipo, trabaje por construirla y úsela. Con gran sabiduría, decía Julio Cesar, "la mujer del Cesar no sólo debe ser honesta, sino que tiene que parecerlo." Es decir, el político, no sólo se debe ser honesto, eficiente y responsable sino, sobre todo, tiene que parecer honesto, eficiente y responsable. Y esto, sólo se logra con una buena gestión de imagen.

Construya su estrategia de imagen que le permita alcanzar un buen posicionamiento en la mente de los electores. Los ciudadanos son propensos a adorar y venerar imágenes sean estás religiosas, deportivas, artísticas o políticas. Recuerde, que en una democracia electoral, el voto, que no es más que la percepción de la gente manifestada en acción electoral, es la divisa más importante con que cuenta un político.

La imagen está ligada a la marca. Su imagen es, de hecho, la marca, el distintivo personal que lo acompañará de por vida. Cada persona debe esforzarse en construir en positivo su imagen. Esta "marca" le da identidad, prestigio y categoría. Si es un buen político Usted debe de inmediato iniciar el proceso de construcción o rediseño de su marca.

La imagen tiene mucho que ver con la visión. Dice un dicho popular, una imagen habla por mil palabras. Gorbachov lo parafraseó de la siguiente manera "es preferible ver una vez que escuchar cien veces."

La imagen se forma por sus acciones, sus apariencias o sus omisiones. Por eso, siempre piense y calcule cuales serán las consecuencias de las determinaciones que tome. Su historia personal y su comportamiento social juegan también un papel muy importante en la construcción de imagen.

Si usted es un profesional de la política, tenga un manejo de imagen también de carácter profesional. La imagen es una representación mental, un fenómeno imaginario en la mente de los demás, que debemos cuidar por preservar cuando esta nos es favorable o cambiar cuando esta no nos beneficia. Recuerde, la humildad lleva siempre al político por el sendero del éxito.

La imagen es la opinión que resume la percepción de los electores respecto de una persona u organización. Esta imagen siempre es sujeta de auditoria para conocer sus fortalezas y debilidades. Nunca menosprecie las potencialidades y las ventajas que le ofrece la auditoria. Auditar es, en este caso, examinarse internamente para mejorar.

La gestión de la imagen implica una serie de planes y proyectos orientados, primero a diagnosticar las fortalezas y debilidades que se encuentran en la percepción que los demás tienen acerca de su persona. Segundo, a diseñar una serie de acciones y estrategias para mejorar la imagen pública y, tercero, para evaluar y retroalimentar los planes iniciales.

El estereotipo

Un estereotipo es una representación social compartida por un grupo que define, de manera superficial, a los individuos a partir de supuestos que desconocen sus auténticas particularidades, capacidades y sentimientos. Dos estereotipos muy comunes son los siguientes: Si algo es caro, seguramente es de buena calidad. Si alguien es político, indudablemente es corrupto.

Los estereotipos son más destructivos que constructivos. Una vez que un estereotipo se ha fijado en la mente, es muy difícil cambiarlo. La gente no le gusta cambiar su mente, una vez que le perciben de una forma se acabó. Por ello, cuídese de los estereotipos negativos, y aproveche los estereotipos "positivos."

Los estereotipos son muy comunes en la política. De esta forma, se polariza y segmenta a los actores políticos en buenos o malos, oficialistas o independientes, corruptos, u honestos. En la política partidista es muy común escuchar los siguientes estereotipos: Un partido (y por consecuencias sus militantes) es moralista, conservador y clerical, el otro es corrupto y autoritario, mientras que el otro es violento, conflictivo y radical.

El buen político sabe navegar en el mundo de las generalizaciones y los estereotipos, transformando las debilidades en fortalezas, convirtiendo las derrotas en victorias. Trate de identificar los estereotipos más comunes y utilícelos en su favor. Los electores toman muchas de sus decisiones por percepciones de segunda mano, que provienen de familiares, amigos, compañeros de trabajo o de estudio. Los estereotipos dominan el campo de la política. Sepa identificarlos, conozca su proceso de formación y, lo más importante, logré que los estereotipos trabajen a favor de sus propósitos políticos.

La identidad

La identidad es el sello distintivo que diferencia a una persona de otra. Siempre hay dos tipos de identidades. La interna y la externa. La identidad interna implica el sí mismo, las posesiones físicas e intelectuales del individuo, el sentido que da a sus actos, percepciones, motivos e intenciones. La identidad externa, es la marca o el sello distintivo que se construye en su relación social.

En política, la edificación de identidades es algo muy importante, tan primordial como la construcción de imagen y de credibilidad. El elector instintivamente, como ser gregario, siempre se identifica con alguien, genera filias o fobias, simpatías o antipatías. Se identifica con usted por una serie de factores, tal como se identifica el aficionado por su equipo favorito de fútbol, dependiendo de su coincidencia geográfica, racial, ideológica, política o de genero.

La formación de identidades es un proceso natural propio de los seres humanos, que se debe estudiar a profundidad. El elector se puede convertir en un seguidor suyo, en un "fanático," en un apoyar de sus ideas y propuestas siempre y cuando se identifique con usted, con su causa, sus objetivos o sus métodos.

Todo gran político debe aspirar a formarse una identidad propia e independiente, con un fuerte sentido ético que lo diferencie de los demás y que le genere simpatía por parte de los electores. Una identidad que le facilite el posicionamiento y le genere condiciones para ganar procesos electorales.

Si usted no tiene la capacidad de formarse una identidad propia, seguramente no logrará trascender en el mundo de la política. Atrévase a hacerlo y goce de sus beneficios.

La comunicación

La mercadotecnia es el proceso de comunicar imágenes, ideas, sensaciones y emociones. Sin comunicación no es posible hablar de mercadotecnia, ya que la comunicación se constituye como la piedra angular de la disciplina y es la base del éxito electoral.

La comunicación siempre ha jugado un papel muy importante en la política. De hecho, la política es, en esencia, comunicación. Un político con escasas habilidades para comunicarse es un pobre político. En cambio, un político diestro en el arte de la oratoria y la argumentación discursiva siempre será reconocido y aceptado socialmente.

El elector es un gran consumidor. La democracia no sólo ha posibilitado la edificación de los mercados electorales, sino también la construcción del consumidor político. Los electores son sus clientes que tiene que atender y también entretener mediante adecuadas estrategias de comunicación. Nunca olvide que la política también es consumo y entretenimiento.

El político debe usar la comunicación como instrumento orientado a generar legitimidad y difundir información útil hacia los electores. La comunicación permite mantener informada a la sociedad sobre los logros, avances, problemas y planes de un político.

La política en la era contemporánea es, en esencia, mediática. Es decir, está sujeta a una serie de mediaciones a través de instrumentos tecnológico como la radio, la televisión o la computadora. Es, en esencia, video política. Por ello, todo buen político debe estar preparado para enfrentar exitosamente a los medios de comunicación y poder sacar ventaja de los avances de la era mediática. En este orden de ideas, es importante que todo político se prepare y maneje con propiedad el arte de "enfrentar" a los medios de comunicación. Lea y asista a cursos sobre *media training*, construcción de imagen y locución. Los resultados serán, sin duda, muy satisfactorios.

Todo político debe tener muy en claro sus objetivos comunicacionales y utilizar diversos medios para transmitirlos. La televisión y la radio le permiten amplitud, el contacto directo profundidad y cercanía.

Ante las cámaras de televisión, es importante sonreír, cuidar sus gesticulaciones y, sobre todo, atender su imagen. Recuerde siempre, un buen político es un gran comunicador.

Comentarios finales

En la época moderna, la política es el arte de persuadir y construir mayorías electorales estables. Un político no nace ni tampoco se hace. Un buen político se forma, se educa, se construye. El marketing político proporciona una serie de herramientas, técnicas, estrategias y conocimientos útiles para el hombre político, contribuyendo en su formación y mejoramiento.

La mercadotecnia comprende además la elaboración de planes estratégicos orientados a alcanzar las metas políticas, dar rumbo y dirección a los esfuerzos colectivos y, sobre todo, cohesionar y dirigir equipos de trabajo. La mercadotecnia también implica la segmentación de mercados para definir estrategias claras y precisas destinadas a persuadir a nichos específicos, ahorrando recursos y, sobre todo, orientando esfuerzos para maximizar resultados.

El marketing es una guerra de percepciones que se libra entre diferentes candidatos y partidos por la conquista de la voluntad de los electores. Es también una lucha por manipular las percepciones y mentes de los ciudadanos, en la que los tiempos y las estrategias comunicacionales son muy importantes. Trate siempre de ser el primero en la mente de los electores, ya que esto es una buena estrategia de mercadotecnia.

El político moderno debe ser sincero y cercano a la sociedad, dejando atrás los ritos protocolarios innecesarios. Recuerde que la sinceridad desarma. Toda afirmación negativa que haga sobre si mismo es aceptada instantáneamente como una verdad. Por ello, cuando sea necesario, reconozca algo negativo sobre si mismo (sea autocrítico) y luego conviértalo en positivo.

Los principios aquí señalados son validos también para los gobernantes. Sin embargo, si usted es parte de la oposición, no se preocupe. Recuerde que la política es una rueda de la fortuna que gira y cambia constantemente. En la fortaleza hay debilidad, pero también en la debilidad hay fortaleza. Esté alerta, ya que la división siempre acechará a los poderosos. Como político moderno, busque un atributo opuesto al gobernante y posesiónese de él. Recuerde siempre, el marketing político es un juego disputado en la mente del elector. Quien gana este juego, triunfa en la política.

La Mercadotecnia Política en México

Introducción

La transición política con sentido democrático que experimentó México desde finales de la década de los ochenta ha desencadenando y originando nuevos fenómenos y transformaciones importantes en otros ámbitos del desarrollo nacional. Por ejemplo, en el campo de las contiendas electorales se observa un auge en el uso del marketing político, ya que dentro del nuevo escenario de mayor competitividad generado por la transición, la mercadotecnia política empieza a ocupar un papel más importante en las estrategias de los partidos en su búsqueda afanosa por la conquista del mercado electoral.[38]

De esta forma, el incremento en el uso de la mercadotecnia electoral está directamente ligado al aumento de los niveles de competitividad política de la sociedad y a la diversificación de los actores políticos que compiten por la titularidad de los espacios de representación pública.[39] Es decir, puesto de manera esquemática se puede afirmar que a mayores niveles de competitividad política (democratización) corresponde un mayor uso de la mercadotecnia política.

Esto es así, debido a que, por un lado, sólo con la vigencia de una serie de libertades civiles y políticas, y ante la predominancia del estado de derecho, es posible hablar de una real competencia política y de la necesidad propiamente de la mercadotecnia;[40] y por el otro, a que regímenes políticos autoritarios dependen más del uso de la fuerza y la represión que en los apoyos de los electores.[41]

En el ámbito académico, los nuevos escenarios de competitividad y pluralidad política están generando la emergencia y desarrollo de una nueva disciplina, ya que la razón de ser de la mercadotecnia electoral, de una u otra forma, está ligada al proceso mismo de cambio político de cuño democrático y a la consecuente constitución del mercado electoral. Es decir, el creciente uso de la mercadotecnia en el ámbito político está directamente ligado al incremento de los niveles de competitividad de la sociedad y al predominio de una pluralidad de actores políticos que compiten por el poder en la arena nacional. Dentro de este escenario de competitividad, el uso de la mercadotecnia por las formaciones políticas, candidatos y gobernantes tiende a incrementarse.[42]

---

38 El término mercadotecnia política, marketing político, mercadotecnia electoral y mercadotecnia, que son en esencia diferentes, se usan en este trabajo de manera indistinta. De acuerdo con Mohammad Naghi Namakforoosh, la mercadotecnia electoral es la disciplina que ofrece la teoría y el marco conceptual para planear y dirigir campañas políticas (Véase Mohammad Naghi Namakforoosh, Mercadotecnia Electoral: Tácticas y Estrategias para el Éxito Político, México: Limusa, 1984).

39 Por competitividad se entiende la capacidad de disputa y las habilidades para realizar una contienda política de alto nivel por parte individuos, grupos o partidos políticos existentes en una sociedad determinada.

40 De hecho, en la gran mayoría de las sociedades el progreso de la libertad política ayudó a desarrollar a la mercadotecnia, ya que en un régimen de intolerancia la mercadotecnia no puede ser concebida.

41 Véase Karen L. Remmer, Military Rule in Latin America, Boston: UNWIN HYMAN, 1989.

Como disciplina académica, la mercadotecnia política surge y se consolida en los Estados Unidos y Europa a partir de la segunda mitad del siglo XX.[43] Sin embargo, en México nos encontramos ante la emergencia de un nuevo campo académico,[44] aún en proceso de consolidación[45]

Esta disciplina, inicia su incursión en los centros educativos a partir de mediados de la década de los noventa, primero a nivel periférico o subordinado, ya sea como parte de los programas de educación continua (diplomados, seminarios especializados o cursos de educación abierta) o como parte complementaria de carreras de licenciatura en las áreas de comunicación, mercadotecnia o ciencia política.

En México los partidos políticos y sus dirigentes, como usuarios importantes de este tipo de conocimientos, empiezan a acudir al expediente de la mercadotecnia electoral también a partir de esta misma década, quedando más de manifiesto a raíz de la elección presidencial de 1994. Sin embargo, para inicios del año 2000, la gran mayoría de las formaciones políticas con registro nacional ante el IFE han incorporado a la mercadotecnia política como parte sustancial en sus estrategias de campaña.

Esta nueva disciplina nace en medio de una gran controversia, ya que se apunta que la mercadotecnia más que ventajas presenta una gran cantidad de desventajas para consolidar un sistema político de cuño democrático como lo es la manipulación del elector, la superficialidad de los planteamientos y la impostación de personalidades, entre otros.[46] Sin embargo, este campo disciplinar y el conjunto de conocimientos, habilidades y herramientas que la mercadotecnia política

---

42De esta forma, se puede afirmar que a partir del carácter y naturaleza del sistema de partidos políticos prevaleciente en una determinada sociedad se puede entender la importancia creciente de la mercadotecnia. Es decir, a medida que el sistema de partidos políticos adquiere características de una mayor institucionalización y un más alto nivel de competitividad política, la necesidad del uso de la mercadotecnia se incrementa.

43Véase Teodoro Luque, Marketing Político: Un Análisis del Intercambio Político, México: Editorial Ariel, 1996.

44 Esto es controversial porque para algunos, la mercadotecnia política representa un grave peligro para consolidar la democracia debido a sus efectos manipuladores de las masas y la trasgresión de las normas ético-políticas de la sociedad, ya que en su aplicación en campañas político-electorales se abusa de ella. Para otros, la mercadotecnia es un nuevo campo del saber producto del proceso de transición política que no ha sido comprendida y aceptada aún por una parte de los académicos y políticos debido a una serie de desconocimientos sociales y deformaciones que sobre lo político y la política existen en nuestro país (véase Andrés Valdez Zepeda, "Las virtudes del marketing político: Un ensayo en su defensa," en Este País: Tendencias y Opiniones, diciembre de 1999).

45 En el ámbito comercial, Procter & Gamble llevó a cabo los primeros estudios de mercado entre 1924 y 1927 y a partir de 1946 la mercadotecnia era utilizada en muchas empresas norteamericanas. En el ámbito político, la mercadotecnia se desarrolla en la década de los sesenta en los Estados Unidos y pasó a América Latina en la década de los setenta usándose en países con sistemas como Venezuela y Costa Rica.

46 Véase, por ejemplo, Jorge Aloanso (Democracia Inconclusa, México: Ed. ITESO, 2000) en la que se señala que la mercadotecnia representa un gran riesgo para la consolidación de la democracia mexicana.

proporciona, bien encausados, puede convertirse en una arma estratégica para avanzar los anhelos democratizadores de la sociedad mexicana e incidir en la consolidación de un sistema político de carácter democrático.

El objeto de Estudio

Se entiende por objeto de estudio el fenómeno o conjunto de fenómenos cuyo conocimiento, suficientemente desarrollado, da lugar a una disciplina científica. Todo objeto de estudio se constituye en dos elementos: el empírico y el teórico. El elemento empírico es, en cierta forma, la materia prima que sustenta el desarrollo teórico, el que da certeza y confiabilidad a las investigaciones y el que, en última instancia, puede refutar o aceptar las conclusiones teóricas. Por su parte, el elemento teórico busca la generación de patrones, marcos explicativos y referenciales aplicables a múltiples casos, es el que da sustento científico y epistemológico, el que sistematiza y avanza el conocimiento.

La naturaleza y objeto de estudio de la mercadotecnia política aún no se encuentra bien delimitado, ya que retoma muchos de los conceptos y categorías de la mercadotecnia comercial, de la sicología política, las ciencias de la comunicación y de las ciencias políticas. En este sentido, bien se le puede denominar, una disciplina híbrida producto de la conjugación de la mercadotecnia comercial con la política, la comunicación y la ciencia política.

En este sentido, el ámbito de estudio de la mercadotecnia política es infinito, en la medida que los fenómenos políticos ligados con el proceso de legitimidad, acceso y permanencia de personas y grupos en las estructuras del poder político también lo son. Su dinamicidad, pluralidad y constante renovación hacen de la mercadotecnia política una disciplina que sólo permita una aproximación imperfecta e incompleta a la realidad.

Sin embargo, como un primer acercamiento podemos decir que el objeto de estudio de la mercadotecnia política se circunscribe al análisis de cinco áreas fundamentales: el proceso de intercambio político que se da entre individuos y formaciones políticas ante la renovación democrática de la representación pública; el proceso de comunicación política entre elites y ciudadanos en momentos electorales; las campañas (esfuerzos) político electorales y los planes proselitistas y de estrategia que las acompañan; el proceso de acceso al poder y legitimación de las elites; y los estudios de mercado o diagnostico sociopolítico.

Estas áreas de estudio se desdoblan en otras series de partes igualmente importantes como el estudio de la imagen pública, los estudios de opinión, las encuestas, las estrategias de propaganda, los planes de campaña, la persuasión del elector, la segmentación del mercado, las formas como recibe y proceso el elector los estímulos comunicativos, la cultura política y psicología de masas y las teorías del comportamiento humano en la sociedad, entre otros. Es decir, en el campo del intercambio político una riquísima y compleja realidad espera ser estudiada, analizada e interpretada.

La investigación en mercadotecnia política es una actividad encaminada a la solución de problemas, creación de nuevos conocimientos para explicar el proceso de intercambio político en momentos electorales. El objeto de investigación es muy amplio, aunque se puede partir del proceso de intercambio entre formaciones políticas, partidos e individuos con segmentos específicos de la sociedad. Los métodos y técnicas de investigación que se pueden utilizar en la mercadotecnia política son muy amplios, sobresaliendo los bibliográficos, de campo, estadísticos, históricos y de semi-experimentales.

Lo que busca la investigación científica en el campo de la mercadotecnia política es la interpretación de hechos empíricos para buscar tendencias generales sobre el proceso de intercambio político que se da al seno de la sociedad. Los tipos de investigación que podemos encontrar en el campo de la mercadotecnia política son la histórica, descriptiva, semi-experimental y comparada.

De la mercadotecnia comercial adopta conceptos tales como estudio de mercado, segmentación, posicionamiento, imagen, marketing mix y canales de distribución, entre otros. De la política y sus ciencias, retoma conceptos como estrategia, táctica, poderl legitimidad, gobernabilidad, proselitismo, plan de campaña y propaganda, por señalar algunos.

Sin embargo, esta es una disciplina distinta, ya que la ciencia política es una parte de las ciencias sociales que se ocupa de los fenómenos de la sociedad asociados al poder, el Estado, el gobierno, la cultura y el hombre en su función social.[47] Por su parte, la mercadotecnia política es una disciplina que busca encontrar las relaciones de causalidad de los fenómenos de comunicación, la imagen pública y las estrategias de persuasión de las elites políticas hacia la sociedad en la búsqueda y/o conservación del poder. No es meramente descriptiva o prescriptiva, sino también analítica y tiene un carácter dinámico y operativo.

A la mercadotecnia comercial se le define como el estudio y análisis del mercado, así como la instrumentación de programas cuidadosamente formulados y llevados a la práctica para que se efectúen voluntariamente intercambios de valores entre dos o más individuos.[48] La mercadotecnia también se le conceptualiza como un proceso social y administrativo por medio del cual el individuo y grupos obtienen lo que necesitan y desean al crear e intercambiar productos y valores por otros. De esta manera, la mercadotecnia significa trabajar con mercados para que se lleven acabo intercambios con la finalidad de satisfacer necesidades y deseos de los seres humanos.[49]

A diferencia de la comercial, la mercadotecnia política es un acervo de conocimientos tocante a la realidad sociopolítica y la aplicación de ellos en los

47 Véase Maurice Duverger, "La Noción de Ciencia Política" en Juan Cristóbal Cruz Revueltas, ¿Qué es la Política?, México: Publicaciones Cruz O. S.A. 1994.

48 Véase Philip Kotler y Gary Armstrong, Fundamentos de Mercadotecnia, Segunda edición, México: Prentice Hall Hispanoamericana, 1991.

49 Philip Kotler y Gary Armstrong, Fundamentos de Mercadotecnia, segunda edición, Edit. Prentice Hall Hispanoamericana, S.A. 1991.

procesos de legitimación social. Es, de cierta manera, una ciencia teórica con un perfil práctico.

El objeto central de su preocupación es el conocimiento y persuasión de los ciudadanos constituidos en mercado político, investiga sus principales problemas como ente social, indaga su sensibilidad a los estímulos, analizando sus reacciones, sentimientos y comportamiento, diseña las estrategias propagandísticas más efectivas para lograr su cometido, estudia el contexto y la coyuntura política, establece relaciones entre mensaje, percepción y persuasión, se preocupa por los problemas asociados a la imagen y opinión pública, así como de las acciones proselitistas de las elites políticas, penetra en la doctrina y las teorías políticas e investiga los fenómenos de la comunicación política.

En este sentido, la mercadotecnia política implica el análisis y el conocimiento de las necesidades de los ciudadanos dentro del ámbito socio-político y el desarrollo de planes y programas conducentes a su satisfacción.[50]

El Concepto

Como pasa en otros campos del saber, no existe una definición única y absoluta sobre la mercadotecnia política, sus alcances y límites. Para Salvador Mercado, la mercadotecnia política consiste en la aplicación de los conceptos básicos de la mercadotecnia para satisfacer las necesidades y expectativas del mercado electoral.[51] Por su parte, Francisco Javier Barranco Sáiz, señala que el marketing político es el conjunto de técnicas que permiten captar las necesidades que un mercado electoral tiene, estableciendo, con base a esas necesidades, un programa ideológico que las solucione y ofreciéndole un candidato que personalice dicho programa y al que se apoya e impulsa a través de la publicidad política.[52]

De acuerdo a Carlos Fernández Collado y Roberto Hernández Sampieri, la mercadotecnia política es el conjunto de actividades tendientes a crear, promover y ofertar, ya sea a candidatos o gobernantes, fuerzas políticas, instituciones o ideas en un momento y sistema social determinado.[53] Por su parte, Patricia Gudiño Pérez, Arturo Sánchez Martínez y Alejandro Morales Guzmán, apuntan que el marketing político consiste en un grupo de técnicas destinadas a apoyar la comunicación y el contacto entre el elector, sus preferencias, gustos, actitudes e inclinaciones y el candidato, quien para ejercer un puesto público, deberá

---

50 Véase Rafael Reyes Arce y Lourdes Munch, Comunicación y Mercadotecnia Política, Ed. Noriega, 1998.

51 Véase Salvador Mercado H, Mercadotecnia de Servicios, Editorial Pac. S.A. de C.V. 1996, p.171.

52 Francisco Javier Barranco Sáiz, Técnicas de Marketing Político, Ed. Rei, México, 1997, p. 13.

53 Carlos Fernández y Roberto Hernández, Marketing Electoral e Imagen de Gobierno en Funciones: Cómo Lograr Campañas Electorales Exitosas, México: Mc Graw Hill, 2000.

transmitir, convencer y generar altos niveles de credibilidad y legitimación entre su plataforma política, el partido del que forma parte y lo que los electores buscan.

La primera definición tan sólo considera que se tiene que trasladar los conceptos, esquemas y principios de la mercadotecnia comercial a la política, lo cual desde diferentes puntos de vista es incorrecto. En primer lugar, la lógica de funcionamiento de las empresas es discordante a la lógica de la política. Es decir, el mercado electoral es por naturaleza distinto al mercado comercial, ya que el político responde a otro tipo de estímulos (aceptación popular y posición política), el proceso de intercambio también es diferente (se permuta apoyos o votos por programas de gobiernos o expectativas de mejoramiento público) y los actores involucrados en el proceso responden a motivaciones también distintas (empleo-salario versus militancia).

En segundo lugar, la política entendida en su visión weberiana, como el arte de influir en las decisiones públicas, es un campo mucho más complejo, dinámico e incierto que el comercial que responde a principios y leyes un poco más estables y predecibles. Finalmente, la mercadotecnia comercial fomenta el intercambio de objetos, valores o servicios y la política busca el intercambio de ideas, proyectos, y simpatías personales o colectivas.[54]

La definición de Javier Barranco es un poco más acertada y acorde con el planteamiento independentista de la disciplina como campo específico y autónomo del saber político. Sin embargo, también presenta sus limitaciones. En primer lugar, lo define única y exclusivamente como un conjunto de técnicas para satisfacer las necesidades que se presentan en el mercado electoral. Sin embargo, la mercadotecnia política no comprende únicamente las cuestiones técnicas, sino y sobre todo, una serie de estrategias y acciones ligadas a los fenómenos de comunicación política, la construcción de imagen, el trabajo proselitista y el estudio del mercado político.

En segundo lugar, la mercadotecnia política, aunque lo incluye, tampoco se reduce a establecer un programa ideológico o proponer candidatos para tratar de solucionar las necesidades que se presentan en el mercado electoral, ya que la mercadotecnia política, en su acepción amplia, es una disciplina que no se limita a los procesos electorales, sino que también es una herramienta que puede ser utilizada en procesos de legitimizacion política antes y más allá de los procesos comiciales.

---

54 Existen otras diferencias entre mercadotecnia comercial y política. Las más importantes son: 1) Que en la mercadotecnia política existe un limitado número de partidos y candidatos y en la comercial es enorme el número de productos o servicios que se ofrecen; 2) el mercado político es temporal y el comercial generalmente es permanente; 3) el objetivo de la mercadotecnia política es ganar las elecciones o la aprobación del ciudadano y en la mercadotecnia comercial el objetivo es la utilidad monetaria; 4) La organización electoral es dinámica, se establece totalmente nueva y la comercial es más estable; 5) Finalmente, la mercadotecnia política se basa predominantemente en voluntarios y la comercial en asalariados.

Finalmente, los términos que usa no pertenecen al nuevo campo del saber de esta naciente disciplina, ya que habla de publicidad, propio del ámbito comercial, en lugar de propaganda que es más acorde a la mercadotecnia política.[55]

La conceptualización de Carlos Fernández Collado y Roberto Hernández Sampieri, es confusa e imprecisa, ya que, por un lado, confunde la mercadotecnia electoral con la mercadotecnia política y esta última con la pública y la mercadotecnia de las ideas.[56] Por el otro lado, esta definición es imprecisa, en la medida que sólo considera el aspecto promocional de esta disciplina, omitiendo otros campos de acción como los estudios de mercado, la planeación estratégica de campañas y las actividades de proselitismo electoral, entre otras.

Por su parte, Patricia Gudiño Pérez, Arturo Sánchez Martínez y Alejandro Morales Guzmán, también enfatizan sólo en el aspecto de comunicación, aunque acertadamente introducen el aspecto de la búsqueda de la credibilidad y legitimación social como parte sustancial de los objetivos de la mercadotecnia.

Estas definiciones, lejos de aclarar el objeto de estudio, lo tornan más confuso, se contradicen entre si, se refieren a las funciones y a lo que debería de ser la mercadotecnia política y no a lo que es. Ante este tipo de limitaciones, se puede aventurar una nueva definición que bien puede ir en los términos siguientes: como campo del conocimiento la mercadotecnia política es una disciplina que se encarga del estudio de los fenómenos relacionados con el análisis del mercado político, los procesos de comunicación y legitimidad política, las estrategias proselitistas y el proceso de intercambio entre elites políticas y ciudadanos. Como herramienta política, la mercadotecnia se puede conceptualizar como una serie de técnicas y estrategias para avanzar los objetivos de poder.

Su Naturaleza Epistemológica

La mercadotecnia política es una disciplina todavía necesitada de una mejor justificación y de marcos teóricos y metodológicos propios, ya que su juventud le ha significado la existencia de vacíos y limitaciones propias de un naciente campo del saber. Su ubicación disciplinar y naturaleza cognitiva también es sujeta de controversia e interpretación distinta entre diversos estudiosos de los fenómenos sociopolíticos.

De igual forma, no existe claridad sobre el estatus académico de la mercadotecnia política ni sobre su campo de delimitación con respecto a otras disciplinas. Para

---

55 El término propaganda está asociado más a los aspectos políticos e ideológicos y la publicidad al ámbito comercial.

56 Aquí es importante distinguir entre los conceptos de mercadotecnia política, mercadotecnia pública, mercadotecnia electoral y mercadotecnia de las ideas. Aunque comparten conocimientos, métodos y áreas de análisis, estos son relativamente diferentes. Mercadotecnia electoral tiene que ver con la búsqueda del poder político, por lo que se da en el momento electoral. La mercadotecnia pública se asocia a la búsqueda de la legitimidad una vez en el poder. La mercadotecnia de las ideas implica la búsqueda de reconocimiento social y trascendencia de ideas, proyectos, programas y acciones originados en el espacio público o privado por parte de la sociedad y de las élites políticas. La mercadotecnia política implica a la mercadotecnia electoral y a la mercadotecnia pública.

algunos, la mercadotecnia es tan sólo un arte, ya que implica una serie de aptitudes, destrezas, técnicas y estrategias propagandísticas que tienen como objetivo la búsqueda de la persuasión y cortejo de los electores. Para otros, la mercadotecnia puede ser considerada una ciencia, ya que tiene su propio cuerpo conceptual, así como métodos, principios, marcos teóricos y su propio capital intelectual. Otros hablan de la mercadotecnia política como tecnología, ya que busca la utilidad, al aplicar sus conceptos, conocimientos y estrategias a la realidad socio-política. Veámoslo en partes.

A esta disciplina se le cataloga como arte, ya que implica virtud, destreza, poder, eficacia y habilidad en la manufactura de programas propagandísticos y planes de campaña, entre otras cosas. De acuerdo a una definición ortodoxa, el arte es el conjunto de reglas de un oficio que el hombre aplica a la manufactura de un objeto o a la realización de una representación u obra. [57] En este sentido, la mercadotecnia política tiene mucho de arte que implica creación, imaginación y talento de parte de los profesionistas de esta disciplina.

Sin embargo, otros la asocian y definen más como técnica, ya que a ésta misma se le define como el conjunto de procedimientos propios de un arte, ciencia u oficio. De esta forma, para algunos analistas, la mercadotecnia política se constituye en una serie de técnicas de persuasión de los ciudadanos para alcanzar los objetivos de poder por parte de los candidatos o formaciones políticas. Por ejemplo, de acuerdo a Rodrigo Borja, acudir al subconsciente- donde germinan las motivaciones profundas de los actos humanos- utilizar medios subliminales para modificar sutilmente su voluntad, simplificar las ideas y repetirlas incesantemente hasta incrustarlas en el cerebro de las personas, martillar con los slogans propagandísticos hasta lograr condicionar su conducta, repetir invariablemente el logotipo para que el objeto de la promoción entre también por la vista son también algunas de las técnicas del marketing político.[58]

Una apreciación distinta a las anteriores, señala que la mercadotecnia es una tecnología administrativa aplicada a la política para influir en el comportamiento de las masas en una situación de competitividad. De esta manera, a esta disciplina se le asocia más con el termino tecnología que con ciencia.

De acuerdo a una definición convencional, la tecnología es el conocimiento científico aplicado a tareas prácticas, misma que se diferencia de la ciencia por su perfil pragmático. Como todos sabemos, la ciencia busca la verdad mientras que la tecnología persigue la utilidad, la ciencia observa la realidad y la tecnología trata de modificarla, la ciencia es eminentemente especulativa mientras que la tecnología es aplicada.

---

57 Ramón García-Pelayo y Gross, Diccionario Enciclopédico Larousse, edición 1997.

58 Rodrigo Borja, *Enciclopedia de la Política*, México: Ed. Fondo de Cultura Económica, 1998, p. 645..

En este sentido, podemos concluir que la mercadotecnia política mantiene elementos tridimensionales tanto de ciencia, de arte, así como de tecnología. O mejor dicho, es una ciencia con un alto perfil tecnologizado que connota e implica creatividad artística. Como ciencia busca conocer la verdad del mercado político y la relación entre fenómenos que se presentan en él, pero como tecnología busca la utilidad, ya que aplica sus conceptos y categorías a la realidad.

Como tecnología, la mercadotecnia proporciona a la sociedad política herramientas y conocimientos útiles para el estudio y percepción del mercado político, en el diseño de planes de campaña y proyectos propagandísticos, de manufactura de programas proselitistas y mejoramiento de la imagen de hombres de Estado, políticos, líderes y actores sociales.

La mercadotecnia política se auxilia de otras tecnologías de vanguardia para alcanzar sus objetivos. De esta manera, utiliza como medios para su expresión a la radio, la televisión, los programas de cómputo, la Internet, la imprenta, el diseño gráfico y la fotografía. Estos medios, a su vez, complementan a la nueva disciplina, ya que sin ellos el desarrollo de la mercadotecnia sería muy limitado. Es decir, la mercadotecnia está ligada al propio desarrollo de otras tecnologías que al usarse intensivamente como medios le dan la forma y el peso específico como disciplina.

Como disciplina, la mercadotecnia política designa un conocimiento, busca la verdad con rigor y objetividad. También cumple con los elementos esenciales del conocimiento científico que son la corregibilidad, la demostrabilidad y la describilidad.

En este sentido, la mercadotecnia presenta elementos de cientificidad, en tanto que la ciencia es un proceso de averiguación, un procedimiento para hacer preguntas y resolver problemas y para desarrollar métodos más eficaces y modernos. De esta forma, podemos afirmar que la mercadotecnia política es un cuerpo de conocimientos sobre el proceso de intercambio político y de legitimización de grupos gobernantes o que aspiran a serlo.

Como disciplina, sus conocimientos están en constante renovación y actualización, desechando esquemas, técnicas y métodos rebasados y construyendo continuamente nuevas pautas del entendimiento socio-político. En este sentido, es una disciplina diferente que se aleja de los principios del positivismo que considera que todos los fenómenos están sujetos a leyes naturales invariables. Es una disciplina que tiene una arista teórica y una aplicada.

Sus hallazgos se pueden contrastar con la realidad, demostrando la validez de sus principios generales y la aplicación de los mismos a otras realidades específicas. En este sentido, se cumple el principio conductista de generalización en la que sus principios pueden aplicarse en otros casos, siempre y cuando presenten las mismas características y circunstancias.

Finalmente, el objeto de estudio de la mercadotecnia está sujeta a la descripción e interpretación de su propio campo cognoscitivo, así como de sus principios, hallazgos y conclusiones.

Desarrollo de la Disciplina

Los estudios y debates sobre la mercadotecnia política se encuentran en auge en México, a raíz de la pasada coyuntura política-electoral de cara a la sucesión presidencial y a la renovación de cientos de espacios de representación política a nivel estatal, distrital y municipal que se dieron en el año 2000. Tan sólo en ese año, se renovaron del 2 de julio al 12 de noviembre, además del Congreso de la Unión y la Presidencia de la República, cinco gubernaturas, la jefatura del Distrito Federal, 772 ayuntamientos, 16 demarcaciones políticas y 498 diputaciones locales. Todos estos procesos generaron amplias expectativas sobre la temática de mercadotecnia y organización de campañas políticas entre las formaciones políticas, sus militantes y simpatizantes. En el año 2012, se renovó la presidencia de la república, la cámara de senadores y de diputados a nivel federal, así como cientos de gobiernos municipales. En todos estos procesos, el marketing político siempre estuvo presente en las diferentes campañas electorales.

Ho día, en los diversos medios de comunicación, por ejemplo, frecuentemente se escuchan comentarios y análisis sobre las diferentes estrategias y campañas propagandísticas de los candidatos a los diferentes puestos de representación popular. Sin embargo, aún no existen en México revistas especializadas en la temática de mercadotecnia política, campañas y elecciones, a pesar de la gran diversidad de procesos electorales que se realizan año con año en el país.[59]

En las formaciones políticas se han empezado a crear espacios y estructuras especializadas en mercadotecnia política y estudio de imagen como es el caso del Partido Acción Nacional que contempla dentro de su organigrama la Dirección de Mercadotecnia Política. De hecho, todos los partidos políticos con registro ante el IFE cuentan ya con espacios y personal especializado en esta materia, aunque predominantemente en las estructuras nacionales.

En el extranjero, la mercadotecnia política está mucho más desarrollada. Por ejemplo, en los Estados Unidos se ofertan programas académicos especializados para formar mercadólogos políticos, gerentes de campañas, expertos en imagen y propaganda, así como estrategas y consultores políticos de alto nivel.[60] En estos países sobresalen publicaciones especializadas como es el caso de la *Revista Campaigns and Elections*. En ese país tiene su sede también el Centro

---

[59] De acuerdo a Gabriel González Molina, en México se organizan cada seis años más de siete mil campañas electorales con una duración en promedio de doce semanas (Véase Gabriel González Molina, *Cómo Ganar Elecciones: Estrategias de Comunicación para Candidatos y Partidos*, México: Ed. Cal y Arena, 2000).

[60] Por ejemplo la Escuela de Asuntos Públicos de la Universidad Americana en Washington, DC ofrece a través de su Instituto de Administración de Campañas ofrece estudios sobre administración de campañas, la Escuela de Graduados en Administración Política de la Universidad George Washington ofrece una maestría en administración de campañas y la Universidad de Florida ofrece una maestría en campañas políticas.

Interamericano de Gerencia Política que organiza seminarios internacionales de mercadotecnia política en diferentes partes del mundo. En Argentina, se encuentra la sede de la Asociación Latinoamericana de Consultores Políticos (ALACOP), que ha introducido esta nueva disciplina a muchas partes del subcontinente a través de la organización de seminarios y cursos internacionales en el campo del marketing político y de encuentros entre especialistas en esta materia. En Brasil, se conformó en mayo de 1998, la Asociación de Consultores de Comunicación Política y Gubernamental de las Américas (MERCOPAM), que ofrece consultorías especializadas en mercadotecnia política a todo el continente y cuyo presidente es el mercadólogo Hiram Pessoa de Melo.

En México, la mercadotecnia ha tenido un desarrollo diferenciado, presentándose un desarrollo incipiente como campo del conocimiento académico, y un desarrollo avanzado como campo pragmático del saber político. Es decir, la mercadotecnia se ha incorporado planamente a las campañas políticas, a pesar de que aún no ha adquirido, propiamente hablando, un estatus académico.

A la par de la pujante emergencia en México de cursos, seminarios y diplomados sobre mercadotecnia política se han generado un amplio mercado para las publicaciones sobre esta temático o sobre la organización de campañas electorales. Sin embargo, predomina también en este tipo de materiales la orientación prescriptiva, tipo manual, por encima de los enfoques analíticos.

En materia legal, existe un vacío normativo sobre la permisividad y límites en el uso de las técnicas, estrategias propagandísticas de la mercadotecnia política. El Código de Organizaciones y Procedimientos Electorales (COFIPE), señala algunas definiciones básicas sobre campañas, emblemas, encuestas y financiamiento de las campañas, pero no existe, propiamente hablando, un código que defina limites y delimite fronteras ligadas a pautas éticas de una contienda política civilizada y de nivel. Es cierto, existen otros ordenamientos propios de procedimientos del comercio, el mercado y penales que pueden ser referenciados, pero no existe en la actualidad una ley que reglamente el uso de la mercadotecnia en procesos político-electorales.

Como disciplina académica, la mercadotecnia ha tenido un desarrollo aún limitado, preferenciando, como apuntamos más arriba, un perfil prescriptivo, más que analítico, por lo que se impone la necesidad de abrir espacios para la investigación en este nuevo campo disciplinar. Los fenómenos políticos ligados al impacto de la mercadotecnia en los procesos de decisión del voto del elector, los estudios de mercado político, las diversas estrategias mercadotecnicas impulsadas por las formaciones políticas, así como el desarrollo de esta disciplina son, entre otros, algunos de las áreas propias para la investigación científica. De hecho, sin temor a equívocos, se puede decir que en este campo disciplinar existe una enorme veta para la investigación, ya que prácticamente son escasos los trabajos analíticos sobre la mercadotecnia política en México.

En los campos académicos, la mercadotecnia tendrá que evolucionar de ser una disciplina periférica, que se imparte de manera optativa o complementaria en los programas académicos predominantemente de ciencia política, comunicación y mercadotecnia en general o en programas de educación continua, hacia la constitución de su propio campo disciplinar a nivel superior. Es decir, a futuro los centros de educación superior tendrán que ofertar programas de licenciatura, especialidades o posgrados en mercadotecnia política, administración de campañas políticas, o en vinculación con programas académicos para la formación de consultores políticos, en sicología y comunicación de masas o estrategas de campaña.

Como parte de su desarrollo, en el corto plazo se impone la necesidad de trabajar en la delimitación y diferenciación de su campo de estudio de esta disciplina,[61] así como en la generación de líneas de investigación propias sobre el proceso de intercambio político y el análisis científico de las campañas electorales en México. De esta forma, la mercadotecnia política pasará de ser una disciplina emergente para constituirse en un campo consolidado del saber político en nuestro país.

La Mercadotecnia Política al Servicio de la Democracia

En los meses previos a la elección de julio del 2012, fue común el escuchar distintos comentarios críticos de analistas, investigadores, políticos, editorialistas, comunicadores e, incluso, de jerarcas de la iglesia católica por el uso de la mercadotecnia que los candidatos a la presidencia de la república realizaron. Por ejemplo, se comentó que es preocupante y peligroso para el país que el presidente de la república fuera producto de la mercadotecnia, ya que no es lo que necesitaba el país, sino un proyecto de nación y que la mercadotecnia estaba distorsionando la verdadera esencia de la política.

Estos y otros señalamientos, generalmente simplistas, que se unen al conjunto de desconocimientos sociales sobre la política y lo político, hacen de la mercadotecnia electoral una de las disciplinas académicas poco entendidas y más criticada de la época. Esto se aúna, al hecho de que la mercadotecnia se encuentra inmersa en una visión instrumental, de carácter prescriptivo, en la que predomina la ausencia de una reflexión conceptual y de un rigor metodológico en los escasos análisis que se realizan.

Los comentarios señalados, si bien son respetables, no ubican en su verdadera dimensión la naturaleza, carácter y papel de la mercadotecnia política, ni se analiza con objetividad, mucho menos con profundidad, la importancia de esta nueva disciplina. Ciertamente la mercadotecnia electoral representa aún ciertos riesgos para el proceso de consolidación democrática de nuestro país, pero su

---

61 Recuérdese que su naturaleza y objeto de estudio aún no se encuentra bien delimitado, ya que la mercadotecnia política retoma muchos de los conceptos y categorías de la mercadotecnia comercial, de la psicología política y de las ciencias políticas. En este sentido, bien se le puede denominar, una disciplina híbrida producto de la conjugación de la mercadotecnia comercial con la política y la ciencia política.

vigencia está estrechamente ligado al proceso mismo de cambio político, con sentido democrático.

En primer lugar, la transición democrática que ha experimentado nuestro país y el uso intensivo de la mercadotecnia política están estrechamente relacionados, como se apuntó más arriba. En este sentido, la transición a la democracia iniciada a finales de la década de los ochenta ha significado, por primera vez para México, la conformación de un mercado político-electoral, el cual no existía antes con sus verdaderas y genuinas características. Las elecciones, por muchos años, no fueron sino meros ritos protocolarios para acceder al poder; la "pluralidad" partidista predominante constituía una creación artificial del gobierno mexicano para consumo externo y los electores no ejercían a plenitud sus derechos políticos, ni éstos eran respetados.

De esta forma, hoy día la democracia ha posibilitado la creación del mercado político, así como la existencia de votos que valen y definen el carácter de la representación pública, la cual es disputada por diferentes actores y formaciones políticas de nuestro país. En este sentido, el auge de la mercadotecnia política es el resultado de un momento histórico y político determinado, de un proceso global de desarrollo caracterizado por mayores niveles de competencia y pluralidad política.

En segundo lugar, es falso afirmar que las pasadas campañas políticas se redujeran a simples eslogans y que se careciera de las más elementales ideas y proyectos políticos por parte de los candidatos a la presidencia de la república. Lo que pasó, es que ciertamente los candidatos utilizaron, con mayor amplitud que en el pasado, los medios electrónicos de comunicación para tratar de moldear la voluntad del elector en los comicios presidenciales del 2012. Sin embargo, todos los candidatos tuvieron una plataforma política (la gran mayoría de ellas estuvo en Internet y en publicaciones especiales), realizaron intensas giras proselitistas a lo largo y ancho del país, se reunieron con grupos de intelectuales, empresarios, universitarios, campesinos, obreros, colonos y distintos grupos de poder. Simplemente lo que cambió fue el uso intensivo de la nueva tecnología y los medios electrónicos para ganar imagen y adeptos a su causa.

En tercer lugar, debemos entender que la democracia implica la volatilidad de la voluntad del elector. Es decir, en una democracia liberal las "lealtades" electorales son efímeras, ya que el elector decide su voto con base a una serie de circunstancias, coyunturas y referentes, los cuales son generalmente dinámicos. La cultura política, la experiencia con pasados gobernantes, la militancia o no en una formación política, el carisma y honorabilidad de los candidatos, la imagen de los partidos políticos, el nivel educativo, las plataformas programáticas, la historia familiar, la situación laboral y salarial, las apuestas políticas, los intereses en juego, la creatividad de las campañas, el esfuerzo proselitista y el grado de conflictividad social, entre otros, son factores que influyen en la orientación del voto del elector. Esto es, la democracia genera el "hombre plástico, moldeable, influenciable (indeciso) y la mercadotecnia política busca como objetivos la obtención de esa voluntad electoral.

En cuarto lugar, la mercadotecnia política puede ayudar a incrementar el nivel de información que se proporciona a la sociedad, diversifica la oferta informativa y puede inculcar entre las masas y las elites políticas valores asociados a la democracia. Para lograr tal penetración o conquista existen una serie de técnicas y estrategias, que empleadas de manera correcta, producen resultados satisfactorios. Sin embargo, debe haber claridad sobre sus alcances y potencialidades. El uso de la mercadotecnia como instrumento contribuye a avanzar las metas políticas, pero de ninguna manera asegura un triunfo total en los comicios. Así como la democracia no asegura la consecución de un mejor gobierno, la mercadotecnia no puede asegurar el éxito total de una campaña o el triunfo de un candidato a un puesto de elección popular.

En quinto lugar, la mercadotecnia puede jugar un papel importante en el proceso de transición y consolidación de un régimen democrático, ya que el uso, por ejemplo, de la propaganda puede contribuir a que los electores conozcan de manera más amplia los proyectos, candidatos y plataformas programáticas de los institutos políticos, incrementando así el nivel de competitividad. Es decir, la mercadotecnia puede ayudar a que los procesos políticos se desarrollen dentro de un marco de mayor equidad y competitividad, en la medida que los diferentes actores políticos pueden hacer llegar sus propuestas, mensajes y proyectos a los electores de manera más atractiva y rápida.

A través de los medios masivos de comunicación y de una buena estrategia propagandística se pueden avanzar metas y concretar objetivos democráticos, educando, orientando e informando a los ciudadanos. La mercadotecnia puede también ayudar a "emocionar" y movilizar a los electores que luchan por causas justas, como por el combate a la corrupción o en favor de la democracia. Tiene, además, la bondad de poder informar a más gente.

El uso de la mercadotecnia puede ayudar también a difundir, como de hecho lo hace el Instituto Federal Electoral, valores asociados a la democracia como el pluralismo, la tolerancia, la competencia regulada, el respeto al principio de mayoría, la legalidad, la existencia de derechos de las minorías, la igualdad de todos los ciudadanos ante la ley, el ejercicio de la ciudadanía, el respeto a la soberanía popular, la responsabilidad de los gobernantes respecto a sus gobernados, la paz social, la convivencia en la diversidad y la participación.

La mercadotecnia se propone sustituir a la violencia y la imposición, muy característico del pasado, por una forma pacífica de acceso al gobierno. Su objetivo central es asegurar la legitimidad y el apoyo popular a través de la renovación de los espacios de representación en un marco de legalidad y respeto a la voluntad ciudadana. En este sentido, la mercadotecnia es hija de la crisis de legitimidad de los modernos sistemas políticos, ya que mediante esta disciplina se busca generar y ampliar esta misma legitimidad política.

Por último, la mercadotecnia también puede ayudar a que los procesos políticos sean más atractivos y coloridos para los ciudadanos y, en consecuencia, para que el porcentaje de abstencionismo pueda reducirse significativamente.

Consideraciones Finales

En los últimos años hemos sido testigos del nacimiento y desarrollo de la mercadotecnia política en México. Este desenvolvimiento se da como resultado de la conjunción de tres factores relevantes: el proceso de transición política con rumbo democrático; el desarrollo y socialización de la tecnología y la conformación del mercado político competitivo. Sin embargo, como campo del conocimiento, la mercadotecnia política es una disciplina en construcción en nuestro país. Por su juventud y temática que aborda, este campo del saber nace envuelto en una controversia sobre sus bondades y riesgos para el proceso mismo de cambio político con sentido democrático.

Para sus críticos, la mercadotecnia política representa un grave peligro para consolidar la democracia debido a sus efectos manipuladores de las masas y la transgresión de las normas ético-políticas de la sociedad, ya que en su aplicación en campañas político-electorales se abusa de ella. Para otros, la mercadotecnia es un nuevo campo del saber producto del proceso de transición política que no ha sido comprendida y aceptada aún por una parte de los académicos y políticos debido a una serie de desconocimientos sociales y deformaciones que sobre lo político y la política existen en nuestro país. Ante el vacío de conocimientos, la tendencia de la sociedad se ha orientado a una deformación interpretativa sobre esta disciplina.

Su creciente importancia está ligada a la instauración del sistema político de cuño democrático que se normaliza en nuestro país, ya que la constitución y dinámica de los mercados políticos ha experimentado cambios sustanciales en los últimos años. Los bajos niveles de competitividad han dado lugar a una intensa y rigurosa competencia. Es decir, la competitividad partidista ha aumentado en forma sorprendente. En este escenario de alta competencia, los conocimientos que proporciona esta disciplina son de gran ventaja para las elites, de tal forma que la diferencia entre el éxito y el fracaso de los políticos y sus institutos y organizaciones es el uso de la mercadotecnia política.

La mercadotecnia tiene sus virtudes y fortalezas y puede coadyuvar, a avanzar nuestras aspiraciones democráticas.[62] De esta forma, *la* mercadotecnia puede jugar un papel importante en el proceso de consolidación y en la normalización de un régimen democrático, ya que el uso de ésta puede contribuir a que los

---

[62] Recuérdese que el ideal democrático asume que si dentro de un escenario de respeto al estado de derecho y de real competitividad, la propaganda de las diferentes opciones partidistas puede fluir libre, continua y públicamente, las mejores ideas y los planteamientos programáticos mejor elaborados y respaldados, tendrán que imponerse a largo plazo.

electores conozcan de manera más amplia los programas, candidatos y plataformas programáticas de los institutos políticos, incrementando el nivel de competitividad. Es decir, la mercadotecnia puede ayudar a que los procesos políticos se desarrollen dentro de un marco de mayor equidad y competitividad, en la medida que los diferentes actores políticos pueden hacer llegar sus propuestas, mensajes y proyectos a los electores de manera más atractiva y rápida. En este sentido, el reto más importante es hacer de la mercadotecnia política una disciplina al servicios de la democracia.

Sin embargo, es importante reconocerlo, el abuso de la mercadotecnia también representa ciertos riesgos para la consolidación de un sistema democrático, por lo que creo que el reto más importante de esta disciplina se reduce a su uso adecuado y moderado, estrechamente asociado a las pautas éticas de la sociedad y en concordancia con los principios de libertad, equidad y racionalidad que deben prevalecer en una democracia moderna. Es decir, el reto más importante es hacer de la mercadotecnia política una disciplina al servicios de la democracia.

A pesar de los riesgos que la mercadotecnia implica para el proceso de cambio con sentido y rumbo democrático, como se vio más arriba, esta nueva disciplina está muy ligada a la existencia de una sociedad plural, donde diferentes actores políticos, regidos por un marco normativo, se disputan la voluntad del electorado.

De esta forma, por su juventud, la mercadotecnia política es una disciplina no valorada en su justa dimensión. Por un lado, elector le pone poca atención y la considera carente de significación social, ligada, solamente, a los confines de la lucha política y el poder. Por el otro, un sector amplio de intelectuales la consideran como el más maquiavélico invento manipulador de las elites políticas, que se aprovechan del estado generalizado de ignorancia y analfabetismo político en la que vive la sociedad mexicana.

Sin embargo, la manipulación de los mexicanos no es culpa del marketing político o de la propaganda en sí, sino de la ineficiencia del sistema educativo y político del país, que ha permitido la creación de un vacío cultural que está siendo utilizado por los políticos. Esto es, cuanto más culta es una sociedad, más invulnerable a la manipulación política. De esta manera, el grado de manipulación que se ejerza sobre una colectividad electoral tiene que ver más con un problema cultural y educativo de la sociedad, que con los atributos "insanos" de esa disciplina.

En todo caso, la mercadotecnia política es un nuevo campo del saber, un nuevo expediente del conocimiento al que las elites acuden para conseguir, en un marco de modernidad y desarrollo tecnológico, sus objetivos de poder.

En este sentido, la mercadotecnia política no representa un fenómeno cultural efímero y superficial, sino que está ligado a la existencia misma de una sociedad abierta y plural. En esta tesitura, debemos entender que la mercadotecnia se está constituyendo en factor esencial del poder en el nuevo escenario de competitividad y pluralidad política que está caracterizando a nuestra sociedad. La mercadotecnia cumple así con una serie de funciones sociales y políticas positivas, orientando al elector, aunque superficialmente, sobre las diferentes alternativas que se le presentan para emitir su voto.

Como parte de su desarrollo, en el corto plazo se impone la necesidad de trabajar en la delimitación y diferenciación de su campo de estudio de esta disciplina,[63] así como en la generación de líneas de investigación propias sobre el proceso de intercambio político y el análisis científico de las campañas electorales en México. La idea es trabajar en la construcción intelectual de un campo propio del saber en el ámbito de la mercadotecnia política, utilizando los avances que se han presentado en la mercadotecnia comercial, en la ciencia política, en la sicología y en las ciencias de la comunicación. Este impulso exploratorio nos debe llevar a nuevas fronteras del conocimiento sobre esta nueva disciplina. De esta forma, la mercadotecnia política pasará de ser una disciplina emergente para constituirse en un campo consolidado del saber político en nuestro país y como un referente permanente de la acción de partidos, candidatos y formaciones políticas.

Finalmente, lo que debemos comprender es que la modernidad nos está llevando a un nuevo universo, en el que predominan nuevas formas de hacer y entender la política, en un contexto de masificación de los nuevos dispositivos electrónicos que la tercer revolución tecnológica nos ha traído. En este contexto y tesitura es como debemos entender al marketing político de cara al proceso de transición y cambio político,[64] ya que en una sociedad democrática, donde el voto universal, directo y secreto de los ciudadanos decide el carácter de la representación política, buscar un puesto público de elección popular es esencialmente un ejercicio de mercadotecnia. En consecuencia, el voto en la mercadotecnia es concebido como el acto supremo del ciudadano en libertad al que hay que buscar.

---

63 Recuérdese que su naturaleza y objeto de estudio aún no se encuentra bien delimitado, ya que la mercadotecnia política retoma muchos de los conceptos y categorías de la mercadotecnia comercial, de la psicología política y de las ciencias políticas. En este sentido, bien se le puede denominar, una disciplina híbrida producto de la conjugación de la mercadotecnia comercial con la política y la ciencia política.

64 En México, no hemos tenido alguna experiencia democrática exitosa, con la excepción de un breve periodo en la época de La Reforma y durante el gobierno efímero de Francisco I. Madero, ya que nuestro pasado ha estado más ligado a los gobiernos de corte autoritario a que los de cuño democrático. Así pasó en los 300 años de dominación colonial y cerca de 200 de vida independiente. Esta falta de vivencias moldea nuestro presente y nos hace ajenos a las nuevas formas de hacer y entender la política de las sociedades con sistemas de democracia de mercado.

La Institucionalización de la Mercadotecnia Política en América Latina

1. Introducción

La mercadotecnia política es la ciencia social que se encarga del estudio de los procesos de intercambio político que se establecen de manera voluntaria entre la clase política y los ciudadanos en un sistema de cuño democrático. Es una ciencia social que sistematiza conocimientos sobre los mercados políticos; utiliza metodologías cuantitativas y cualitativas en sus indagaciones; explica los patrones de comportamiento político de los ciudadanos; utiliza de manera creativa e inteligente una serie de herramientas tecnológicas, así como técnicas y estrategias de comunicación e imagen; planea escenarios a futuro para hacer frente a la competencia; y proporciona un conjunto de saberes sobre la conducta política de los ciudadanos (Valdez, 2002 y Maarek 1997). [65]

La mercadotecnia política, como disciplina, nace en los Estados Unidos de Norteamérica en los años cincuentas del siglo XX (Martín 2002), y pasa a Latinoamérica a fines de la década de los setentas y principios de los ochentas, ligada a los procesos de transición democrática que experimentan la mayoría de los países (Valdez, 2005). Es decir, la mercadotecnia política nace en esta región como consecuencia del establecimientos de sistemas políticos sustentados en la pluralidad y la competencia política.

Poco a poco, la mercadotecnia experimenta un proceso de institucionalización en América latina producto, entre otras cosas, de la consolidación de la democracia, el desarrollo tecnológico, los avances del conocimiento científico y, en general, de la demanda se saberes y competencias relacionados con su área disciplinar.

¿Qué se entiende por institucionalización de la mercadotecnia política?¿Cuáles son las características distintivas o requerimientos para considerar a la mercadotecnia política como una disciplina institucionalizada? ¿Cuántos niveles de institucionalización existen? ¿Que nivel de institucionalización ha alcanzado la mercadotecnia política en cada uno de los países de la región? ¿Cómo se manifiesta este proceso de institucionalización? ¿Qué aspectos comprenden estos niveles? Estas interrogantes serán respondidas a continuación.

2. El concepto de institucionalización

Las instituciones son mecanismos de índole social y cooperativo, que procuran ordenar y normalizar el comportamiento de un grupo de individuos. En dicho orden, las instituciones trascienden las voluntades individuales, al identificarse con

---

[65] También el marketing político ha sido definido como el conjunto de técnicas de investigación, planificación, gestión y comunicación que se utilizan en el diseño y ejecución de acciones estratégicas y tácticas a lo largo de una campaña política, sea ésta electoral o de difusión institucional (Martín, 2012 y Fernández *et al*, 2003).

la imposición de un propósito común, considerado como un bien social (Haidar, 2012).

En este sentido, la institución es una estructura social trascendente y superior al individuo, debido a que hace "referencia a todas aquellas estructuras que suponen cierto mecanismo de control u orden social que son creadas justamente para facilitar la convivencia humana, ya que tienen que ver con el desarrollo de lazos y vínculos grupales en diferentes circunstancias o momentos de la vida"[66]. Ejemplos de instituciones pueden ser la familia, el matrimonio y el divorcio, entre otros, y no sólo las dependencias públicas o las organizaciones privadas y sociales, como generalmente se entiende.

Por su parte, el término institucionalización deriva de institución. El Diccionario de la Real Academia Española define la institucionalización como la "acción y hecho de convertir una cosa en institucional o de darle carácter legal o de institución"[67].

Berger y Luckmann (1968) señalan que "cuando un cierto tipo de acciones se vuelven habituales, reteniendo cierto carácter significativo por los seres humanos, tenemos lo que ellos llaman una habituación.[68] Ahora bien, una vez que una forma de actuar, para satisfacer una necesidad social, se ha hecho un comportamiento típico, habitualizado, esa forma repetitiva de hacer las cosas frente a una necesidad determinada, se convierte en una conducta normada, con una carga de significado y de deber moral, ético o estético, convirtiéndose en una conducta institucionalizada[69]."

Para Samuel Huntington (1993), la institucionalización es el proceso mediante el cual las organizaciones y los procedimientos adquieren valor y estabilidad. De acuerdo a Pérez (2000), para que una actividad se institucionalice y se convierta en un sistema o institución social, es necesario que cumpla una serie de requisitos que, aplicados a la ciencia, se resumen de la siguiente manera: En primer lugar, la sociedad o parte de ella, debe considerar que la actividad en cuestión desempeña

---

[66]Véase http://www.definicionabc.com/social/institucion.php#ixzz2XO5tWZNJ

[67] Véase http://diccionario.terra.com.pe/cgi-bin/b.pl

[68] *Por supuesto, las acciones habitualizadas retienen su carácter significativo para el individuo, aunque los signifi-ca-dos que entrañan llegan a incrustarse como rutinas en su depósito general de conocimientos que da por establecido y que tiene a su alcance para sus proyectos. La habituación comporta la gran ventaja psicológica de restringir las opciones. Si bien en teoría pueden existir tal vez una cien maneras de emprender la construc-ción de una canoa con ramas, la habituación las restringe a una sola, lo que ligera al individuo de la carga de "todas esas decisiones", proporcionando un alivio psicológico basado en la estructura de los instintos no dirigidos al hombre. (...) De acuerdo con los significados otorgados por el hombre a su actividad, la habituación torna innecesario volver a definir cada situación de nuevo, paso por paso. (...) La institución aparece cada vez que se da una tipificación recíproca de acciones habi-tua-lizadas por tipos de actores. Dicho de otra forma, toda tipifica-ción de esa clase es una institución."*

[69] Peter Berger y Thomas Luckmann (1968). La Construcción Social de la Realidad. Argentina: editorial Amarrotu.

una función social importante y valiosa *per se*. En segundo, la institucionalización exige la formulación de unas normas que determinan las condiciones de cooperación y competencia entre los miembros del sistema y que permiten que el sistema funcione aunque haya discrepancia acerca de la finalidad u objetivo de dicho sistema. Por último, la institucionalización tiene otra exigencia: la adaptación de las normas que regulan el comportamiento de los científicos al funcionamiento de otros sistemas sociales y normas que los rigen[70].

De acuerdo al Glosario de Conceptos Políticos Usuales (2013), la institucionalización es el proceso de transformación de un grupo, práctica o servicio, desde una situación informal e inorgánica hacia una situación altamente organizada, con una práctica estable, cuya actuación puede predecirse con cierta confianza, e interpretarse como la labor de una entidad dotada de personalidad jurídica propia, con continuidad y proyección en el tiempo[71].

Lo anterior es aplicable a movimientos, grupos, prácticas, actividades y servicios, pero no necesariamente a las disciplinas científicas. Al respecto, Ben-David (1974) considera que los elementos básicos para el proceso de institucionalización de una disciplina científica, son los siguientes:

a) La aceptación en una sociedad de cierta actividad como función social importante y valiosa por sí misma.

b) La existencia de normas de regulación de un campo de actividades especifico, relacionado con el alcance de las metas y autonomía de otras actividades.

c) La adaptación de las normas sociales en distintos campos de actividad a los predestinados.

En otras palabras, se pudiera decir que una institución social o disciplina científica es una actividad que se ha institucionalizado al ser aceptada en una sociedad, con ciertas normas en un campo especifico, y que además logra una adaptación de éstas para ser aceptada dentro de una universidad o establecimiento de educación superior, es una disciplina institucionalizada (Ben-David, 1974; Merton, 2002).

3. Requerimientos para la institucionalización de la mercadotecnia política

Para que la mercadotecnia política alcance ciertos niveles de institucionalización, se deben cumplir ciertas condiciones, elementos o requerimientos básicos.

---

[70] Eulalia Pérez Sedeño (2000). Institucionalización de la ciencia valores epistémicos y contextuales: un caso ejemplar [(1)] *Cadernos Pagu*(15) 2000].

[71] Véase http://www.eumed.net/diccionario/definicion.php?dic=3&def=355

Primero, una parte de la sociedad conoce y valora, en su justa dimensión, las ventajas competitivas que se pueden construir y conservar a partir del uso de las técnicas, estrategias, tecnologías y métodos que son propios de esta disciplina.

Segundo, existe una demanda constante o periódica de servicios, productos, tecnologías, estudios y profesionales de la mercadotecnia política por parte de la sociedad o el mercado.

Tercero, la clase política valora la importancia y la creciente necesidad de impulsar procesos políticos con un enfoque de mercadotecnia.

Cuarto, las universidades crean programas académicos y espacios de capacitación y actualización, donde se desarrolla la docencia, la difusión y la investigación en materia de mercadotecnia política.

Quinto, los consultores y las empresas consideran a la mercadotecnia política una oportunidad de mercado, al que pueden atender y por medio del cual buscan alcanzar su objetivos organizacionales.

Sexto, la disciplina está legitimada social, política y científicamente, generando resultados tangibles a sus usuarios.

Séptimo, existen reglamentos o códigos que regulan el uso y aplicación de la mercadotecnia política, en sus múltiples dimensiones y aplicaciones.

Finalmente, las instituciones políticas y gubernamentales crean unidades, coordinaciones y dependencias especializadas en el uso y aplicación de la mercadotecnia en sus procesos políticos.

4. Niveles de institucionalización

Se puede identificar a cinco niveles de institucionalización de la disciplina. El primer nivel corresponde a una institucionalización muy baja. El segundo nivel a una institucionalización baja. El tercer nivel a una institucionalización intermedia. El cuarto nivel a una institucionalización alta, y el quinto nivel, a una institucionalización muy alta.

a) La institucionalización muy baja implica nulo reconocimiento o estatus curricular de la mercadotecnia política; la ausencia de empresas consultoras especializadas en la temática de la mercadotecnia política; la ausencia de libros, revistas y publicaciones especializadas; la falta de estructuras de mercadotecnia política en las instituciones partidistas y gubernamentales; un muy pobre desarrollo tecnológico de aplicaciones y herramientas tecnológicas orientadas a construir ventajas competitivas en la disputa por conservar o adquirir posiciones de poder político; nulo uso de la internet en los procesos de intercambio político y la ausencia de ferias, exposiciones, congresos y seminarios nacionales e internacionales.

En otras palabras, la mercadotecnia política es usada de manera marginal y ocasional por la clase política en los procesos electorales y gubernamentales. En lo general, no sólo hay desconocimiento de sus potencialidades y ventajas, sino también mucha desconfianza sobre sus bondades y fortalezas y los resultados que puede ayudar a alcanzar. Esta etapa representa el nacimiento de esta disciplina y el inicio del proceso de institucionalización.

b. La institucionalización baja implica el inicio del reconocimiento curricular de la mercadotecnia que se manifiesta a través de la existencia de cursos y diplomados de especialización que se imparten esporádicamente; el surgimiento de algunas empresas de consultoría e investigación de mercados que ofrecen sus servicios, (aunque no estén especializados o enfocados en la temática política); la publicación de algunos textos y artículos relacionados con la mercadotecnia política y los procesos de intercambio en el espacio público; la designación de personas o grupos dentro de los partidos políticos y las instituciones gubernamentales para que realicen algunas tareas relacionadas con la mercadotecnia política; el surgimiento de tecnologías que se aplican a los procesos de comunicación política, investigación e imagen pública; un incipiente uso de la Internet como tecnología de persuasión, comunicación y organización política; y el inicio de eventos, como foros, congresos y seminarios, especializados en la temática de la mercadotecnia política.

Es decir, la mercadotecnia inicia su infancia y reconocimiento como disciplina. La mercadotecnia es usada de manera más frecuente en los procesos políticos, la clase política empieza a reconocer sus potencialidades y fortalezas en la construcción de ventajas competitivas para la disputa o conservación del poder público, y en general, se empieza a generar confianza sobre las bondades y ventajas que representa su uso en los procesos político electorales y gubernamentales.

c) La institucionalización intermedia implica la adolescencia de la disciplina. Poco a poco, la mercadotecnia se incorpora como materia o curso, aunque aún optativo, dentro de la curricula universitaria, pasando de su etapa de diplomados y seminarios especializados, a tener estatus académico; las empresas consultoras y de investigación de mercados empiezan a aumentar y a especializarse en la temática política; comienza a observarse más publicaciones especializadas en la temática y la realización de tesis de licenciatura y posgrado bajo la temática de la mercadotecnia política; los partidos políticos y las instituciones gubernamentales ven la conveniencia de crear incipientes áreas o dependencias especializadas en la temática de la mercadotecnia política, la opinión e imagen pública dentro de sus organigramas institucionales; el tecno marketing político (entendido como el uso de las nuevas tecnologías de la información y las comunicaciones) empieza a ser utilizado para construir ventaja competitiva en los procesos políticos; los partidos políticos, sus candidatos y los gobernantes inician con el diseño y operación de páginas webs y el uso de los correos electrónicos como instrumentos de comunicación con los ciudadanos; finalmente, empiezan a organizarse varios foros, seminarios y congresos especializados sobre la temática de la mercadotecnia política con invitados, principalmente, de otros países.

La adolescencia de la disciplina implica un reconocimiento tácito por parte de la clase política de las bondades y ventajas de la mercadotecnia, así como la construcción de confianza sobre los resultados que se pueden generar a partir de su mayor uso e institucionalización.

d) La institucional alta refleja la juventud de la disciplina. La mercadotecnia política logra un estatus académico como curso o seminario obligatorio dentro de los programas de licenciatura y posgrado de las instituciones educativas del nivel superior; hay un crecimiento constante de las empresas consultoras especializadas en la temática de la mercadotecnia política, quiénes se ven favorecidas por el desarrollo del mercado electoral y los más altos niveles de competencia política en la sociedad; aumenta el número y calidad de las publicaciones especializadas en la mercadotecnia; se publican algunos libros científicos (y no sólo de carácter prescriptivo) que explican el proceso de intercambio político voluntario en todas sus facetas y dimensiones; se abren diferentes líneas de investigación en las instituciones educativas; se realizan más tesis de licenciatura y posgrado y se publican revistas especializadas en la temática de la mercadotecnia política; los partidos políticos y las instituciones gubernamentales crean, apoyan y financian coordinaciones, unidades y dependencias especializadas en mercadotecnia política dentro de sus organigramas; el uso de las nuevas tecnologías de la información y las telecomunicaciones, el diseño gráfico y la computación son usados de manera más intensiva como parte de los procesos políticos y gubernamentales; la clase política inicia el uso de las redes sociales y las nuevas tecnologías digitales como parte de sus estrategias persuasivas; finalmente, se organizan más eventos de actualización y formación especializados en la mercadotecnia política con ponentes nacionales e internacionales

La juventud de la disciplina implica dinamismo, energía y desarrollo vertiginoso, etapa en la que la mercadotecnia política es reconocida y valorada por sus potencialidades y ventajas que genera. El tema de la confianza y la credibilidad hacia la disciplina ha sido superado por la clase política, aunque existen algunos problemas de desconfianza por parte de amplios sectores sociales.

e) La institucionalización muy alta refleja la madurez de la disciplina. Las instituciones educativas del nivel superior aperturan y consolidan programas de licenciatura y posgrado especializados en la temática de la mercadotecnia política, de los cuales egresan profesionales competentes que se incorporan al mercado laboral, las instituciones educativas crean institutos, laboratorios y centros de investigación especializados que impulsan programas y proyectos de investigación y desarrollo en las diferentes áreas que comprende la mercadotecnia política; hay una alta competencia entre las diversas empresas especializadas en mercadotecnia política, comunicación, estrategias, estudios de opinión publica e imagen; aumenta significativamente el número y calidad de las publicaciones académicas y científicas, así como de libros de alto nivel, las revistas y *jounals* especializados, así como el cultivo de líneas y proyectos de investigación científica, también aumentan las tesis de licenciatura y posgrado sobre la temática de la mercadotecnia política (neuromarketing, mercadotecnia emocional, etc); hay cuerpos académicos consolidados y redes académicas nacionales e internacionales que trabajan proyectos de investigación conjuntos sobre las áreas teórica y aplicada de la disciplina; los partidos políticos, las instituciones gubernamentales, las organizaciones sociales y las instituciones públicas amplían, refuerzan y consolidan coordinaciones, unidades, departamentos y dependencias especializadas *ex profeso* en la temática de la mercadotecnia política; la mercadotecnia política se ha convertido en una nueva tecnología en la que la información, las comunicaciones, el video y la computación han trasformado por completo a esta disciplina; la comunicación política se ha trasladado al ciberespacio, desplazando a los medios de comunicación tradicionales, se consolida el uso de las redes sociales como estrategia política y la tecnología se ha convertido en una ventaja competitiva para derrotar a la competencia; finalmente, de forma periódica se da la organización de eventos académicos, sociales, culturales y comerciales como ferias, exposiciones, convenciones, seminarios, foros y coloquios sobre la mercadotecnia política, mismos que se han institucionalizado, en donde mayoritariamente participan ponentes, consultores, empresarios, políticos y expositores de origen nacional, que se han formado en el país y que han desarrollado sus empresas para atender el mercado nacional e internacional.

Es la etapa de la madurez de la disciplina. La mercadotecnia es reconocida como el expediente obligatorio que tienen que cubrir todas las organizaciones políticas y sociales, así como los gobiernos e instituciones públicas. Ya no se ve como una alternativa u opción, sino como una verdadera necesidad para construir ventajas competitivas en la disputa por los espacios de representación pública. En esta etapa, la disciplina se consolida a la par de la democracia, siendo considerada esta última como el mejor sistema político por parte de la mayoría de los ciudadanos. Por su parte, la mercadotecnia política ha conquistado la confianza total de la clase política y la sociedad, siendo considerada como la mejor herramienta para elevar el nivel de calidad de la democracia.

5. Procesos de institucionalización en América latina

La mercadotecnia política no puede existir bajo sistemas políticos autoritarios o totalitarios. Sólo la democracia genera las condiciones para el nacimiento y desarrollo de esta disciplina (Valdez, 2002). Para el caso de América latina, el proceso de transición democrática se inició a partir de mediados de la década de los setentas, con el fin de los gobierno militares y la asunción de gobiernos civiles electos por voto popular.

Costa Rica, Colombia y Venezuela fueron las primeras naciones en experimentar los sistemas democráticos, sustentados en un sistema de competencia, pluralidad y participación política de los ciudadanos, dentro de un orden constitucional establecido (Hartlyn y Valenzuela, 1999). En la década de los ochentas, otros países de la región iniciaron procesos de transición, como fue el caso de Perú en 1980, Argentina en 1983, Uruguay en 1984, Brasil en 1985, México en 1988 y Chile en 1990 (Hartlyn y Valenzuela, 1999).

Bajo el marco democrático, sustentado en la pluralidad, la competencia política y la libertad de elección, se hizo necesario la incorporación de herramientas que permitieran construir y conservar ventajas competitivas en la disputa por los espacios de representación pública. De esta forma, el proceso de transición democrática generó las condiciones para el inicio y desarrollo de esta disciplina.

A la par del proceso de transición, se experimentó en la región, a fines de la década de los ochentas y principios de los noventas, en una primer instancia, el uso intensivo de los medios masivos de comunicación en los procesos políticos, especialmente de la televisión; y en una segunda instancia, de nuevas tecnologías de la información y las comunicaciones como parte de una nueva revolución tecnológica a nivel global (Marsh, 2012). Este proceso inició en América latina a fines de la década de los ochentas del siglo XX y se generalizó en la primer mitad de la década de los noventas. Las universidades latinoamericanas jugaron un papel muy importante para el inicio y desarrollo de la internet en la región.

Chile fue pionero en esta materia, conectándose a la Internet a partir de 1986. Sin embargo, no fue sino hasta 1990 cuando las conexiones se incrementaron y luego se extendieron a nivel comercial, contando con el apoyo de la Universidad de Chile y la Universidad de Santiago. Colombia, a través de la Universidad de los Andes, inició su incorporación a Internet en 1990, al igual que Costa Rica. Perú lo hizo en 1991, Bolivia en 1993 y Venezuela en 1992. Por su parte, Argentina y México se incorporaron a la red en 1995, aunque ya en México había antecedentes de conexión desde 1989, a través del Instituto Tecnológico y de Estudios Superiores de Monterrey.

El uso de la televisión, de manera amplia, en la política posibilitó el desarrollo de la mercadotecnia en las campañas electorales y el gobierno a través de lo que se ha conocido como la video-política. Sin embargo, las nuevas tecnologías de la información y las comunicaciones, así como de la computación y el diseño gráfico, han posibilitado su expansión y desarrollo a nivel nunca antes visto, dando origen a lo que se conoce como ciber-política.

A nivel curricular, la mercadotecnia política inicia su periplo académico en forma de educación continua a través de cursos, seminarios, conferencias y diplomados que se ofrecen en distintas universidades de la región. Por ejemplo, en Brasil desde 1986 se organiza el Congreso Brasileiro de Estrategias Electoral y

Mercadotecnia Política. En el caso de México, el Instituto Tecnológico Autónomo de México (ITAM) inició desde 1994 el Diplomado en Mercadotecnia Política, el cual se sigue ofreciendo por esta institución educativa. Poco a poco pasa a institucionalizarse como curso o seminario optativo en licenciaturas y posgrados que se ofrecen en las distintas universidades. Hoy día, muchas universidades ofrecen especialidades y posgrados especializados en la temática de la mercadotecnia política, como es el caso de la maestría en Mercadotecnia Política que ofrece la Universidad del Salvador en Argentina o la maestría en Dirección de Campañas Electorales y Mercadotecnia Política que ofrece la Universidad de Bueno Aires. En Uruguay la Universidad Católica tiene la Maestría en Comunicación Política y Gestión de Campañas Electorales. En México, la Benemérita Universidad Autónoma de Puebla ofrece la Maestría en Opinión Pública y Marketing Político misma que está dentro del Programa Nacional de Posgrado del Consejo Nacional de Ciencia y Tecnología (Conacyt). Es decir, es un posgrado de calidad, reconocido por una institución científica como es el Conacyt.

A la par del reconocimiento del estatus académico de la mercadotecnia política, se han desarrollado en la región empresas de consultoría especializadas en la temática de las campañas electorales, los estudios de opinión pública, la comunicación política, las estrategias proselitistas y la consultoría de imagen de candidatos y gobiernos. Por ejemplo, en Ecuador se creó desde inicio de la década de los noventa, la empresa Informe Confidencial que se dedica a la investigación de opinión pública y que ya se ha extendido a otros países como Argentina.

Para atender el mercado mexicano y centroamericano, se creó desde los noventas la empresa Consultores y Marketing Político, misma que ofrece servicios de consultoría de campañas electorales y estudios sobre preferencias electorales. En México se creó en 1995 la firma demoscópica *Consulta Mitofsky*, empresa especializada en la investigación de la opinión pública. En la zona andina, desde fines de la década de los ochentas, se creó *Datanalisis*, empresa de investigación de mercados, que también atiende el mercado centroamericano y El Caribe.

La institucionalización de la mercadotecnia política en América Latina se puede observar a través de la creación de asociaciones de profesionales y científicas. Al respecto, destacan la Asociación Latinoamericana de Consultores Políticos (ALACOP) constituida en 1995 y la Asociación Latinoamericana de Investigadores en Campañas Electorales creada en el 2012.[72] En algunos países, también se han constituido asociaciones de profesionales como la Asociación Brasileira de Consultores Políticos o asociaciones académicas, como es el caso de la Sociedad Mexicana de Estudios Electorales fundada en 2006.

---

[72] En los Estados Unidos de Norteamérica existen dos instituciones que han fomentado ampliamente el uso de la mercadotecnia política en las campañas electorales y las funciones de gobierno en América latina. Uno es el Centro Interamericano de Gerencia Política (CIGP) con sede en Miami, Florida y la George Washington University, en Washington D.C.

Adicionalmente, en la región se han creado códigos de ética de los consultores políticos como el código de ética de la ALACOP y normas que regulan aspectos relacionados con la publicidad política, la imagen, las encuestas de opinión, las campañas negativas y la comunicación gubernamental.

También son distintas las revistas especializadas que se editan sobre la temática de la mercadotecnia política, las campañas y las elecciones. Sobresalen la revista *Campaigns and Elections* que se edita en español para América latina desde 2010, así como la Revista Mexicana de Estudios Electorales creada en 2007. Sin embargo, hay un sinnúmero de revistas especializadas en ciencia política, mercadotecnia y ciencias de la comunicación que publican artículos o ensayos especializados sobre la temática de la mercadotecnia política. Destacan las revistas Mercado2, la Revista Voz y Voto y la Revista Mexicana de Comunicación, entre otras.

Adicionalmente, se han escritos cientos de libros sobre la temática de la mercadotecnia política, las campañas electorales, la comunicación política, la opinión pública y la imagen. Destacan cinco autores: 1) Carlos Manhanelli de Brasil, quien es autor de los libros: Estrategias electorales y Marketing político, La elección en Guerra, Marketing electoral: Las huellas del nacimiento del candidato e Internet y las elecciones: bicho de 7 cabezas? 2) Luis Costa Bonino, de origen Uruguayo, autor del Manual de Marketing político; 3) Rafael Reyes Arce y Lourdes Munch de México, autores del libro Comunicación y Mercadotecnia Política 4) los mexicanos Mario Martín Silva y Roberto Salcido Aquino, autores del Manual de campaña y 5) Francisco Javier Barranco, también de México, autor del libro Marketing político y electoral (2010).

Algunas revistas y asociaciones de profesionales de la mercadotecnia política han instituido premios para reconocer el trabajo, la creatividad y la calidad de sus producciones e investigaciones. Destaca el premio que ofrece ALACOP a los consultores e investigadores destacados de la región y el Premio Reed Latino, instituido por la *Revista Campaigns and Elections* desde 2012, que reconoce a las mejores campañas, consultores y piezas de comunicación política de América Latina.

Varias instituciones políticas y de gobierno han creado coordinaciones, unidades y dependencias *ex profeso* para el impulso, desarrollo y aplicación de técnicas, estrategias y metodologías de la mercadotecnia política en sus actividades cotidianas y estratégicas, como es el caso del Partido Acción Nacional en México quien creó, por ejemplo, como parte de su estructura partidista, la Secretaria de Relaciones Públicas y la Secretaria de Acción Electoral, con una Coordinación de Estrategias e Imagen. Por su parte, el Partido del Trabajo en Brasil, ha constituido la Secretaria de Movilización (política), y el Partido Alianza País de Ecuador tiene integrado la Comisión Nacional Electoral y la Comisión Nacional de Comunicación, todas ellas sustentadas en metodologías, técnicas, estrategias y personal experto en mercadotecnia política. Por su parte, en **el Partido Socialista Unido de**

Venezuela existe una Coordinación de comunicación, propaganda y agitación, que se encarga de realizar las actividades de mercadotecnia que atañen a la actividad político partidista.

Como parte de la institucionalización de la disciplina, se han construido miles de portales digitales especializados en la temática de la mercadotecnia política, la comunicación y las campañas electorales. Sobresalen tres portales: e-elections, Marketing político en la red y Todomarketing político.

De igual forma, se han institucionalizado magnos eventos académicos, de actualización y capacitación profesional especializados en la temática de la mercadotecnia política. Por su importancia, sobresalen la Cumbre Latinoamericana de Marketing Político, la Cumbre Mundial de Comunicación Política y el Seminario Internacional de Estrategias Electorales y Políticas que cada año organiza el ITAM en México.

Adicionalmente, en la región se han creado distintos programas computacionales que integran las nuevas TICs y la telefonía para conocer mejor y a mayor profundidad y precisión a los ciudadanos, para poderse comunicar mejor con ellos, y para poder movilizarlos e incidir en su comportamiento político, impulsando campañas de precisión sustentadas en la investigación, más que en la intuición.

Finalmente, en los últimos años se han creado ferias y exposiciones para que las empresas de consultoría, propaganda (tradicional y utilitaria), diseño gráfico, publicidad digital y telefónica, comunicación política e investigación de mercados, así como, los profesionales de la mercadotecnia política, estén en contacto con los potenciales candidatos y su partidos políticos para adquirir sus productos o servicios. Tal es el caso, por ejemplo, de la Expo Campañas Electorales que se realiza en México desde el 2011, evento conceptualizado como "un espacio para crear redes comerciales y de información entre oferta y demanda especializada; que tiene como propósito acercar a organizaciones políticas, ciudadanos con aspiraciones a puestos de elección popular y equipos de campaña, con las pequeñas, medianas y grandes empresas que ofrecen bienes y servicios indispensables en el desarrollo de las campañas electorales".

6. Niveles de institucionalización en países de América latina

La institucionalización de la mercadotecnia política ha implicado un proceso de reconocimiento y legitimación social, técnica, científica y política, transformándose de una práctica cotidiana e informal a una práctica profesionalizada y altamente organizada incorporada a la forma como se hace, procesa y entiende la política en un sistema de cuño democrático.

Tomando en cuenta a Ben-David (1974), se puede decir que la institucionalización de la mercadotecnia política se ha dado porque ha sido aceptada por la sociedad o demandada por amplios grupos sociales, porque ha sido impulsada por las instituciones de educación superior, porque ha sido requerida por las instituciones políticas y gubernamentales, porque ha sido demandada por el mercado laboral y, sobre todo, porque ha sido reconocida por la comunidad científica, al adquirir estatus académico.

La institucionalización de la mercadotecnia política implica el cumplir con los requerimientos y/o condiciones señalados en el apartado 3. Si no se cumplen la mayoría de los requerimientos o condiciones, entonces se dice que "no está institucionalizada" o "su nivel de institucionalización es muy bajo". Por el contrario, si se cumplen con la mayoría de los requerimientos o condiciones, entonces "la disciplina está altamente institucionalizada".

A continuación, se presenta los niveles de institucionalización de la mercadotecnia política en los diferentes países de América latina y El Caribe. Para llegar a tal conclusión se revisó y estudió cada uno de los casos, analizando el grado de cumplimiento de todos y cada uno de los requerimientos o condiciones para determinar el nivel de institucionalización (véase anexo No. 1).

Nivel de Institucionalización de las Naciones de América latina

Nivel de institucionalización	País
Muy baja	Antigua y Barbuda, Aruba, Haití, Cuba, Trinidad y Tobago.
Baja	Belice, Bahamas, Guadalupe, Guayana, Honduras, Guayana Francesa y Suriname.
Intermedia	Ecuador, Jamaica, Venezuela, Bolivia, Nicaragua, Guatemala, El Salvador y República Dominicana.
Alta	Costa Rica, Panamá, Uruguay, Paraguay, Puerto Rico y Perú.
Muy alta	Argentina, Colombia, México, Chile y Brasil

Fuente. Elaboración propia.

7. Comentarios finales

La mercadotecnia política llegó a América latina como parte del proceso de transición hacia la democracia a fines de la década de los setentas del siglo XX y principios de los ochentas. Poco a poco y a la par del desarrollo tecnológico, inició un lento y largo proceso de institucionalización, caracterizado por su reconocimiento como disciplina académica, como campo laboral y profesional y como área de oportunidad de mercado para las empresas consultoras.

El proceso de institucionalización de esta disciplina ha implicado que una parte importante de la sociedad valore las ventajas competitivas que se pueden construir y conservar a partir del uso de las técnicas, estrategias, tecnologías y métodos que son propios de la mercadotecnia política; que exista una demanda constante o periódica de servicios, productos, tecnologías, estudios y profesionales de la mercadotecnia política por parte de la sociedad o el mercado; que la clase política valore la importancia y la creciente necesidad de impulsar procesos políticos con un enfoque de mercadotecnia; que las universidades crearan programas académicos y espacios de capacitación y actualización, donde se desarrolla la docencia, la difusión y la investigación en materia de mercadotecnia política; que los consultores y las empresas consideraran a la mercadotecnia política una oportunidad de mercado que pueden atender y por medio del cual buscan alcanzar su objetivos organizacionales; que la disciplina está legitimada social, política y científicamente, generando resultados tangibles a sus usuarios; que existan reglamentos, normas o códigos que regulen el uso y aplicación de la mercadotecnia política, en sus múltiples dimensiones y aplicaciones y que las instituciones políticas y gubernamentales crearan unidades, coordinaciones y dependencias especializadas en el uso y aplicación de la mercadotecnia en sus procesos políticos.

Hoy día, la mercadotecnia política muestra un nivel desigual de institucionalización en los países de América Latina y El Caribe. En algunos casos, como Cuba y Haití, el nivel de institucionalización es muy bajo, mientras que en países como Argentina, Brasil, Colombia, Chile y México es muy alto y aún en desarrollo.

El nivel de institucionalización que ha alcanzado esta disciplina en los diferentes países de la región, ha dependido de la necesidad de construir ventajas competitivas en la disputa por los espacios de representación pública, del desarrollo del nivel de pluralidad y competitividad que ha alcanzado el sistema político democrático de la región, y sobre todo, del desarrollo científico y tecnológico que se ha observado en los últimos años.

La Metamorfosis de los Mercados Electorales

Introducción

La política en México está experimentando transformaciones sustanciales, producto del proceso de transición política hacia la democracia, la globalización, el desarrollo tecnológico, así como los cambios culturales y demográficos del electorado. Este proceso de cambio que está viviendo nuestro país, no sólo ha generado la alternancia y la diversificación del mapa político-electoral en todos los ámbitos y niveles del poder público, sino que también ha producido transformaciones importantes en los mercados electorales.[73] Esto es, el fenómeno amplio de la alternancia interpartidista no ha sido el único cambio que se ha producido en los últimos años en México, sino que se han presentado además transformaciones sustantivas en la forma como la ciudadanía entiende, procesa y participa en política.

Las transformaciones más importantes de estos mercados tiene que ver con la construcción de la ciudadanía, la exigencia social para que los partidos y candidatos cumplan con las promesas y compromisos de campaña y, sobre todo, que realicen un ejercicio de gobierno regidos bajo los principios de responsabilidad, honestidad y eficiencia, rindiendo cuentas además de su acción. Es decir, estamos observando, como parte del proceso de transición, una transformación cualitativa de los mercados electorales, al pasar estos de una etapa emergente a otra de mayor madurez política, imponiendo ciertas exigencias a los partidos, sus candidatos y los gobiernos que resultan electos después de los comicios electorales.

Como resultado de estas transformaciones, las campañas y ejercicios proselitistas de los partidos y candidatos también están experimentando cambios importantes. De meros ritos protocolarios, como fue la característica del pasado, se están convirtiendo en verdaderos esfuerzos proselitistas que involucran amplios recursos, sofisticados conocimientos y modernas técnicas de persuasión.

En el presente capítulo se analiza este proceso de metamorfosis de los mercados electorales[74] en México, así como las características distintivas de dichos mercados y las actitudes y prácticas típicas de los partidos y candidatos en cada una de las tres etapas de desarrollo de los mercados electorales. La premisa básica de la que parte la investigación apunta que en toda sociedad democrática existe una tendencia natural de maduración del electorado que se sustenta en la

---

[73] Por mercado electoral se entiende el conjunto de ciudadanos que tienen credencial electoral y que jurídicamente están posibilitados para poder ejercer el derecho al voto en una elección constitucional, en una determinada circunscripción electoral.

[74] Aquí es importante señalar que no existe un sólo mercado electoral sino varios mercados, dependiendo del tipo de elección (federal, distrital, estatal, municipal) y la circunscripción electoral.

experiencia, el aprendizaje con nuevos gobiernos y, sobre todo, la comparación respecto de otras sociedades con similares sistemas políticos.

Los mercados electorales emergentes

A la par de la gestación y arranque de la transición política hacia la democracia, se inicia en México un proceso incipiente de construcción del mercado electoral. Este mercado electoral emergente presenta características, por un lado, propias del viejo sistema político y, por el otro, particularidades nuevas que son introducidas como parte del mismo proceso de cambio. Es decir, esta etapa de desarrollo político, de alumbramiento de un nuevo régimen político, se caracteriza por la presencia todavía de elementos y prácticas del sistema autoritario del pasado y también del nuevo sistema democrático en formación, lo que genera, de cierta manera, incertidumbre y confusión sobre las nuevas reglas políticas, ya que lo viejo aún no acaba de morir y lo nuevo está en proceso de gestación.

Esto es, las características distintivas de los mercados en esta etapa de desarrollo emergente tiene que ver con el predominio todavía de actitudes y prácticas clientelistas, corporativas y, sobre todo, demagógicas, propias de regímenes predemocráticos. Sin embargo, a la par de estas prácticas se inicia una etapa de críticas y presiones, generalmente ejercidos por parte de partidos y candidatos de oposición, para modificar las formas de hacer y organizar la política en las que se cuestionan los métodos del pasado y se proponen formas alternativas como el respeto a la voluntad popular, la libertad del sufragio, así como la eliminación de vicios y presiones a la ciudadanía para sufragar en una determinada dirección.

Esta es una nueva etapa en la que se sobreponen dos formas distintas de hacer y participar en política, donde no sólo los partidos gobernantes acuden a prácticas predemocráticas, sino que incluso los partidos de oposición, en la búsqueda de mayores espacios de poder, son tentados a ejercitar también este tipo de prácticas añejas. Es decir, durante la etapa de construcción de los mercados electorales siguen todavía predominando prácticas propias de las viejas formas de hacer política tales como el corporativismo,[75] el clientelismo,[76] la demagogia,[77] la manipulación y la coacción del voto, por señalar algunas.

---

[75] Como parte del corporativismo, los diferentes gremios (sindicatos, confederaciones, asociaciones) son reconocidas como órganos de Estado, donde se privilegia la afiliación masiva o grupal a los partidos políticos en contraposición de la afiliación individual, y se fomenta el voto de los gremios a favor de un determinado candidato y partido. Todas estas prácticas son justificadas fundamentalmente bajo el argumento de la paz social y la estabilidad del país.

[76] El clientelismo, por su parte, se refiere a la serie de acciones y prácticas que realizan los partidos o el gobierno para mantener una relación de dependencia por parte de los electorales. Es además una forma de hacer política que consiste en generar fidelidades y gratitudes en grupos determinados de la población a cambio de favores y apoyos que les dispensan los políticos. En este sentido, es un tipo de relación dependiente en la que un determinado grupo social respalda a un político y se ponen bajo su protección a cambio de su voto o apoyo político

[77] La demagogia se refiere a las prácticas y discursos de políticos y gobernantes en la que se ofrece un paraíso

Estas prácticas inerciales generalmente, aunque no exclusivamente, se presentan en las organizaciones sindicales, patronales y sociales en las que la representación política de los ciudadanos es suplantada por grupos de interés y camarillas de dirigentes políticos.[78]

Las características más distintivas de los mercados electorales en su etapa emergente son las siguientes:

1. Los mercados electorales emergentes son territorios propios donde predominan partidos políticos que articulan discursos populistas y formulan plataformas electorales, muchas veces, inalcanzables, proponiendo soluciones fáciles a problemas complejos. Es decir, como en el pasado, siguen imperando partidos y candidatos con perfiles y propuestas populistas. En esta etapa de conformación del mercado electoral, los discursos y mensajes de carácter populista y demagógico son también ampliamente aceptados, ya que lo que busca el elector son discursos que plantean soluciones fáciles y rápidas a sus problemas, aspiraciones y necesidades.

2. El tipo de partidos políticos que florecen en este escenario son aquellos que muestran poco grado de institucionalización y bajo nivel de competitividad política, ya que el contexto en el que se desenvuelven les inhibe su desarrollo.

3. Un rasgo distintivo de este tipo de mercado es que el electorado vota preferentemente por los candidatos que ofrecen soluciones radicales e inmediatas a sus problemas, sin reflexionar sobre la viabilidad de las propuestas y planteamientos. El elector es poco exigente respecto del perfil y capacidades de los candidatos, manifestando su voluntad electoral basada más en la emotividad propia de la coyuntura electoral que en el razonamiento de su voto.

5. El electorado es muy receptivo también hacia discursos y mensajes de carácter negativo en la que se descalifica al oponente y se trata de ganar la elección no en base a las virtudes propias del candidato y su plataforma electoral, sino en base a las debilidades, errores y tropiezos de sus oponentes.

6. El electorado sigue tolerando ciertas prácticas predemocráticas, como el corporativismo, la coacción y el clientelismo, por considerarlas como naturales, propias de la política (cultural).

---

terrenal a los electores y soluciones mágicas a sus problemas, pero en la que no existe consistencia una vez llegado al poder. La demagogia adula a las masas y les dice sólo lo que ellos quieren escuchar, siendo generalmente efectivos sólo en el corto plazo.

[78] De acuerdo a la concepción corporativa la sociedad no es una agregación de individuos sino la yuxtaposición de corporaciones y los derechos políticos corresponden a las corporaciones controladas por el poder del Estado y no a las personas individualmente consideradas (Rodrigo Borja, *Enciclopedia de la Política*, México: Ed. Fondo de Cultura Económica, 1997).

8. El mercado electoral es complaciente respecto de los candidatos y partidos ganadores, en el que no existe una real rendición de cuentas, ni de exigencias mayores para que los gobernantes cumplan sus promesas de campaña. Es decir, predomina cierta tolerancia y resignación por parte de los electores sobre los nuevos políticos y su ejercicio de gobierno.

9. La opinión pública es tolerante también de los errores en el desempeño gubernamental y sólo se plantean críticas superficiales y de baja intensidad a la acción de gobierno. En este sentido, el nivel de fiscalización social de la acción de gobierno es bajo.

10. La legitimidad se sustenta sólo en la forma en que fueron electos los gobernantes y no en la propia acción de gobierno.

11. Son mercados más fácilmente manipulables, desde la perspectiva político-electoral y poco exigentes, que propician el surgimiento y arribo a las posiciones de poder público a personajes carismáticos. En este sentido, la cultura política predominante en el electorado es favorable a la manipulación y la cooptación de votos.

En esta etapa de emergencia del mercado electoral, lo que más se posibilita para los partidos y candidatos, desde la perspectiva de la mercadotecnia política, es la venta y no propiamente la mercadotecnia, ya que la primera se preocupa por la aceptación del mercado electoral desde una visión de corto plazo, mientras que la segunda, implica una visión a largo plazo.

Mercado electoral semidesarrollado

Los mercados electorales experimentan diferentes procesos de cambio conforme el proceso de transición política avanza y el ciudadano evalúa diferentes experiencias de alternancia en el poder. Los mercados electorales con mayor grado de desarrollo muestran características un tanto diferentes de los mercados emergentes, ya que se inicia una fase de verdadera maduración y construcción de la real ciudadanía. En este sentido, el cambio fundamental se presenta a nivel de cultura política, ya que los electores empiezan a entender y reclamar sus derechos como ciudadanos e inician con procesos de fiscalización, vigilancia y crítica sobre los candidatos, partidos políticos y gobernantes.

Las características más distintivas de los mercados electorales en su etapa de semidesarrollo son las siguientes:

La legitimidad de los gobernantes depende tanto de la forma en que arribaron al poder, como del desempeño en el ejercicio de gobierno. Es decir, poco a poco los electores cambian la percepción que se tenía de los gobernantes, como actores con alto poder y capacidad ilimitada de decisión, para conceptualizarlos como actores sociales sujetos de obligaciones políticas y deberes públicos.

El nivel de fiscalización social se incrementa, ya que los ciudadanos empiezan a entender que los gobernantes son empleados públicos que devengan un salario y por lo tanto, están sujetos a una serie de compromisos y obligaciones que deben desempeñar de manera eficiente, responsable y oportuna.

La opinión pública incrementa el nivel de crítica y vigilancia sobre la actuación no sólo de los gobernantes, sino también de todos los actores políticos, incluyendo a los partidos políticos y sus líderes.

Los electores se muestran mucho más exigentes con los partidos y candidatos a los diferentes puestos de elección popular, evaluando no sólo los discursos y compromisos de campaña, sino además su trayectoria, experiencia, perfiles y, sobre todo, su honorabilidad.

Siguen persistiendo algunas prácticas predemocráticas característico del pasado, como la coacción del voto, el corporativismo y el clientelismo, impulsadas por algunos partidos y candidatos, pero cada día son más rechazadas por el electorado y denunciadas públicamente. Es decir, en esta etapa los ciudadanos exigen una mayor limpieza y civilidad en los procesos políticos, reclamando el respeto a sus derechos civiles y políticos.

El elector exige mayor calidad y contenido de las campañas políticas, así como responsabilidad y cumplimiento en los compromisos de campaña. La burda manipulación de los ciudadanos y los discursos demagógicos, característico de la etapa anterior, tienden a ser rechazados por los electores, quienes demandan campañas propositivas y constructivas.

Los mensajes y discursos de los partidos políticos se adecuan para centrarse en un mercado electoral más educado e informado, donde el buen político no es necesariamente el que mejor puede articular su discurso, sino aquel que plantea soluciones realistas y sensatas a los problemas sociales que enfrenta la sociedad.

Los partidos políticos pasan a una etapa de mayor institucionalización, incrementando notablemente su nivel de competitividad. En esta etapa, se incorporan nuevos procesos y procedimientos, como el benchmarking, la planeación estratégica, la reingeniería, la calidad y la mercadotecnia política, para incrementar el posicionamiento de los institutos en los mercados electorales. En esta etapa, se incorporan al interior de los institutos políticos procedimientos que castigan el abuso y desempeño deshonesto e irresponsable de militantes y dirigentes partidistas.

Los candidatos exitosos en las campañas electorales ya no son los que pronuncian discursos radicales y demagógicos, sino que cada día es más común que arriben a puestos de elección popular personalidades con un mayor perfil profesional y con experiencia y conocimiento en el manejo de los asuntos públicos.

En esta etapa, los electores toman plena conciencia de la importancia y poder de su voto, por lo que se muestran más exigentes ante los candidatos y gobernantes electos. En este sentido, la "lealtad electoral" tiende a ser cada día más efímera, apoyando crecientemente a los partidos y candidatos que muestran mayor grado de responsabilidad, despreciando, en consecuencia, a los oportunistas y negligentes.

Los mercados electorales consolidados

A la par del desarrollo y maduración del proceso de transición hacia la democracia también se producen cambios sustanciales en los mercados electorales propios de democracias consolidadas. Estos cambios son provocados por la experiencia política de los electores, su capacidad de aprendizaje, la construcción de la real ciudadanía, los cambios en la cultura política, la conformación de un sistema de partidos más competitivo, así como de las exigencias de una opinión pública mayormente informada y crítica.

De este conjunto de factores, el más importante en está etapa de desarrollo del mercado es la construcción y el ejercicio real de la ciudadanía.[79] Sin embargo, los otros factores también juegan un papel importante en la constitución del tipo de mercado electoral.

Las características distintivas de los mercados electorales en su etapa de consolidación son las siguientes:

1. La legitimidad del gobierno en turno no depende sólo de la forma en que fueron electos, sino fundamentalmente de la acción gubernamental. Esto es, el elector ya no "firma un cheque en blanco" a favor de los partidos ganadores y sus candidatos, sino que se muestra vigilante y atento de las acciones u omisiones que realizan los gobernantes, exigiendo la rendición de cuentas y calidad en la prestación de los servicios públicos.

2. El nivel de fiscalización y crítica social de las acciones de gobierno es alto, ya que, por un lado, un sistema democrático supone una opinión pública más informada y crítica y, por el otro, los ciudadanos, en pleno ejercicio de sus derechos públicos, están atentos y vigilantes sobre el desempeño de los hombres públicos, los partidos y los gobernantes.

3. La opinión pública es menos tolerante de los errores y excesos de los gobernantes y políticos, premiando a aquellos que se desempeñan regidos por los principios de responsabilidad, honestidad y eficiencia y castigando a los que se <u>caracterizan por la irrespon</u>sabilidad, la corrupción, la ineficiencia y la prepotencia.

[79] La ciudadanía es conceptualizada aquí como el cúmulo de derechos y deberes políticos de los individuos que han alcanzado una determinada edad, que los habilitan para tomar parte activa de la vida pública, pero que también demanda una serie de deberes y responsabilidades que le impone su calidad de cada ciudadano.

4. Los electores son muy exigentes con los partidos y los candidatos que postulan estos institutos políticos, evaluando su perfil, su capacidad y experiencias; votando, muchas de las veces, de manera diferenciada tomando en cuenta las propuestas y plataformas electorales de candidatos.

5. Las prácticas predemocráticas propias del pasado, como el clientelismo, el corporativismo y la coacción del voto son rechazadas determinantemente por los electores, quienes defienden sus derechos políticos y exigen respeto a las libertades cívicas.

6. El elector es muy receptivo de las campañas propositivas y constructivas, fundamentadas en agendas de gobierno realistas y viables, que a las campañas negativas y de desprestigio del adversario.

7. Los mercados electorales consolidados son muy difíciles de manipular por parte de los candidatos y partidos políticos, por lo que los mensajes y prácticas populistas y demagógicas son rotundamente rechazados por los electores, así como los planteamientos radicales y extremistas. En este sentido, en esta etapa de desarrollo del mercado importa no sólo la forma sino el contenido o la calidad de los discursos, ya que los electores son muy analíticos de los planteamientos de los candidatos, así como de las propuestas y agendas de gobierno. Por ello, los discursos demagógicos y populistas son no sólo rechazados por los electores, sino altamente criticados.

8. Los partidos políticos que predominan en este tipo de mercados electorales son aquellos que tienen un alto grado de institucionalización y de competitividad, dejando atrás las etapas de improvisación, inmadurez y desorganización política.

9. Los candidatos que generalmente tienen éxito en este tipo de mercados son aquellos que muestran un alto perfil profesional, arraigo en la población, alta sensibilidad política y espíritu probado de servicio.

10. Un elemento distintivo de los mercados electorales consolidados es la exigencia de la rendición de cuentas (accountability) por parte de los ciudadanos hacia sus gobernantes, que exigen información clara, confiable y oportuna, además, del cumplimiento de la legalidad y el ejercicio correcto de la función de gobierno.

Las campañas y partidos del futuro

Ante los cambios cualitativos que se presentan de manera natural en los mercados electorales del país, los diferentes partidos políticos y los candidatos a puestos de elección popular deben realizar diversas modificaciones de sus diseños organizacionales, así como de sus estrategias y prácticas políticas que les permitan, por un lado, la sobrevivencia en el escenario político nacional y, por el otro, el potencializar su desempeño para mantener o alcanzar el poder político.

Los cambios que los partidos tiene que realizar en un corto y mediano plazo tiene que ver con cinco desarrollos fundamentales. En primer lugar, tiene que incorporar procesos de mejora continua orientado por criterios de calidad en la política . Esto es, los principios de la calidad total implementados desde muchos años atrás en el sector privado y recientemente en la administración pública tienen que incorporarse y adecuarse en la actividad partidista buscando la satisfacción de las necesidades, expectativas y aspiraciones de los ciudadanos visualizados como clientes.

En segundo lugar, se tienen que implementar procesos y prácticas, como el benchmarking, que permitan abonar en el progreso y mejoramiento de las instituciones partidistas. Es decir, los partidos tendrán que realizar estudios comparativos e investigaciones acuciosas para conocer los factores y prácticas que son determinantes para alcanzar el triunfo político, conocer el porque algunos campañas son exitosas y otras no, así como indagar sobre los factores que favorecen la consolidación, institucionalización y madurez de las instituciones partidistas.

En tercer lugar, los partidos políticos deben incorporar la planeación estratégica y las nuevas tecnologías computacionales que les permitan alcanzar sus objetivos organizacionales, mejorar sus procesos de comunicación con sus electores y, sobre todo, introducir cierta certidumbre y direccionalidad a su desarrollo político.

En cuarto lugar, los partidos deben incorporar a todos los niveles la mercadotecnia política, ya que el uso de estas técnicas y estrategias modernas pueden ser la diferencia entre el éxito o el fracaso de las formaciones políticas en los procesos electorales.

Finalmente, se tienen que realizar ejercicios de evaluación sobre la funcionalidad y desempeño de la actual estructura organizacional de los partidos, ya que dichos diseños organizacionales generalmente datan de muchos años atrás, habiendo sido configurados para responder a las necesidades y escenarios políticos del pasado, pero el cambio y el desarrollo de los mercados electorales demanda una nueva arquitectura partidista. Es decir, los partidos deben realizar diversos ejercicios de reingeniería para adecuarse a las nuevas exigencias de la actualidad.

Sin embargo, estos no son los únicos cambios que se tienen que realizar por los partidos políticos y sus líderes, ya que los mercados electorales son muy dinámicos y tienden a ser cada día más complejos y difíciles de conquistar. Por ello, los institutos políticos y sus dirigentes tienen que tener la habilidad para diagnosticar y conocer con oportunidad y profundidad los principales cambios y tendencias en estos mercados electorales, utilizando las diferentes técnicas, estrategias y metodologías para la investigación y segmentación de mercados. Los siguientes son las transformaciones más importantes que seguramente se presentarán en el futuro:

a. La actividad política será un ejercicio proselitista altamente tecnificado y sustentado en el conocimiento, la creatividad y el desarrollo de actividades directivas altamente profesionalizadas. En este sentido, las campañas del futuro serán ejercicios proselitistas muy especializados y focalizados, sustentadas en un alto desarrollo tecnológico y una mayor profesionalización. Por ende, serán campañas sustentadas en la mente, el conocimiento y la creatividad.

Es decir, las características y peculiaridades más importantes de las campañas del futuro, tendrán que ver con la incorporación creciente de la tecnología de las comunicaciones y la informática, la "madurez" del mercado y su hiper segmentación, así como un mayor nivel de competencia interpartidista.

b. Las campañas del futuro serán diferentes a las actuales porque irán orientadas a persuadir a un elector más educado, más informado, con intereses y necesidades específicas. Serán electores, de cierta manera, más racionales, concientes de sus derechos como ciudadanos y más conocedores de los asuntos y temas políticos.

c. Las campañas del futuro tomarán en cuenta las nuevas realidades demográficas, sociológicas y políticas, que la posmodernidad traerá consigo, para alcanzar sus objetivos. Por ejemplo, tendremos generaciones de jóvenes y jóvenes adultos habilitados para votar y que desde su nacimiento han tenido una gran influencia por la pantalla de televisión. Por lo tanto, serán campañas mediáticas centradas en imágenes para movilizar sensaciones y sentimientos del elector.

La globalización creará una opinión pública mundial, ya no sólo nacional o local, que influirá en los asuntos políticos y en las decisiones que tomen gobernantes y ciudadanos en el ámbito local. El macromercado electoral, característico de las campañas del pasado, dará lugar a cientos de micromercados electorales, cada uno con sus problemas, demandas específicas y dinámicas propias.

En este sentido, la agenda de las campañas sufrirá también una metamorfosis mayor, tendientes a la diversificación y especialización, con el fin de atender a grupos de electores. De esta forma, los temas de interés general, que fueron característica de las campañas del pasado, darán lugar a campañas orientadas hacia los micromercados electorales. Los temas de la campaña tendrán que ver con la educación, las drogas, la felicidad humana, el estrés, la interdependencia mundial, la sexualidad, las relaciones humanas, el medio ambiente y los valores, entre otros.

d. La sociedad del futuro, llamada del conocimiento, se fundamentará además en el desarrollo tecnológico, la investigación científica y el desarrollo de habilidades de aprendizaje. Este tipo de sociedad digital implicará una nueva forma de organizar las campañas. Por ello, las campañas del futuro serán campañas digitalizadas, también llamadas punto.com, basadas en el desarrollo de las telecomunicaciones, las nuevas tecnologías digitales y el avance de la informática.

En este orden de ideas, la Web será un instrumento muy importante de la política y la comunicación. La red se usará de manera intensiva por las formaciones políticas en tareas de proselitismo electoral, organización, diagnóstico sociopolítico, comunicación y definición de agenda de campaña.

Las estrategias y juegos de poder basados en la manipulación de la información, cobrarán, además, una importancia mayor en la vida política. En estas campañas, por ejemplo, se usarán infotácticas, que no son más que mecanismos de proselitismo electoral a través de dispositivos electrónicos y paquetes computacionales.

La interactividad y la lógica de red propias de la Internet, ganarán también más terreno. De esta forma, se incrementará el activismo electrónico. Los principales candidatos, por ejemplo, tendrán verdaderas estrategias por Internet para la organización de los activistas, la comunicación política y la recaudación de fondos de campaña privados, entre otras cosas.

La votación futura del ciudadano o la emisión de la opinión podría hacerse desde la comodidad de su casa utilizando la computadora y la Internet, como de hecho ya pasa en algunos países desarrollados como los Estados Unidos. Es así, como los medios y la computación permitirán una mayor interactividad entre los candidatos, partidos y electores, para dar paso a la democracia de alta tecnología. De esta forma, las redes informáticas y los dispositivos de mediación de masas incidirán sustancialmente en la renovación y substanciación de la política.

e. Una de las características más distintivas de las campañas del futuro tendrá que ver con el ejercicio de una nueva forma de ciudadanía, más libre y más informada. Esta construcción de la real ciudadanía implicará también un cambio en el tipo de campaña política que se privilegie, pasando de un enfoque negativo, basado en la calumnia, la difamación del adversario y la demagogia, a uno más constructivo y propositivo basado en agendas realistas, alcanzables y sensibles.

Estas nuevas características de los electores, conllevarán a la creación de escenarios políticos de alto nivel de competencia, mayor pluralidad y donde la diferencia entre el éxito y el fracaso en las elecciones serán verdaderamente minúsculas. Esto implicará, el valorar en su justa dimensión al ciudadano como el depositario de los poderes soberanos de la sociedad y no, como sucedía en el pasado, sólo como unas simples masas sujetas de manipulación y control. El nacimiento y desarrollo de nuevas opciones políticas partidistas será otra de las características distintivas del futuro, en el que no habrá la hegemonía de grandes partidos históricos, sino más bien de partidos coyunturales y de alianzas interpartidistas efímeras.

Consideraciones finales

El mundo de la política está cambiando en México de una manera acelerada. Cambia el sistema y régimen político, el sistema de partidos, los liderazgos y, sobre todo, la ciudadanía. Las áreas de la política que más han experimentado el cambio son, sin duda, los mercados electorales, que han dado origen a nuevas prácticas proselitistas de partidos y candidatos en la búsqueda por los espacios de representación pública.

Como parte de este cambio, los mercados electorales experimentan un proceso normal de gestación y maduración a través de los años. De mercados incipientes pasan a una etapa intermedia de madurez para luego transitar a un estadio de plena consolidación, caracterizada por un real ejercicio de la ciudadanía y la construcción de una nueva cultura política.

En el caso de México y de varios países latinoamericanos, hoy día nos encontramos en una etapa intermedia de desarrollo de los mercados electorales, lo que implica nuevos retos para los partidos políticos y candidatos, así como de sus prácticas proselitistas. En este sentido, los partidos políticos y ofertas electorales del futuro serán aquellas que tengan la habilidad de adecuarse a los cambios cualitativos y a las nuevas características que presentan los mercados electorales y sean capaces de plantear agendas de gobierno realistas y responsables.

De esta forma, los partidos con visión de futuro serán aquellos que tengan la capacidad de detectar los cambios que se producen en los mercados electorales y puedan adecuarse a las nuevas circunstancias y realidades, ya que, por ejemplo, las campañas serán ejercicios políticos altamente tecnificados, muy especializados y focalizados, sustentados en un alto desarrollo tecnológico, el conocimiento y la creatividad, en la búsqueda de la conquista de mercados electorales más inteligentes y diversificados. [80]

Los procesos políticos además tendrán una mayor influencia de la opinión pública a nivel nacional y mundial. La democracia del futuro se sustentará en un régimen de opinión y comunicación. Candidatos y partidos tenderán a atender a la opinión pública y diseñar su mensaje, estrategias y planes proselitistas, tomando en consideración dicha opinión. La forma en que se vota, así como se vigila y organizan las elecciones, también cambiará. De esta forma, los dispositivos y equipos computacionales altamente sofisticados ocuparán un lugar destacado en la vida política de México.

Producto de todas estas transformaciones, las organizaciones partidistas se encuentran ante un serio dilema: seguir operando con los esquemas y prácticas del pasado, bajo riesgo de ser rebasadas por la competencia, o insertarse en la nueva modernidad, incorporando novedosos procedimientos y conocimientos como la calidad, la reingeniería, la planeación estratégica, el benchmarking y la

---

[80] Una de las herramientas indispensables para detectar y diagnosticar los cambios en los mercados electorales es la investigación de mercados, la cual debe utilizarse de manera creativa y permanente.

mercadotecnia política como referente permanente de su práctica política. Sin duda, el futuro de los partidos y su viabilidad para acceder al poder público estará en relación a las respuestas que articulen a este dilema, ya que en una sociedad democrática, donde el voto universal, directo y secreto de los ciudadanos decide el carácter de la representación política, buscar un puesto público de elección popular es esencialmente un ejercicio de imaginación, proselitismo de calidad e inteligencia política.

Virtudes y Riesgos del Marketing Político

Las Virtudes

Las últimas elecciones presidenciales mostraron fehacientemente que el nuevo paradigma de la mercadotecnia política es muy funcional y útil en el proceso de conquista del mercado electoral y la búsqueda de la legitimación política.

Estos resultados, sin duda, contradicen los distintos señalamientos críticos de analistas, políticos, editorialistas, comunicadores e, incluso, de jerarcas de la iglesia católica en el sentido de la inutilidad de la mercadotecnia. Al calor de los anteriores procesos federales de elección, hubo muchos comentarios críticos sobre la mercadotecnia. Por ejemplo, se apuntaba que la humanidad perdió su sabiduría por la forma pueril de la mercadotecnia, que representa sólo mentiras, una realidad vacía en la que no importa el contenido sino la imagen, las gestualidades, el corsé y la simbología.[81]

Estos y otros señalamientos, generalmente simplistas y superficiales, que se unen al conjunto de ignorancias sociales sobre la política y lo político, hacen de la mercadotecnia una de las disciplinas académicas poco entendidas y más criticada de la época. Esto se aúna, al hecho de que la mercadotecnia se encuentra inmersa en una visión instrumental, de carácter prescriptivo, donde predomina la ausencia de una reflexión conceptual y de un rigor metodológico en los escasos análisis que se realizan.

Los comentarios señalados, si bien son entendibles, no ubican en su verdadera dimensión la naturaleza, objeto de estudio, carácter y papel de la mercadotecnia política, ni se analiza con objetividad, mucho menos con profundidad, la importancia de esta nueva disciplina. Ciertamente la mercadotecnia representa ciertos riesgos para el proceso de transición de nuestro país, pero debe quedar muy claro que su vigencia está estrechamente ligada al proceso mismo de cambio político, con sentido democrático.

En primer lugar, la transición democrática que experimenta nuestro país y el uso intensivo de la mercadotecnia están estrechamente relacionados. Esto es, el uso de la mercadotecnia está directamente ligado al incremento de los niveles de competitividad política de la sociedad y a la diversificación de los actores políticos que compiten por el poder. En este sentido, la transición a la democracia iniciada a finales de la década de los ochenta ha significado, por primera vez para México, la conformación de un mercado político-electoral, el cual no existía antes con sus verdaderas y genuinas características. Las elecciones, por muchos años, no fueron sino meros ritos protocolarios para acceder al poder; la "pluralidad" partidista predominante constituía una creación artificial del Estado mexicano para

---

81 Otras declaraciones, señalaban que la mercadotecnia está distorsionando la verdadera esencia de la política y que era realmente preocupante y peligroso para el país que el próximo presidente de la república fuera producto de la mercadotecnia, ya que no es lo que necesitaba el país, sino un proyecto de nación.

consumo externo y los electores no ejercían a plenitud sus derechos políticos, ni éstos eran respetados.

De esta forma, hoy día la emergente democracia ha posibilitado la creación del mercado político, así como la existencia de votos que valen y definen el carácter de la representación pública, la cual es disputada por diferentes actores y formaciones políticas de nuestro país. En este sentido, el auge de la mercadotecnia es el resultado de un momento histórico y político determinado, de un proceso global de desarrollo caracterizado por mayores niveles de competencia, pluralidad y plasticidad de las lealtades electorales.

La mercadotecnia busca como objetivo central la legitimidad social y el ascenso al poder político mediante la conquista del voto popular. En este sentido, mercadotecnia y legitimidad política, a través de medios pacíficos y democráticos, aparecen como parte de un binomio indisoluble, ya que sólo regímenes políticos autoritarios o totalitarios se legitiman a través de la violencia, la imposición y el autoritarismo más que en el apoyo, en un marco de libertad y respecto al estado de derecho, de la ciudadanía.

En segundo lugar, es falso afirmar que las campañas electorales se reduzcan a simples slogans y que se carezca de las más elementales ideas y proyectos políticos por parte de los candidatos a puestos de elección popular. Lo que pasa, es que ciertamente los candidatos han utilizado, con mayor amplitud que en el pasado, los medios electrónicos de comunicación para tratar de moldear la voluntad del elector rumbo. Sin embargo, todos los candidatos tienen una plataforma política (la gran mayoría de ellas está en Internet y en publicaciones especiales), realizan intensas giras proselitistas a lo largo y ancho del país, se reúnen con grupos de intelectuales, empresarios, universitarios, campesinos, obreros, colonos y distintos grupos de poder. Simplemente lo que ha cambiado es el uso intensivo de la nueva tecnología y los medios electrónicos para ganar imagen y adeptos a su causa.

En tercer lugar, debemos entender que la democracia implica la volatilidad de la voluntad del elector. Es decir, en una democracia liberal las "lealtades" electorales son efímeras, ya que el elector decide su voto con base a una serie de circunstancias, coyunturas y referentes, las cuales son generalmente dinámicas. La cultura política, la experiencia con pasados gobernantes, la militancia o no a una formación política, el carisma y honorabilidad de los candidatos, la imagen de los partidos políticos, el nivel educativo, las plataformas programáticas, la historia familiar, la situación laboral y salarial, las apuestas políticas, los intereses en juego, la creatividad de las campañas, el esfuerzo proselitista y el grado de conflictividad social, entre otros, son factores que influyen en la orientación del voto del elector. Esto es, la democracia genera el "hombre plástico, moldeable, influenciable (indeciso) y la mercadotecnia política busca como objetivos la obtención de esa voluntad electoral.

En cuarto lugar, la mercadotecnia política puede ayudar a incrementar el nivel de información que se proporciona a la sociedad, diversifica la oferta informativa y puede inculcar entre las masas y las elites políticas valores asociados a la democracia. Para lograr tal penetración o conquista existen una serie de técnicas y estrategias, que empleadas de manera correcta, producen resultados satisfactorios. Sin embargo, debe haber claridad sobre sus alcances y potencialidades. El uso de la mercadotecnia, como instrumento, contribuye a avanzar las metas políticas, pero de ninguna manera asegura un triunfo total en los comicios. Así como la democracia no asegura la consecución de un mejor gobierno, la mercadotecnia no puede asegurar el éxito total de una campaña o el triunfo de un candidato a un puesto de elección popular.

En quinto lugar, la mercadotecnia puede jugar un papel importante en el proceso de transición y consolidación de un régimen democrático, ya que el uso, por ejemplo, de la propaganda puede contribuir a que los electores conozcan de manera más amplia los proyectos, candidatos y plataformas programáticas de los institutos políticos, incrementando así el nivel de competitividad. Es decir, la mercadotecnia puede ayudar a que los procesos políticos se desarrollen dentro de un marco de mayor equidad y competitividad, en la medida que los diferentes actores políticos pueden hacer llegar sus propuestas, mensajes y proyectos a los electores de manera más atractiva y rápida.

De acuerdo a sus críticos, la mercadotecnia favorece la desinstitucionalización de la política y fomenta el neocaudillismo. De esta forma, señalan, existe una relación positiva entre el nivel de desinstitucionalización y el uso del marketing político. Es decir, puesto en términos metodológicos se puede apuntar que a menor nivel de institucionalización política, corresponde un mayor uso de la mercadotecnia política. Sin embargo, esto no es necesariamente cierto, ya que la mercadotecnia política puede ser utilizada para lograr mayor legitimidad y fortalecimiento también de las instituciones (entiéndanse partidos políticos, dependencias gubernamentales, Congresos, etc.) y no sólo de los candidatos, como fue el caso de la campaña del nuevo PRI.

Otro de los señalamientos indican que con la mercadotecnia, los políticos son presas y rehenes de una nueva forma de hacer política, donde predomina la batalla de las percepciones, la imagen y la guerra de encuestas. Al respecto, lo que debe quedar claro que la nueva realidad y la modernización de la política implica nuevas formas de hacer, entender y procesar la política, en la que, en un escenario de competitividad y pluralidad, la legitimidad política en un momento electoral se obtiene ampliando las competencias comunicativas de los candidatos y equipos de campaña, así como por la creatividad de los consultores y asesores de las campañas para lograr una mayor visibilidad y diferenciación de sus candidatos por parte de los ciudadanos. Recordemos que en una sociedad democrática, el ciudadano se transforma, en cierta medida, en un consumidor de productos político-electorales.

A través de los medios masivos de comunicación y de una buena estrategia propagandística se pueden avanzar metas y concretar objetivos democráticos, educando, orientando e informando a los ciudadanos. La mercadotecnia puede también ayudar a "emocionar" y movilizar a los electores que luchan por causas justas, como por el combate a la corrupción o en favor de la democracia. Tiene, además, la bondad de poder informar a la mayoría de la población.

El uso de la mercadotecnia puede ayudar también a difundir, como de hecho lo hace el Instituto Federal Electoral, valores asociados a la democracia como el pluralismo, la tolerancia, la competencia regulada, el respeto al principio de mayoría, la legalidad, la existencia de derechos de las minorías, la igualdad de todos los ciudadanos ante la ley, el ejercicio de la ciudadanía, el respeto a la soberanía popular, la responsabilidad de los gobernantes respecto a sus gobernados, la paz social, la convivencia en la diversidad y la participación.

La manipulación, la mentira y el engaño que comúnmente se asocian a la mercadotecnia surgen en la historia como prácticas precedentes a la misma existencia de la mercadotecnia, siendo más responsabilidad de los abusos, errores, consecuencias y vacíos que genera el actual sistema político y educativo y del carácter de la naturaleza humana, que de la mercadotecnia como campo del conocimiento.

A través de estudios de mercado, esta disciplina ayuda al mejor conocimiento de la sociedad, sus necesidades y problemas más apremiantes, disminuyendo gastos excesivos e innecesarios, ayuda a la toma de decisiones y optimiza recursos. La mercadotecnia también puede ayudar a que los procesos políticos sean más atractivos y coloridos para los ciudadanos y, en consecuencia, para que el porcentaje de abstencionismo pueda reducirse significativamente.

La mercadotecnia política implica, en una sociedad con democracia de mercado, un factor real de poder, en la medida que proporciona una serie de técnicas, estrategias y conocimientos sobre lo político, la política, los actores y entes políticos. Es decir, es una herramienta que ayuda a avanzar las metas político-electorales de candidatos, partidos y formaciones políticas en la búsqueda de la conquista del mercado electoral.

Ciertamente, la mercadotecnia es una herramienta al servicio de las clases políticas, pero también le es útil a la ciudadanía, no tiene preferencias ideológicas, ni filias ni fobias partidistas. En este sentido, es erróneo señalar que la mercadotecnia es de derecha o que sirve a los intereses de la izquierda. Es un instrumento que puede ser utilizado, por igual, por formaciones políticas que se ubiquen a todo lo ancho del espectro político.

Finalmente, es importante apuntar que la mercadotecnia es mucho más que corsé, gesticulaciones, imagen, simbolismo, eslóganes y spots propagandísticos. El objeto central de su preocupación, como se señaló anteriormente, es el conocimiento y persuasión de los ciudadanos constituidos en mercado político, investiga sus principales problemas como ente social, indaga su sensibilidad a los estímulos, analizando sus reacciones, sentimientos y comportamiento, diseña las estrategias propagandísticas más efectivas para lograr su cometido, estudia el contexto y la coyuntura política, establece relaciones entre mensaje, percepción y persuasión, se preocupa por los problemas asociados a la imagen y opinión pública, así como de las acciones proselitistas de las elites políticas, penetra en la doctrina y las teorías políticas e investiga los fenómenos de la comunicación política. En esta tesitura y bajo estas líneas de argumentación es que debemos entender a este nuevo campo del saber político.

Los Riesgos

La mercadotecnia política, presenta una serie de bondades y atributos que ponen en ventaja a aquellos contendientes que primeramente y de manera profesional acceden a su manejo y dominio. Su uso representa un factor real que posibilita y potencializa el acceso al poder dentro de la representación pública, ya que el actual nivel de competitividad partidista ha hecho que los márgenes de victoria sean más reducidos y que la diferencia entre el triunfo y la derrota lo pueda determinar no sólo el tipo de candidato y el trabajo proselitista, sino la creatividad de las campañas y las estrategias de mercadotecnia política utilizadas. Es decir, las campañas y las estrategias propagandísticas pueden constituir la diferencia entre el triunfo o la derrota.

El acceso pionero a esta nueva disciplina por parte de algunos contendientes, de hecho, genera una serie de desbalances e inequidades en los procesos electorales en contraposición de aquellos políticos que deciden acudir a expedientes añejos y prácticas vetustas propias de los años en los que predominaban sistemas políticos no competitivos.

Sin embargo, los riesgos más importantes que plantea el marketing político a la naciente democracia mexicana no tienen que ver con la equidad en el uso o no de las técnicas y medios que presenta esta disciplina. En todo caso, esto tiene que ver con el sistema electoral y de partidos predominante y con los recursos financieros que en el entramado legal se asignan a cada una de las formaciones políticas legalmente reconocidas. Es decir, la equidad o inequidad en el acceso a recursos económicos provenientes del sector público o privado y su uso en campañas propagandísticas, si bien puede representar un riesgo para la consolidación de un sistema democrático, no se concibe como un riesgo por sí mismo. Esto representa, en todo caso, sólo parte de la estrategia que los contendientes decidan o puedan privilegiar en su lucha por conquistar el poder político.

Los riesgos del abuso del marketing se ubican, a mi entender, en otra dimensión, muy ligados a actitudes que generan artificialidad y falta de pulcritud de la política y los políticos. Me explico. Creo que los riesgos más serios del marketing político tienen que ver, ciertamente, con la manipulación de las masas, la impostación de personalidades, la sobre-oferta política, la superficialidad de los planteamientos, y la creación de escenarios falsos, entre otros.

Manipulación no significa, de ninguna manera, persuasión. De hecho, el objetivo de la gran mayoría de los políticos y sus institutos es persuadir a los electores sobre sus programas de gobierno, sus plataformas electorales, sus principios e ideas y sobre sus planes de acción. Por el contrario, la manipulación envuelve la movilización y el control de la voluntad del elector sin el conocimiento del mismo. Es decir, la manipulación es una técnica de control de la conducta y reacciones de un individuo o grupo que no está consciente por otro individuo o grupo que si lo está y lo hace con el objetivo de influir en él. Esto es, la manipulación se maneja de forma oculta. Por su parte, la persuasión se da de manera abierta, limpia y a la luz del escrutinio público como parte del proceso de comunicación política.[82]

En este sentido, la manipulación de las masas a través del marketing político se da ante escenarios de falsedad de información y ocultamente de los propósitos de los informantes. Manipular, por ejemplo, es decirle a los mexicanos que las finanzas económicas de la nación son lo suficientemente sanas y fuertes, cuando en realidad no lo son, tal y como pasó con el ex secretario de Programación y Presupuesto de México, Carlos Salinas de Gortari, al finalizar el sexenio de Miguel de la Madrid Hurtado.[83] Manipulación de las masas por el marketing político se da cuando se publicita algo, pero se ofrece otra cosa muy diferente.

De hecho, las criticas más fuertes a la mercadotecnia política apuntan que por medio de ésta se pueden manipular a los electores, creando en el imaginario colectivo la idea de un candidato o un partido que no corresponde con la realidad. Por ejemplo, presentar ante el elector un partido como democrático cuando nunca lo ha sido o un candidato benefactor cuando su pasado lo delata como usurero y egoísta.

Como todos sabemos, la confección y maquillaje de personalidades es muy típica durante los procesos electorales. Tradicionalmente, atributos y características de los candidatos y partidos son magnificados por los comités de campaña, mientras que las deficiencias, limitaciones y errores cometidos en el pasado son acotados. Estos rasgos, cuando no son minimizados, sino más bien magnificados, constituyen ejemplos claros de manipulación cuando son propagandizados en los medios como parte de las campañas proselitistas.[84]

---

[82] De acuerdo a uno de los principios de la mercadotecnia, la comunicación persuasiva tiene mayor efectividad cuando el elector no tiene conciencia de que es objeto de la misma y no se encuentra, por lo mismo, a la defensiva. Sin embargo, aquí la diferencia entre manipulación y persuasión estriba en que en la primera se oculta todo intento de cortejo al elector y en la segunda los fines deben estar a la luz de la opinión pública.

[83] Ver Jorge Castañeda, *La Herencia, Arqueología de la Sucesión Presidencial en México*, Ed. Extra Alfaguara, 1999.

84 Aquí es necesario señalar que los términos publicidad y propaganda, aunque parecidos, no son sinónimos, sino que presentan

La creación de personalidades postizas es otro riesgo, muy cercano al anterior, que se puede correr con el abuso de la mercadotecnia electoral. En la historia de México existe una gran cantidad de ejemplos en los que individuos incompetentes y con perfiles muy pobres han sido confeccionados de manera artificial con una imagen muy alejada de la realidad. Tal fue el caso, por ejemplo, del Negro Durazo durante el sexenio de José López Portillo. Por ello, la ética debe estar estrechamente asociada con la mercadotecnia política. Es decir, se debe recuperar la dimensión ética de la política y enfatizar a los publicistas y mercadólogos que "el fin no siempre justifica los medios."

La sobre-oferta que realizan los candidatos es otro riesgo que se corre en cada proceso electoral. Esta sobre-oferta, algunas ocasiones denominada demagogia o populismo, es el resultado, muchas veces, de las políticas maximalistas y del afán obstinado de los políticos por lograr el poder. Sin embargo, cada día los electores reclaman compromisos concretos y el cumplimiento de las ofertas electorales que prometen los candidatos.[85] Por ello, es aconsejable para los políticos no abusar, en este sentido, de las ventajas que ofrece la mercadotecnia electoral y, sobre todo, presentar información objetiva, programas coherentes y asumir compromisos factibles y realistas.

La creación de escenarios falsos y la construcción de grandes expectativas en el electorado son otros de los riesgos que puede traer el exceso y la extralimitación en el empleo de la mercadotecnia política. De hecho, ha sido típico en varios de los países de América Latina, como en Argentina, que se ganen las elecciones con una propuesta y se gobiernen con otra muy distinta.[86]

Otro de los riegos tiene que ver con la saturación del ambiente debido a la gran cantidad de candidatos participantes, campañas y anuncios propagandísticos dirigidos al elector. Por ejemplo, en el año 2000 se realizaron elecciones para elegir al presidente de la república, los diputados federales, senadores y en 14 entidades federativas se realizaron también comicios para renovar los poderes públicos a nivel local. Tal cantidad de comicios generaron una saturación de información y propaganda que muchas veces no puede procesar el elector.

---

distinciones fundamentales. El primero, está relacionado con las empresas, los productos y los servicios comerciales. La segunda está ligada a la filosofía, ideas y planes del campo socio-político. La propaganda pretende que, con base a mensajes específicos relacionados con el candidato, el partido, los contrincantes o la coyuntura política, se logré inducir la voluntad de elector a votar en un determinado sentido.

85 Un ejemplo de esto fue lo ocurrido en el estado de Jalisco y en el Distrito Federal, donde el PAN y el PRD, respectivamente, con el afán de lograr el triunfo electoral, sobre-ofertaron en la campaña de febrero de 1995 y julio de 1997. Posteriormente, los electores han estado reclamando el cumplimiento de los compromisos asumidos por los panistas y perredistas. Hoy día, muchas de las críticas a la oposición (PAN – PRD) han sido por promesas incumplidas.

86 El caso más paradigmático fue la primer campaña de Saúl Menen en Argentina, quien criticó severamente las políticas de corte neoliberal implementadas en la región y quien, una vez en el gobierno, decretó la instauración de los programas de ajuste económico.

La superficialidad de planteamientos debido a lo costoso de publicitar a profundidad las campañas en medios de comunicación, principalmente los electrónicos, también se puede constituir en otro riesgo del marketing político. De esta forma, en una campaña de imagen, como las realizadas en los medios, destacan la superficialidad y la ambigüedad de los planteamientos. Es así como el elector decide su voto conforme a una racionalidad de baja información o si se quiere por motivaciones viscerales.[87]

Finalmente, el despilfarro de recursos y el "bombardeo" indiscriminado de propaganda por los partidos y candidatos, ante un escenario de pobreza lacerante, son otros de los riesgos que pueden llevar consigo el abuso de la mercadotecnia. Sin embargo, como medida prescriptiva se debe ser cuidadoso sobre la calidad y cantidad de la propaganda, ya que esto puede ser contraproducente y afectar la imagen, así como la aceptación de candidatos y partidos por parte de amplios sectores de la sociedad.

La Mercadotecnia como Factor de Poder

La democracia implica pluralidad, disenso, debate y contraposición de ideas, programas y proyectos entre dos o más actores o formaciones políticas que se disputan el poder del Estado o un espacio en la representación pública. Dentro de este escenario de mayor competencia política, la mercadotecnia se está constituyendo, hoy día, como un factor esencial del poder. De hecho, en muchos de los estados democráticos modernos, la mercadotecnia presenta ciertas tendencias a transformarse en uno de los constituyentes fundamentales del poder. En estas sociedades juega un papel central en el proceso de legitimidad política y, sin duda, a estas democracias modernas llegó para quedarse.

La consultoría política, constituye el medio más común, como los profesionistas de la mercadotecnia ejercen su profesión. Estos servicios de consultoría en mercadotecnia, como cualquier otro conocimiento, trasciende las fronteras nacionales, ya que es un producto de la globalización y del desarrollo de las telecomunicaciones, por lo que resulta irrisorio pensar que la actividad de los mercadólogos sea violatorio a nuestra Constitución.[88]

Las campañas electorales se constituyen como espacios de comunicación por excelencia, en guerras de imágenes entre dos o más contrincantes, con el objetivo de cortejar al elector, de obtener el voto a su favor. La mercadotecnia tiene sus virtudes y fortalezas y puede coadyuvar a avanzar nuestras aspiraciones democráticas. Sin embargo, es importante reconocerlo, el abuso de la

---

[87] Véase Mario Martínez Silva y Roberto Salcedo Aquino, *Manual de Campaña*, Colegio Nacional de Ciencias Políticas y Administración Pública, 1997, tomo I, p. 46.

[88] Fernando Franco González Salas, ex presidente del Tribunal Federal Electoral, señala que las actividades de los asesores de los aspirantes a la presidencia de la república podrían ser violatorias a la constitución si va más allá de cuestiones de mercadotecnia y se involucra en la toma de decisiones políticas (citado por Laura Camacho, *Asesoría de Importación*, Mural, 2 de octubre de 1999, p. 8 A).

mercadotecnia también representa ciertos riesgos para la consolidación de un sistema democrático, por lo que el reto más importante de esta disciplina se reduce a su uso adecuado y moderado, estrechamente asociado a las pautas éticas de la sociedad y en concordancia con los principios de libertad, equidad y racionalidad que deben prevalecer en una democracia moderna. Es decir, el reto más importante es hacer de la mercadotecnia política una disciplina al servicio de la democracia.

En la actualidad, no existe reglamentación sobre el uso de la mercadotecnia política en nuestro país, ni normatividad que regule las precampañas presidenciales, por lo que los aspirantes a los diferentes puestos de elección popular que no utilicen las nuevas y modernas técnicas del marketing político seguramente se verán rebasados por sus adversarios. Esta es la paradoja y el motivo principal del por qué los políticos están obligados al uso y dominio de esta nueva disciplina.

La Mercadotecnia al Servicio de la Democracia

A pesar de los riesgos que la mercadotecnia implica para el proceso de transición política con sentido y rumbo democrático, como se vio anteriormente esta nueva disciplina está muy ligada a la existencia de una sociedad plural, donde diferentes actores políticos, regidos por un marco normativo, se disputan la voluntad del electorado.

Recordemos que la mercadotecnia política es una disciplina que tiene como objetivo el lograr una mayor incidencia, penetración y aceptación de candidatos, líderes, proyectos, partidos y grupos en una determinada colectividad o mercado político. Es el arte del bien "vender" una imagen personal o colectiva, de hacer aceptable una idea, un proyecto o programa. Es la técnica de convencer a una audiencia y motivar el voto a su favor.

Por ello, en una sociedad regida bajo un sistema autoritario o totalitario, la mercadotecnia no tiene razón de ser, ya que no existe el mercado electoral y los actores que pudieran disputarse esa voluntad del elector no actuarían dentro de un marco de libertad y mínima competencia.

A la mercadotecnia bien se le puede considerar como el perfil pragmático de las ciencias políticas, o más bien un híbrido entre mercadotecnia y política, ya que proporciona herramientas, técnicas, métodos e ideas para que los políticos puedan alcanzar o avanzar sus objetivos de poder, de conquista del mercado electoral. El uso de la mercadotecnia reclama la existencia de un escenario de competencia y la presencia de actores políticos que se disputan, dentro de un marco de libertad y respeto al estado de derecho, la voluntad (voto) de los electores.

Es así como, la mercadotecnia puede jugar un papel importante en el proceso de transición política y en la normalización de un régimen democrático, ya que el uso de ésta puede contribuir a que los electores conozcan de manera más amplia los programas, candidatos y plataformas programáticas de los institutos políticos, incrementando el nivel de competitividad. Es decir, puede ayudar a que los procesos políticos se desarrollen dentro de un marco de mayor equidad y competitividad, en la medida que los diferentes actores políticos pueden hacer llegar sus propuestas, mensajes y proyectos a los electores de manera más atractiva y rápida. En este sentido, el reto más importante es hacer de la mercadotecnia política una disciplina al servicios de la democracia.

Recuérdese que el ideal democrático asume que si dentro de un escenario de respeto al estado de derecho y de real competitividad, la propaganda de las diferentes opciones partidistas puede fluir libre, continua y públicamente, las mejores ideas y los planteamientos programáticos mejor elaborados y respaldados, tendrán que imponerse a largo plazo.

Como parte de la mercadotecnia política, la propaganda tiene como objetivos centrales el mantener o incrementar los niveles de credibilidad social, formar impresiones, construir significados y avanzar sus metas políticas. De esta forma, la propaganda constituye un medio central de cualquier partido, gobierno y grupo de interés que busca su ingreso, permanencia o ascenso a las estructuras de poder o el aumento de su presencia política en una determinada sociedad. A través de un adecuado y oportuno despliegue propagandístico, los grupos de poder pueden legitimarse socialmente, avanzar sus metas políticas y perdurar en las estructuras de poder del Estado.

Consideraciones Finales

La mercadotecnia política es una disciplina en proceso de constitución que ha generado deformaciones sobre su verdadera naturaleza y alcance. Al respecto, hoy día, existe en nuestro país un amplio desconocimiento social y disciplinar de este saber. Además, por su juventud, la mercadotecnia política es una disciplina no valorada en su justa dimensión. Por un lado, el público elector le pone poca atención y la considera carente de significación social, ligada, solamente, a los confines de la lucha política y el poder. Por el otro, un sector amplio de intelectuales la consideran como el más maquiavélico invento manipulador de las elites políticas, que se aprovechan del estado generalizado de ignorancia y analfabetismo político en la que vive la sociedad mexicana.

Sin embargo, la manipulación de los mexicanos no es culpa del marketing político o de la propaganda en sí, sino de la ineficiencia del sistema educativo y político del país, que ha permitido la creación de un vacío cultural que está siendo utilizado por los políticos. Esto es, cuanto más culta es una sociedad, más invulnerable a la manipulación política. De esta manera, el grado de manipulación que se ejerza sobre una colectividad electoral tiene que ver más con un problema cultural y educativo de la sociedad, que con los atributos "insanos" de esa disciplina.

En todo caso, la mercadotecnia política es un nuevo campo del saber, un nuevo expediente científico al que las elites accesan para conseguir, en un marco de modernidad y desarrollo tecnológico, sus objetivos de poder. Parafraseando a Maurice Joly, podemos decir que lo que se conoce peyorativamente como maquiavelismo es anterior a Maquiavelo[89] y que la mercadotecnia política es consustancial a la existencia de una sociedad democracia.

En este sentido, la mercadotecnia política no representa un fenómeno cultural efímero y superficial, sino que está ligado a la existencia misma de una sociedad abierta y plural. En esta tesitura, debemos entender que la mercadotecnia se está constituyendo en factor esencial del poder en el nuevo escenario de competitividad y pluralidad política que está caracterizando a nuestra sociedad. La mercadotecnia cumple así con una serie de funciones sociales y políticas positivas, orientando al elector, aunque superficialmente, sobre las diferentes alternativas que se le presentan para emitir su voto.

No obstante, esta disciplina también presenta sus limitaciones, ya que, como dirían los especialistas en mercadotecnia, los mensajes propagandísticos de los partidos y candidatos, sólo están orientados a reforzar en el elector las simpatías que ya tenían desde antes, formados por sus experiencias, prejuicios, afinidades e intereses.[90] Recuérdese, que el anuncio propagandístico orienta el voto sólo en el elector que ya esta predispuesto a emitirlo hacia una determinada dirección.

Finalmente, lo que debemos comprender es que la modernidad nos está llevando a un nuevo universo, en el que predominan nuevas formas de hacer y entender la política, en un contexto de masificación de los nuevos dispositivos electrónicos que la tercer revolución tecnológica nos ha traído. En este contexto y tesitura es como debemos entender al marketing político de cara al proceso de transición y cambio político, [91] ya que en una sociedad democrática, donde el voto universal, directo y secreto de los ciudadanos decide el carácter de la representación política, buscar un puesto público de elección popular es esencialmente un ejercicio de mercadotecnia.

La Investigación en Mercadotecnia Política

Introducción

---

[89] Véase Maurice Joly, *Dialogo en el Infierno entre Maquiavelo y Montequieu*, Ed. Planeta, 1978.

[90] Las campañas pre-electorales del PRI para la presidencia de la república en 1999 y sus resultados, demuestran las limitaciones de esta disciplina, ya que por más creatividad de los publicistas de Roberto Madrazo y por más que se invirtió en medios los resultados estuvieron influenciados por otro tipo de factores.

[91] En México, no hemos tenido alguna experiencia democrática exitosa, con la excepción de un breve periodo en la época de La Reforma y durante el gobierno efímero de Francisco I. Madero, ya que nuestro pasado ha estado más ligado a los gobiernos de corte autoritario a que los de cuño democrático. Así pasó en los 300 años de dominación colonial y cerca de 200 de vida independiente. Esta falta de vivencias moldea nuestro presente y nos hace ajenos a las nuevas formas de hacer y entender la política de las sociedades con sistemas de democracia de mercado.

La transición democrática que experimenta México desde finales de la década de los ochentas ha traído consigo, entre otras cosas, el desarrollo y uso intensivo de las técnicas, estrategias y conocimientos de frontera en materia de marketing en las campañas político-electorales. Este creciente uso de la mercadotecnia en el ámbito político está directamente ligado al incremento de los niveles de competitividad del sistema de partidos políticos, a la misma constitución y diversificación del mercado electoral y al predominio de una pluralidad de actores políticos que compiten por el poder público. Sin embargo, la incorporación del marketing político ha tenido un desarrollo diferenciado, ya que, por un lado, desde la perspectiva de su uso en las campañas político-electorales, el marketing ha experimentado un desarrollo exponencial, mientras que, por el otro lado, desde la perspectiva de la investigación e indagación científica aún son muy pocos los estudios realizados.

En materia de publicaciones y literatura sobre la mercadotecnia política predominan, además, obras con un enfoque prescriptivo, tipo manual, desdeñándose, un tanto, el trabajo de indagación e investigación científica sobre esta novedosa disciplina, sus virtudes, riesgos, potencialidades y futuro desarrollo. De hecho, la gran mayoría de los trabajos publicados tienen en común el interés de proporcionar algunos consejos y vivencias útiles para candidatos, gobernantes o dirigentes partidistas. Sin embargo, pocas son las publicaciones de carácter académico-científico que existen para analizar el nuevo fenómeno mercadológico en toda su amplitud, aristas y variantes.[92]

Como campo de acción la investigación en mercadotecnia política es una actividad muy amplia, diversa e interesante. Ejemplos de investigación en mercadotecnia, por señalar algunos, están constituidos por las actividades que realiza el partido o candidato para elaborar su plataforma programática; el consultor a fin de diagnosticar el mercado electoral y definir las estrategias a seguir; el comunicólogo que estudia el proceso de comunicación política y sugiere la emisión de diversos mensajes; el politólogo que analiza los fenómenos políticos asociados a las campañas y procesos electorales; el docente que investiga a fin de ejercer correctamente su magisterio; así como el investigador quien indaga, pregunta, asocia y contrasta para generar nuevos conocimientos.

En el área de investigación en mercadotecnia política existen, a *grosso modo*, dos vertientes. Una tiene que ver con la investigación del mercado, con al diagnóstico de los problemas, sentimientos, aspiraciones y necesidades de los electores para diseñar el mensaje propagandístico y la serie de estrategias electorales, y la otra

---

92 La tarea principal del científico consiste en producir nuevos conocimientos objetivos sobre la realidad. De acuerdo a una definición convencional, las características del conocimiento científico son su validez, su generalidad, es metódico, sistemático, objetivo y crítico. Estas características las cumple cabalmente la mercadotecnia política, por lo que sí es posible hablar de investigación científica en mercadotecnia política. La investigación de marketing, como herramientas informacionales, tiene dos usos principales: Reducir el nivel de incertidumbre y de riesgo en las elecciones y agrandar las posibilidades de toma de decisiones de carácter racional.

se refiere a la investigación científica sobre el proceso de intercambio político, así como el desarrollo, potencialidad y situación actual de la disciplina. Es decir, la primer área de investigación tiene un objetivo pragmático como parte de las estrategias de los partidos y candidatos en la búsqueda del voto electoral[93] y la segunda tiene un objetivo más relacionado con el análisis y la reflexión científica.[94]

La investigación en mercadotecnia política es una actividad encaminada a la solución de problemas y creación de nuevos conocimientos para explicar el proceso de intercambio político entre ciudadanos y la clase política. El objeto de investigación es muy amplio, aunque se puede partir del proceso de intercambio entre formaciones políticas, partidos e individuos en segmentos específicos de la sociedad. La explicación de las conductas electorales, el conocimiento del impacto de la propaganda (tipo, calidad, volumen, etc.) y la contrapropaganda, el proceso de la construcción de la imagen, el posicionamiento de los partidos, la eficacia de las estrategias proselitistas, el financiamiento de las campañas, la cultura política y el modelo de las campañas del futuro son algunos otros temas de investigación en este campo del conocimiento.

En el presente capítulo se realiza un diagnostico sobre las áreas, métodos y campos de indagación del marketing político, así como de las publicaciones y trabajos de investigación en materia de mercadotecnia política en México. En la primer parte, se describen las áreas de la mercadotecnia que son susceptibles de estudio, los diferentes esfuerzos de investigación que se realizan en diversos ámbitos del desarrollo político y se describe, además, los tipos, técnicas y métodos de investigación que se pueden utilizar en este campo del conocimiento. En la segunda parte, se describen las líneas y proyectos de investigación que se cultivan en este país. En la tercer parte, se señalan las publicaciones y bibliografía que se han editado en México sobre la temática de la mercadotecnia política. En la cuarta parte se describen las tesis y reportes de investigación que se han realizado en el país sobre marketing político y en la última parte se señalan algunas conclusiones finales del ensayo.

Tipos, Técnicas y Métodos de Investigación

---

93 Por investigación en mercadotecnia, desde la perspectiva pragmática, debemos entender el conjunto de actividades tendientes al diagnóstico del mercado electoral, de la competencia partidista y del contexto en el que se desarrollan las elecciones. El objetivo de este tipo de acciones de investigación es el diseño de la comunicación política, el análisis objetivo de la coyuntura y del mercado electoral.

94 Por investigación de mercadotecnia política, desde la perspectiva académica, entendemos el conjunto de actividades y esfuerzos para conocer y explicar los fenómenos relacionados con el proceso de intercambio político, así como las acciones encaminadas a explicar, sobre una base científica, los hechos más trascendentales relacionados con las campañas, los procesos de comunicación política, la opinión pública, la imagen, la percepción e identidad de los candidatos, así como el desarrollo de la mercadotecnia como nueva disciplina del conocimiento. Lo que busca la investigación científica, en el campo de la mercadotecnia política, es la interpretación de hechos empíricos para buscar tendencias generales sobre el proceso de intercambio político que se da al seno de la sociedad.

Los tipos de investigación que podemos encontrar en el campo de la mercadotecnia política son: histórica, descriptiva, experimental y comparada. La investigación histórica se refiere a estudios sobre la evolución y desarrollo de procesos electorales, experiencias de campañas, cambios en los modelos de propaganda, estadísticas electorales, cambios de la geografía electoral y características históricas específicas de los mercados electorales.

La investigación descriptiva se preocupa por conocer el fenómeno y, como su nombre lo indica, describir las características y particularidades de proceso del intercambio político. Lo destacado, de este tipo de investigación, es relatar experiencias, describir características y coyunturas especiales, así como rescatar las vivencias y anécdotas mercadológicas. Este tipo de investigación no se preocupa por el análisis ni la explicación de la relación entre variables ni de las causas que ocasionan el fenómeno en estudio.

La investigación experimental, que más bien debe ser llamada casi experimental, busca explicar las causas y relaciones entre las variables, así como profundizar en el análisis del proceso de intercambio político. Finalmente, la investigación comparada busca equiparar y conocer experiencias, modelos y características particulares de campañas que se han presentado en otras latitudes o en otras circunscripciones electorales.

Los métodos y técnicas de investigación que se pueden utilizar en la mercadotecnia política son diversos, sobresaliendo los bibliográficos, de campo, estadísticos e históricos. La investigación bibliográfica implica, principalmente, la revisión exhaustiva de libros, documentos, bases de datos, revistas y publicaciones periódicas. La investigación de campo implica el levantamiento de encuestas, las visitas domiciliarias, las entrevistas con informantes claves, la consulta de los partidos y candidatos, entre otras cosas.

La investigación estadística involucra la incorporación de paquetes computacionales y programas estadísticos para conocer la evolución de los fenómenos políticos y el cambio del mercado electoral, el levantamiento, procesamiento y presentación de encuestas, así como las tendencias de desarrollo de ciertos fenómenos, preferencias y lealtades electorales. El método histórico implica una apreciación retrospectiva en el tiempo de los fenómenos en estudio, para incorporarlos como referentes retroalimentadores de la práctica política, para sustanciar y direccionar acciones, así como reducir riesgos y momentos de incertidumbre.

La mercadotecnia política es una práctica cultural de una sociedad democrática, sustentada en la pluralidad y la diversidad de actores que compiten por espacios de la representación pública. La mercadotecnia política como disciplina científica implica la sistematización de conocimientos fundamentales relacionados con la investigación de mercados político-electorales, estrategias proselitistas y del proceso de comunicación política.

Sin embargo, cuando hablemos de mercadotecnia política debemos considerar tres perspectivas distintas: la aplicada, la teórica y la tecnológica. Desde una perspectiva aplicada, la mercadotecnia política se refiere a una serie de recomendaciones e indicaciones para hacer más atractivo e interesante los mensajes de los políticos y formaciones políticas, con el objeto de conocer con precisión el medio y contexto en el que se desarrollan los procesos políticos, para diseñar estrategias proselitistas para eficientar los recursos que se disponen y lograr el objetivo buscado.

Desde una perspectiva teórica, la mercadotecnia política se refiere al conocimiento de los fundamentos y razonamientos que motivan al elector a otorgar legitimidad y apoyo a una determinada opción política, la forma como procesan los diferentes mensajes de los políticos y formaciones políticas, el diagnóstico profundo de la coyuntura y circunstancia que predominan en un momento y espacio determinado, así como al conocimiento de las estrategias proselitistas y de comunicación política que utilizan los candidatos y partidos.

Desde un punto de vista tecnológico, la mercadotecnia política no se alimenta solamente de la intuición o la experiencia ritualizada, sino que también demanda el uso de la creatividad, la innovación y el conocimiento profundo de los procesos políticos y la idiosincrasia y cultura política de los ciudadanos a través de la incorporación de nuevas y modernas tecnologías. Su valor conceptual y metodológico deriva en una concepción de la vida política moderna, misma que se inscribe y fundamenta en el mundo axiológico de la democracia y el desarrollo tecnológico.

La mercadotecnia política se constituye como una opción inteligente y actual para buscar alcanzar los objetivos políticos fijados. Más que una idea organizacional o burocrática, la mercadotecnia política es un tipo de estrategia, que denota un plan de diagnóstico y comunicación política que se utiliza en un contexto de democracia y pluralidad.

Líneas y proyectos de investigación

Las líneas y proyectos de investigación sobre la temática de la mercadotecnia política en México son aún muy escasas. De 217 facultades y escuelas de Contaduría, Administración y Mercadotecnia afiliadas a ANFECA[95] que realizan investigación en México solamente en 3 de ellas, la Universidad Autónoma Metropolitana, la Universidad Nacional Autónoma de México y la Universidad de Guadalajara se cultivan líneas y proyectos que tienen que ver con la indagación científica en el campo de la mercadotecnia política. De estas Universidades, sólo la última tiene un proyecto de investigación financiado por el Consejo Nacional de Ciencia y Tecnología.[96]

---

95 La ANFECA es la Asociación Nacional de Escuelas y Facultades de Contaduría y Administración de México y la muestra de escuelas que se estudió fue de 117 equivalente al 53.91 por ciento del total de planteles.

Este proyecto tiene el propósito de estudiar los factores y elementos que influyen de manera decidida en la orientación del voto del mexicano, analizando, en lo particular, el impacto que tuvo el uso de la mercadotecnia política para determinar el sentido del voto de los mexicanos en los procesos electorales federales del año 2000. La investigación también está orientada a conocer los factores y elementos que el elector toma en cuenta para definir su participación en los procesos político-electorales, así como el determinar si el uso de la mercadotecnia política realmente motiva al ciudadano a acudir a las urnas y como orienta su voto hacia una determinada alternativa política, ya que de lo contrario estaremos demostrando que el enorme gasto en mercadotecnia política es infructuoso e irracional. [97]

En la UNAM realizan investigación en comunicación, política y mercadotecnia la Dra. Guillermina Baeza Paz y la Mtra. Silvia Molina y Vedía en proyectos que tienen que ver con credibilidad política, comunicación, mercadotecnia e imagen. Desde 1994, la Facultad de Ciencias Políticas y Sociales trabaja bajo la línea de investigación comunicación y política. En 1996, esta institución en coordinación con la Fundación Manuel Buendía, editó el libro Credibilidad Política: Globalización, Sociedad y Medios Masivos, en el que se incluyen estudios relacionados con la construcción de imagen y la credibilidad en la política. En la Universidad Autónoma Metropolitana se trabaja en proyectos de investigación sobre procesos electorales, comunicación política y mercadotecnia electoral. Estos proyectos están, en su mayoría, encausados al análisis de las coyunturas políticas de acuerdo a los calendarios electorales del país, sus estados y municipios, al proceso de intercambio político, así como al estudio del proceso de comunicación política que se establecen en los procesos electorales.[98]

Libros y Bibliografía Especializada

En los últimos años, se han editado un número considerable de publicaciones que abordan la temática de la mercadotecnia política o campos afines. La bibliografía existente sobre esta nueva disciplina es aún escasa y muchos textos sobre el campo de la mercadotecnia política cubren aspectos de otras disciplinas como la sicología, la comunicación social, la ciencia política y la administración.

---

96 El proyecto se intitula "Mercadotecnia política, lealtades electorales y comicios presidenciales en México," mismo que es coordinado por el Dr. Andrés Valdez Zepeda.

97 El costo aproximado de los procesos electorales del año 2000 para renovar la cámara de diputados, el senado y la presidencia de la república ascendió a los 12 mil millones de pesos, de los cuales un poco más de 3,500 millones se utilizaron para gastos de campaña de los diferentes partidos y candidatos registrados.

98 Otro artículo publicados al calor de la campaña presidencial del año 2000 fue el escrito por Luis Manuel Muñoz Carrillo denominado "Del voto corporativo al marketing político: Su introducción a México," el cual señala algunas precondiciones necesarias para el establecimiento del marketing en México, como el cambio en el sistema político del país, la reforma electoral, el desarrollo de los medios de comunicación y la pluralidad política.

Esta bibliografía existente, básicamente materializadas en textos y libros, puede clasificarse en tres grandes apartados dependiendo del carácter de la misma, pudiendo ser ésta de carácter analítica, prescriptiva o mixta. La bibliografía analítica realiza un intento, un tanto serio, por analizar el desarrollo de esta disciplina, sus usos, bondades y riesgos tanto como campo disciplinar como actividad política pragmática. La bibliografía prescriptiva tiene como principal preocupación el dotar al lector de una serie de recomendaciones e ideas para ser exitoso en la política. Son libros estilo manual, donde se recomienda qué hacer para alcanzar los objetivos políticos trazados. La bibliografía mixta, como su nombre lo indica, combina una perspectiva analítica con recomendaciones especificas para ser exitoso en la política. Sin pretender ser exhaustiva ni completa, se presenta, sin encasillar en alguna categoría especial, una breve reseña de la bibliografía que se ha editado en México sobre la temática de mercadotecnia política o afín a la misma.

Mercadotecnia Política, Ignacio Arbesu Verduzco, Ed. Instituto Federal Electoral, Cuadernos de Orientación Metodológica 2, México, 1998. El trabajo está dividido en tres grandes apartados: en el primero, siendo el marco conceptual básico, se establecen las características esenciales de la mercadotecnia política, restableciendo los limites de su acción; el segundo, que se refiere a la comunicación y política simbólica, propone para el debate una reflexión en torno al empleo de la comunicación en el funcionamiento de la política simbólica, que consiste, de acuerdo al autor, en la capacidad de mover voluntades mediante el uso de figuras, signos e imágenes; y en el tercero, se aborda las estrategias y la organización de campañas, se muestra además la faceta más conocida del tema, relativo a su influencia en los procesos electorales.

Mercadotecnia Electoral: Tácticas y Estrategias para el Éxito Político, Mamad Naghi Namakforoosh, Editorial LIMUSA, México, 1984. El trabajo se encuentra dividido en dos partes. En la primera, se desarrolla una perspectiva general de la mercadotecnia en donde el lector conocerá la constitución y dinámica del mercado, la segmentación del mercado y las diferentes técnicas y métodos para analizarlo. Asimismo, el texto analiza la mezcla de mercadotecnia propia de este campo específico del conocimiento, explicándose cada concepto, en general, de acuerdo a los cánones de la mercadotecnia comercial.

En la segunda parte, se presentan algunas técnicas especificas para desarrollar un modelo de mercadotecnia electoral: se explica el objeto y campo de acción de esta disciplina, sus similitudes y diferencias con la mercadotecnia comercial, la planeación de las campañas electorales y la selección de la población meta (mercado). En este apartado, se aborda la investigación y análisis del mercado, así como la mezcla de la mercadotecnia aplicado al campo electoral. Se explica, además, cada ingrediente de la mercadotecnia en términos electorales y se presentan las estrategias adecuadas para llevar a cabo una campaña exitosa. Al final de esta parte, se presentan las estrategias de ejecución, evaluación y control aplicado a las campañas electorales.

Como Ganar las Elecciones: *Estrategias de Comunicación para Candidatos y Partidos, Gabriel González Molina, Editorial Cal y arena, México, 2000.* El manual que a continuación se describe parte de considerar la importancia que representa la comunicación en el proceso político, a partir del análisis de los electores (qué piensa, qué dice, cómo participa, etc.) y del proceso de adaptación de estrategias a la nueva realidad sociopolítica por parte de los principales actores políticos. En esta obra, el autor aborda los siguientes temas: el sentir y pensar del elector, las campañas electorales, la agenda política y los partidos, así como la importancia de la comunicación en los procesos electorales.

Técnicas de Marketing Político, *F.J. Barranco, Ed. Rei, México, 1994.* El autor lo define como un tratado, en donde se exponen las técnicas y métodos, para conocer las necesidades que tiene la sociedad. El trabajo se centra en cuatro ejes temáticos. El primero, se refiere a la técnica de investigación del mercado político, que tiene como objetivo el analizar lo que el mercado electoral necesita, lo que solicita de los políticos y hacia donde evoluciona. En segundo lugar, se aborda la técnica o política del producto que describe el proceso mercadológico y definición de la plataforma programática. Es decir, explica la forma como las ideas y sentimientos del electorado se deberán obtener para determinar las ideas y el perfil del candidato que se deba postular. Una tercera técnica, es la referente a la de "venta" política, en donde se especifican las acciones directas que el candidato tiene que emprender para convencer al mercado electoral de que él, es la única alternativa para solucionar sus problemas. Por último, se hace mención a la técnica de la publicidad política, que abarca desde el suministro de la información para que el elector decida su voto hasta la creación o adaptación de la imagen del candidato a esas necesidades, pasando por la repetitiva emisión de slogans y lemas que dirijan la acción del voto.

Credibilidad Política y Marketing Mix, *Guillermina Baena Paz, Edit. Mc Graw Hill, México, 1998.* Este libro explica la forma en que el desarrollo de la comunicación, la propaganda y el marketing político han impactado las elecciones o campañas electorales. Este texto, aborda además, el estudio de la opinión pública a partir de las encuestas, el análisis de la imagen y la identidad de los candidatos, el plan de medios, el diseño de mensajes que se deben emitir en tiempo y forma, introduciendo una nueva dimensión profesional en las campañas políticas. El marketing mix, apunta el autor, se enfoca a la aplicación de técnicas y estrategias en situaciones concretas que tienen el objetivo de buscar mejorar la credibilidad, la imagen y la identidad de todos aquellos actores políticos participantes en los procesos electorales.

Comunicación y Mercadotecnia Política, *Rafael Reyes Arce y Lourdes Munich, NORIEGA EDITORES, Colección Reflexión y Análisis, México, 1998.* Esta obra analiza una serie de tópicos importantes relacionados con la aplicación de los principios mercadológicos a la política. Inicia con la revisión de la función social de la mercadotecnia y la importancia de la ética en el ejercicio político. Se enfatiza, muy especialmente, en la importancia de la ética, porque el fin último de la mercadotecnia, señala el autor, no debe restringirse a lograr la preferencia electoral, sino a determinar y establecer las condiciones que verdaderamente satisfagan las necesidades de la población. Por último, se presenta también el análisis del proceso, la mezcla de mercadotecnia y las estrategias más aconsejables para la planeación y ejecución de una campaña política, así como los mecanismos para su desarrollo y evaluación.

Como Organizar una Campaña Política, *Alejandro e. Lerma Kirchner EDITORIAL EDAMEX, México, 1995.* La obra se encuentra dividida en cuatro etapas estratégicas por las que el esfuerzo político proselitista debe pasar: I. Antes de la campaña: Esta etapa inicia desde el instante posterior a la toma de posesión del cargo de elección popular por parte del ganador de la elección correspondiente, hasta el momento de arranque de una nueva campaña. II. Durante la campaña: Comprende las acciones de proselitismo que van dirigidas a la obtención del voto favorable para un determinado candidato o partido. III. Durante la jornada electoral: Esta etapa comprende todos los actos referentes al día de la elección, la cual está normada por el COFIPE (para el caso mexicano). Es decir, la jornada electoral se inicia con la instalación de las casillas conforme a la ley electoral y concluye con la clausura de la casilla y la remisión del paquete electoral de acuerdo a la normatividad electoral. IV. Después de la jornada electoral: En esta última etapa, las principales tareas a realizar son: a) Evaluación final de la campaña; b)Análisis de resultados electorales; c)Acciones de defensa; d)Comunicación a la ciudadanía; e)Comunicación y reunión con los colaboradores; y f)Presentación de informe de gastos de campaña.

Marketing Electoral e Imagen de Gobierno en Funciones: *Como Lograr Campañas Electorales Exitosas, Carlos Fernández Collado y Roberto Hernández Sampieri, EDITORIAL McGraw-Hill, México, 2000.* El documento, como lo describen los autores, es un manual que aborda dos ejes temáticos. Por una parte, presenta el proceso de mercadotecnia política a seguir en la campaña para una elección y, por otra parte, una propuesta de acciones para crear la imagen del gobierno en función, que a final de cuentas son las dos caras del proceso de comunicación política.

En la primera parte, se abordan los siguientes puntos: el liderazgo, la investigación electoral, el plan de campaña, la imagen, los medios de comunicación masiva y la propaganda política. En la parte que corresponde a la temática de la comunicación en funciones de gobierno, se desarrollan temas como: Diseño de la política de comunicación, la imagen del gobierno y los medios de comunicación y una evaluación de la política de comunicación.

Manual de Campaña (2 tomos), *Mario Martínez Silva y Roberto Salcedo Aquino, Colegio Nacional de Ciencias Políticas y Administración Publica, México, 1997.* Este importante manual parte del enfoque de la teoría critica que observa a las elecciones como procesos, en donde la contienda puede devenir en más libertad o en donde los fines ocultos de los factores reales de poder sólo desean la conservación de los privilegios en detrimento de las mayorías. Seis son las partes que componen este seminal trabajo. La primera sienta los conceptos fundamentales para comprender el contexto y el fenómeno de la promoción de una candidatura. En la parte segunda, se jerarquizan todas las actividades previas al inicio de la campaña: la etapa de planeación. La tercera parte, contempla la concreción del plan de campaña, que parte de la definición de la estrategia que se debe seguir, de manera que ésta se enfoque hacia aquellos aspectos y puntos relacionados, directamente, con la obtención de votos a favor del candidato. En la cuarta parte de este manual, se desarrolla el programa integral de la campaña, esto es, a partir de la información y recursos que se hayan logrado reunir en las etapas anteriores se podrá detallar el plan de trabajo que se seguirá en la campaña. En lo que respecta a la quinta parte, se describen las trincheras en donde se moverá el candidato y en donde debe ganar terreno, desde el primer día de su promoción. Por último, en la sexta parte se explica la forma cómo debe actuarse durante la jornada electoral y las acciones que deben realizarse para la defensa del voto, en el marco de las leyes electorales establecidas.

Mercadotecnia Política: El Estado Actual de la Disciplina, Andrés Valdez Zepeda, Libros del Arrayán, México, 2000. La obra tiene dos propósitos centrales: primero, hacer un análisis teórico de la disciplina, su situación actual y sus perspectivas, así como documentar el debate actual sobre las virtudes y los riesgos que la mercadotecnia representa para la consolidación de un sistema político democrático. El segundo propósito esta orientado hacia las cuestiones instrumentales y prácticas que los políticos y cuadros partidistas requieren para avanzar sus objetivos de poder.

Esta obra se encuentra dividida en dos temas centrales, en el primero, se abordan aspectos propios del desarrollo y evolución de la disciplina, así como el debate contemporáneo sobre las virtudes y los riesgos del marketing político. Se analizan en este mismo apartado, aspectos relacionados con la opinión pública, la comunicación, las encuestas y los centros de investigación de opinión (CEO), específicamente del estado de Jalisco. En la segunda parte, bajo un formato sencillo y ameno, se presentan tres capítulos con un enfoque meramente prescriptivo relacionados con la elaboración de un plan de campaña, las estrategias de mercadotecnia y la imagen pública.

Marketing político: Un acercamiento a su objeto y campo de estudio, México, Ed. Universidad de Guadalajara-ALACOP, 2001. Este libro delimita el campo y objeto de estudio del marketing político, además de describir el desarrollo de esta disciplina en México. El texto aborda también el análisis de las campañas políticas, los debates, la propaganda y el marketing gubernamental, haciendo una revisión de los mitos y realidades de la mercadotecnia política, así como de las potencialidades y futuro de esta disciplina.

El libro aborda, también, el análisis de la investigación en marketing político en México, hace una comparación del modelo de las campañas predominante en México y en los Estados Unidos, así como de las nuevas tendencias de la mercadotecnia como el uso del Benchmarking y la calidad total.

Estrategias de Marketing Político: *Técnicas y secretos de los grandes lideres, Ricardo Homs, Editorial Ariel México, 2000.* Esta obra gira en torno a la función esencial del líder, como actor principal del proceso político, con la capacidad de integrar otros liderazgos y encabezar la coordinación de los esfuerzos de grupos e individuos, que tienen como común objetivo el alcanzar el poder para impulsar un desarrollo social, económico y político de la comunidad, en un contexto de democracia. Esta obra consta de dos partes. La primera, aborda los aspectos teóricos del liderazgo político y social, mientras que la segunda parte es manual estratégico sobre marketing político que incluye los siguientes temas: a) Posicionamiento y liderazgo; b) Marketing para el liderazgo; c)Tácticas y estrategias del marketing político; d) Campañas políticas; y e) Negociación táctica.

Marketing Político: *Un análisis del intercambio político, Teodoro Luque, Editorial Ariel, México, 1996.* El autor de la obra realiza un análisis acerca del proceso de intercambio político entre los electores y los candidatos y partidos, así como de estos últimos con sus adversarios políticos. Es decir, trata de realizar un diagnostico del contexto político, así como de los institutos políticos. El trabajo se encuentra capitulado en cinco partes. En el primero, referente a los fundamentos de marketing, se analiza la importancia del marketing en el proceso de planificación y ejecución de la mercadotecnia, misma que sirve para crear intercambios que busquen satisfacer los objetivos de los individuos y de la organización. En el capitulo dos, que habla de la investigación en marketing político, se aborda el procedimiento de investigación como función de vinculación entre el consumidor, el cliente y público con el vendedor o proveedor de servicios, a través de la información

En el tercer capitulo, se describe el comportamiento del elector y se analiza el principio de la racionalidad limitada. El cuarto apartado, intitulado "El intercambio político y la situación competitiva política," se observa al candidato, al partido político y su ideología como los principales componentes del esquema de intercambio, en la búsqueda de la conjunción estos tres últimos componentes para satisfacer las necesidades y preferencias del electorado. Por último, en el capitulo cinco, titulado "El proceso de comunicación en el intercambio político: la influencia de los gastos electorales," se estudian los intercambios de estímulos y señales entre sujetos por medio de la codificación-descodificación. En este intercambio, señala el autor, juegan un papel importante los medios de comunicación.

Publicaciones Especializadas

En el campo de la mercadotecnia política también se han elaborado artículos y ensayos académicos que dan cuenta de los resultados de investigación. Por ejemplo, en la Universidad Autónoma Metropolitana se publicó en el mes de diciembre de 1999 un ensayo intitulado "El Panorama de la Mercadotecnia en la Política," escrito por Patricia Gudiño Pérez, Arturo Sánchez Martínez y Alejandro Morales Guzmán, el cual fue editado en la Revista No. 16 Gestión y Estrategia que edita esa misma institución. En este artículo, se da cuenta sobre las cuestiones conceptuales de la mercadotecnia político-electoral y su historia, se señalan los elementos del proceso de la mercadotecnia política y se realiza un análisis de las posibilidades de uso electrónico de investigación del mercadeo electoral.

En esta misma universidad se editó, en 1997, el libro colectivo "Comunicación Política y Transición Democrática," coordinado por Romeo Pardo, en el que se incluyen dos ensayos sobre mercadotecnia política: "La mercadotecnia política en el proceso democrático de México" de Luis Esparza Oteo Torres y "La nueva lucha por el poder" de Felipe Chao Ebergeny. En estos ensayos se hace una delimitación del marketing electoral para el caso de México, así como de las estrategias político comunicacionales usadas en la coyuntura electoral prevaleciente en 1997.

Otros trabajos que incluyen la temática en cuestión se han editado en la Revista Mexicana de Comunicación, como es el caso de el ensayo Comunicación y Marketing Político escrito por Gabino Vázquez Robles y la serie de ensayos de Marketing Político y Organización de Campañas Electorales escritos por Andrés Valdez Zepeda.[99]

Tesis y Reportes de investigación

En los últimos años se ha incrementado el interés por parte de estudiantes de licenciatura y de posgrado de las áreas de comunicación, ciencia política, administración y mercadotecnia en trabajos de investigación y tesis relacionadas con la temática de la mercadotecnia política. Tal es el caso, por señalar algunos, del trabajo "El Impacto de la Mercadotecnia Política en la Campaña Electoral de Vicente Fox," realizado por Alejandro Vega Álvarez de la UNAM, así como la tesis "El Proceso de Elección Presidencial en el año 2000 en México: Un Análisis desde la Perspectiva de la Mercadotecnia Política a inicios del año 2001 en el Departamento de Mercadotecnia y Negocios Internacionales de la Universidad de Guadalajara por Refugio Avila. Otra tesis sobre la temática de la mercadotecnia política fue presentada por Margarita Avalos Gómez y Leticia Pérez Vega intitulada "El Uso de la Mercadotecnia Política en la Organización de las Campañas Electorales: El Caso del Municipio de Ocotlán Jalisco", en noviembre de 1999.

En la Universidad de Sonora realizan su tesis de la licenciatura en comunicación Laura Karina Díaz Vega sobre la temática de la mercadotecnia política y los procesos electorales locales. En la Universidad de la Salle, de León Guanajuato, realiza su tesis de licenciatura María Elena González sobre Comunicación Integral Disfuncional, Mercadotecnia y Elecciones presidenciales del 2000. En la Universidad de Aguascalientes, Luz Elena Chiquito, realiza también su tesis de maestría en comunicación con el tema "Imagen corporativa y mercadotecnia

---

99 Estos ensayos son Marketing Político al Servicio de la Democracia, Mitos y Realidades de la Mercadotecnia Política, Mercadotecnia y Normatividad Electoral y El Marketing Político en México, editados durante el año 2000.

política." En la Universidad de Guadalajara realizan su tesis dos estudiantes de la maestría en gestión pública, Teresa de Jesús Medina Rosas y Miguel Ángel Esparza, sobre la temática de mercadotecnia política y legitimidad gubernamental. En todos estos casos, el interés de los estudiantes es estudiar y analizar el nuevo fenómeno mercadológico-político que se ha presentado en México en los últimos años y el cual representa una veta importante de investigación e indagación académica.[100]

Consideraciones Finales

En los últimos años hemos sido testigos del nacimiento y desarrollo de la mercadotecnia política en México, como parte del proceso mismo de cambio político. Este desenvolvimiento se da como resultado de la conjunción de tres factores relevantes presentes en el contexto nacional: el proceso de transición política con rumbo democrático; el desarrollo y socialización de la tecnología y la conformación del mercado político diferenciado y altamente competido. Sin embargo, a pesar de su creciente uso en las campañas político-electorales, en el campo de la investigación y el conocimiento científico, la mercadotecnia política es una área aún en construcción en nuestro país. Ante el vacío de conocimientos, la tendencia de la sociedad se ha orientado a una deformación interpretativa sobre esta disciplina.

La creciente importancia del marketing político está ligada a la consolidación del sistema político mexicano de cuño democrático, ya que la constitución y dinámica de los mercados políticos ha experimentado cambios sustanciales últimamente. Los bajos niveles de competitividad han dado lugar a una intensa y rigurosa competencia. Es decir, la competitividad partidista ha aumentado en forma sorprendente en los últimos años. En este escenario de alta competencia, los conocimientos que proporciona esta disciplina son de gran ventaja para la clase política, de tal forma que la diferencia entre el éxito y el fracaso de los políticos y sus institutos y organizaciones es el uso de la mercadotecnia política.

Sin embargo, como disciplina emergente, la mercadotecnia política es un campo del conocimiento no valorada en su justa dimensión. Por un lado, el elector le pone poca atención y la considera carente de significación social, ligada, solamente, a los confines de la lucha política y el poder. Por el otro, un sector amplio de intelectuales la consideran como el más maquiavélico invento manipulador de las elites políticas, que se aprovechan del estado generalizado de ignorancia y analfabetismo político en el que vive la sociedad mexicana.

Los fenómenos políticos ligados al impacto de la mercadotecnia en los procesos de decisión del voto del elector, los estudios de mercado político, las diversas estrategias mercadotécnicas impulsadas por las formaciones políticas y su real impacto social, así como el desarrollo y potencialidades reales de esta disciplina son, entre otras, algunas de las áreas propias para la investigación científica. De

---

[100] Estas son sólo algunas de las tesis de licenciatura y posgrado que se realizan en México, pero indudablemente hay muchísimas más.

hecho, sin temor a equívocos, se puede decir que en este campo disciplinar existe una enorme veta para la investigación, ya que prácticamente son escasos los trabajos analíticos sobre la mercadotecnia política en México.

En materia de investigación sobre mercadotecnia política son aún insuficientes los trabajos que se han emprendido en México, sobresaliendo estudios más bien de carácter descriptivos y prescriptivos por encima de los trabajos de indagación científica.[101] Esto se ha debido, en parte, al poco interés que han mostrado los investigadores de las áreas de comunicación, mercadotecnia, ciencia política y administración, así como a los pocos incentivos gubernamentales para que este tipo de investigaciones se realicen. De hecho, los mismos analistas políticos, muchas veces menosprecian este campo del conocimiento, ya que lo consideran poco relevante y más bien ligado a la charlatanería y el maniqueísmo político. Por ello, ante la existencia de un vacío disciplinar, este impulso exploratorio nos debe llevar a darle forma y contenido al marketing político, abriendo nuevas fronteras del conocimiento sobre esta nueva disciplina.

Como parte de su desarrollo, en el corto plazo se impone la necesidad de trabajar en la delimitación y diferenciación del campo de estudio de esta disciplina,[102] así como en la generación de líneas de investigación propias sobre el proceso de intercambio político y el análisis científico de las campañas electorales en México. La propuesta es trabajar en la construcción intelectual de un campo propio del saber en el ámbito de la mercadotecnia política, utilizando los avances que se han presentado en la mercadotecnia comercial, en la ciencia política, en la sicología y en las ciencias de la comunicación. Este trabajo exploratorio nos debe llevar a nuevas fronteras del conocimiento sobre esta nueva disciplina. De esta forma, la mercadotecnia política pasará de ser una disciplina emergente para constituirse en un campo consolidado del saber político en nuestro país y como un referente permanente de la acción de partidos, candidatos y formaciones políticas.

El Poder de la Mercadotecnia Política

---

101 En el ámbito académico, a partir de la década de los noventas, los centros de educación superior iniciaron con la oferta de cursos, talleres, seminarios y diplomados en el campo de la mercadotecnia política y la organización de campañas electorales. Sin embargo, este esfuerzo educativo no ha trascendido al campo de la investigación e indagación científica.

102 Recuérdese que su naturaleza y objeto de estudio aún no se encuentra bien delimitado, ya que la mercadotecnia política retoma muchos de los conceptos y categorías de la mercadotecnia comercial, de la sicología política y de las ciencias políticas. En este sentido, bien se le puede denominar, una disciplina híbrida producto de la conjugación de la mercadotecnia comercial con la política y la ciencia política.

Sobre la mercadotecnia política no sólo hay una distorsión y un desconocimiento amplio sobre sus fines, campo de acción y potencialidades por parte de sus críticos, sino incluso una concepción sobredimensionada y, muchas veces, distorsionada por parte de los mismos políticos y consultores que la utilizan de manera frecuente. De esta forma, a la mercadotecnia política se le asignan atributos y potencialidades mágicas, propias del campo de lo sobrenatural. Sin embargo, la mercadotecnia política es sólo una herramienta cognitiva y un campo del saber aplicado a la política, como otros más, al servicio del hombre, que posee sus limitaciones y potencialidades.

Por ello, es importante, esclarecer los alcances de esta disciplina y juzgar sus potencialidades en su justa dimensión, ya que ni es un instrumento mágico, ni es la panacea. Es, simple y sencillamente, un campo del saber y una herramienta, creado por el hombre que está al servicio, principalmente, de su clase política.

La mercadotecnia política tiene que ver el conocimiento de las motivaciones que tiene el elector para votar y hacerlo por una determinada alternativa. Tratar de conseguir tal encomienda no es fácil, ya que la política es un campo dominado por la complejidad, la coyuntura y la incertidumbre, en la que difícilmente pueden generarse verdades absolutas y teorías generalizables. En realidad, cada proceso electoral es diferente y admite diversas lecturas. Los electores articulan respuestas distintas en cada proceso y desarrollan conductas políticas específicas dependiendo de una serie de circunstancias, factores y coyunturas por las que están atravesando.

Sin embargo, esto no implica que no se puedan construir marcos teóricos explicativos que traten de dar cuenta de las conductas de los electores, ni que se deba abandonar los esfuerzos por generar teorías que nos ayuden a mejor entender las motivaciones del electorado. En este orden de ideas, en el presente ensayo se realiza una breve descripción de las principales teorías, enfoques y marcos explicativos que tratan de dar cuenta de las motivaciones y factores que influyen en el electorado para participar en los procesos electorales y orientar su decisión hacia una determinada dirección. Estas teorías no son excluyentes, sino más bien complementarias, muchas de las cuales toman en consideración factores y elementos comunes, muy útiles para poder explica el complejo fenómeno de la formación de las "lealtades electorales" .

Por lo que este escrito no pretendo agotar todas los teorías, pero si abordar las más importantes que, en su conjunto, nos ayudan a descifrar y entender, de mejor manera, la conducta y las motivaciones de los electores, y sobre todo, valorar las reales potencialidades de la mercadotecnia política.

Teoría Racional

Esta teoría parte de considerar al elector con un ser racional, cuyos actos son gobernados por consideraciones de carácter racionales. De esta forma, la participación del ciudadano en política y la orientación del voto del elector es el resultado del cálculo racional en la que se hace un razonamientos de las ventajas, desventajas, beneficios y riesgos que se corren al tomar una determinada decisión.

Esta teoría parte de la idea que el elector evalúa las diferentes opciones políticas que se les presentan y decide racionalmente, tomando en cuenta sus prioridades, intereses, así como los costos, ventajas, desventajas, riesgos y beneficios que espera obtener al decidir por una determinada opción política. Esta teoría considera que la gran mayoría de los electores no pueden ser manipulados tan fácilmente, por lo que el ciudadano tiene que encontrarle una determinada racionalidad a su decisión, como puede ser el voto útil. El voto racional es estratégico para dotar de la cantidad de poder que se requiere para gobernar, pero también para limitar y equilibrar dicho poder.

La asociación entre capacidad del candidato para resolver problemas, el manejo transparente de los recursos públicos y la honorabilidad del partido puede ser parte de la certeza que busca el elector para darle cierta racionalidad a su voto. Sin embargo, los críticos de esta teoría señalan que el voto es más emotivo que racional en el que predomina más la pasión que la razón.

Teoría de Inercia y Circunstancia

De acuerdo a este modelo, dos tipos de factores a corto (circunstancia) y largo plazo (inercia) inciden en la determinación de la lealtad política del elector: por un lado, la inercia o costumbre que se forma con la participación del elector en pasados comicios, formándose una continuidad histórica favorable a un determinado partido y, por el otro lado, la circunstancia que se vive en el momento electoral en el que es determinante el candidato y las propuestas que se hacen.

El factor inercial parte por considerar que los electores nacen y se desarrollan en un determinado medio o contexto social, permeado por intereses, inclinaciones o antipatías políticas, por lo que las campañas sólo sirven para reafirmar preferencias existentes en el electorado, ya que el ciudadano observa e interpreta los procesos electorales en medio de un contexto social predeterminado y bajo un "ropaje" preferencial que se ha venido configurando y construyendo por diferentes estímulos mucho antes de la "gesta electoral". De esta forma, el sufragio es emitido por los ciudadanos de acuerdo a sus filias o fobias partidistas formados, a través del tiempo, en el seno familiar, laboral o social. Es así como el campesinado e indígena, por ejemplo, muestra una mayor tendencia a tener un voto inercial o cultural a favor del PRI, mientras que el voto urbano habitualmente tiende más a manifestarse por otras opciones partidistas.

El factor circunstancial considera que la coyuntura del momento, el perfil del candidato y la agenda programática de su campaña inciden decisivamente en la conducta del elector, por lo que campañas creativas, inteligentes, bien organizadas y encabezadas por buenos candidatos puede llevar a resultados satisfactorios, generando así una participación amplia del electorado. Mientras que, por el contrario, campañas caóticas y deslucidas, así como la postulación de malos candidatos traerán, como consecuencia, poco participación y respaldo de los electores.

El desacuerdo con el candidato o con sus propuestas es la fuente de deslealtad de los electores, mientras que la nominación de un candidato de su simpatías y una agenda de gobierno incluyente se convierte en la fuente para afianzar las lealtades electorales.

Teoría de la Razón Ideológica

Esta teoría señala que la motivación del elector se forma a través del adoctrinamiento y la exposición permanente a una determinada ideología, de tal manera que el elector no necesariamente vota por el candidato o partido, sino por la ideología que representa y el proyecto de nación que postula.

De esta forma, el elector manifiesta en su voto una identificación con una determinada ideología, la cual él hace suya. Por su parte, el voto ideológico es aquel apegado a principios, creencias, valores, paradigmas, identidades sociales e ideologías políticas, de tal forma que, por ejemplo, muchos mexicanos que han profesado o simpatizado, por su ubicación dentro de la estructura económica y laboral, con las ideas de izquierda encuentran muy difícil aceptar sufragar por el PAN y a su vez los que han coincidido con las ideas conservadoras difícilmente lo harán por el PRD.

El voto ideológico, aunque aún presente en los procesos electorales, representa tan sólo una pequeña parte del electorado mexicano, ya que el nuevo pragmatismo de la política y el abandono o fin de las ideologías ha generado ciudadanos con lealtades electorales más efímeras.

Teoría de la Clase Social

Pretende explicar la motivación del elector y su orientación político-electoral en función de la clase social a la que pertenece. De esta forma, un elector que corresponda a la clase trabajadora tenderá a apoyar al partido, candidato o coalición de partidos que se identifiquen con la clase trabajadora, sus demandas y problemas. Por su parte, un elector que pertenezca a la clase empresarial tenderá a apoyar a los partidos y candidatos que sustenten los planeamientos, demandas e ideologías de esta clase social.

Esta teoría fue útil para explicar en el pasado las motivaciones del elector en países desarrollados como Francia, Italia e Inglaterra donde había partidos que intentaban representar intereses de clases. Sin embargo, en la actualidad este enfoque teórico es poco útil para explicar la conducta del elector ante la constitución de partidos centristas y de carácter muticlasista.

Teoría del Flujo de Comunicación Interpersonal

Este modelo plantea que los electores están integrados por redes de comunicación como, por ejemplo, la familia, el sindicato y los amigos, quienes tienen mayor probabilidad de ser influidos por sus lideres y personalidades que por los medios de comunicación. Estos líderes traducen las percepciones que reciben de los medios de comunicación, de los candidatos o partidos y las transmiten con mayor eficiencia y credibilidad a sus seguidores. Este tipo de red resulta ser más efectiva al moldear la voluntad del elector y transmitir información más creíble y persuasiva. De esta forma, para tratar de alcanzar objetivos electorales se deben constituir redes, como "Redes 2000" o "Amigos de Fox" que refuercen los trabajos proselitistas de los partidos y sus candidatos.

Teoría de Elector Plástico

Esta teoría considera que el elector es un gran público indeciso que forma y moldea su decisión electoral de acuerdo a la información a la que está expuesto, principalmente la que le llega a través de los medios de comunicación. De esta forma, los mensajes y campañas mediáticas de los candidatos, partidos o grupos de interés influyen decididamente en la decisión del lector, pudiendo moldear su opinión y generar preferencias electorales que, aunque efímeras, conllevan al éxito en los comicios. Esta teoría atribuye un papel preponderante a los flujos de información los cuales son decisivos en la decisión de los electores. De esta manera, los medios de comunicación se constituyen, en cierta medida, en el gran elector.

El elector plástico es un individuo coyuntural, muy influenciable y a su vez ingenuo que cree en los discursos y plataformas de los candidatos y, en base a esto, decide otorgar su respaldo al que considera la mejor alternativa del momento. El elector plástico es también por naturaleza indeciso que puede premiar o castigar la apariencia, la capacidad discursiva, el carisma, la gracia, el encanto del candidato, las propuestas y el partido que lo postula.

Enfoque Individualista o del Candidato

Este orientación señala que el elector basa su orientación del voto tomando en consideración el tipo o perfil de candidatos postulados por los diferentes partidos políticos. Por ello, esta perspectiva pone énfasis en el candidato, en sus capacidades directivas y en su carisma. Iguala las posibilidades de éxito de una campaña con las características distintivas y discursivas del candidato y su capacidad para generar votos a su favor.

De esta forma, se recomienda que para que una formación política tenga éxito en los comicios, reúna, al menos, cuatro cualidades en la postulación de los candidatos a puestos de elección popular: arraigo, carisma, capacidad de dirección y, sobre todo, trayectoria destacada y honorabilidad.

En el caso de las elecciones para gobernador de Zacatecas de mediados de 1998, por ejemplo, fue muy común escuchar entre algunos analistas que los comicios los ganó Ricardo Monreal y no el PRD. Es decir, fue el tipo de candidato el que permitió explicar los resultados electorales y no necesariamente el trabajo partidista, ya que antes de la postulación de Monreal esta formación política mantenía una presencia sólo testimonial y por consecuencia tenía pocas posibilidades de alcanzar el triunfo en las urnas.

Similar explicación se ha dado también para algunos candidatos del PAN que resultaron triunfadores en municipios tales como Aguascalientes, Guadalajara y Mérida a finales de la década de los noventa, donde, de acuerdo a los analistas, el elector se inclinó no por el partido (marca), sino por el candidato postulado (producto).

Esta explicación, que pone énfasis en el candidato o individuo puede ser valida para el caso de algunos municipios y estados, pero no es útil para otros lugares en los que los comicios se ganaron más por lo que significa el partido, su propuesta de gobierno y el trabajo proselitista que por los candidatos, como fue el caso de la pasada elección en el estado de Jalisco en noviembre del 2000.

El Enfoque Partidista-Estructural

Otra forma de evaluar los procesos electorales y sus resultados tiene que ver con el trabajo, la presencia, los recursos y la estructura partidista que ha constituido cada formación política. De esta forma, es común escuchar que determinado instituto político logró el triunfo debido a la añeja presencia del partido, la consolidación y amplitud de su estructura partidista, la unidad y disciplina de sus militantes, la maquinaria político-electoral que se puso en marcha, los recursos económicos con los que cuenta y los intereses creados en la región.

Como parte de esta explicación de los comicios electorales se señala, por ejemplo, que el Partido Auténtico de la Revolución Mexicana (PARM), logró tan sólo una votación marginal en la pasada elección presidencial en la mayoría de los estados porque carece de una estructura partidista sólida que le permita tener presencia continua en las diferentes regiones del país. Por otro lado, el triunfo de otro partido, como el PAN en otras entidades de la república, se explica debido a sus más de sesenta años de presencia en la vida política nacional y a la red de relaciones e intereses creados a lo largo de su existencia.

Sin duda, este enfoque sirve para explicar el resultado en algunos estados, municipios o distritos, pero, al igual que otros enfoques, no nos ayuda a explicar la gran variedad de casos presentados. Por ejemplo, en Acatlán de Juárez, Jalisco, el Partido Verde Ecologista de México (PVEM) ganó la elección del 9 de noviembre de 1997 sin contar prácticamente con una estructura partidista en el municipio y sin historia de participación política en la entidad. Más bien, en este caso, lo que influyó fue el perfil y prestigio del candidato postulado.

De la misma forma, en los casos de Zacatecas, Tlaxcala, Nayarit y Aguascalientes, el PRD y el PAN, respectivamente, se adjudicaron el triunfo en las gubernaturas, sin contar también con una estructura partidista amplia y consolidada ni trayectoria y presencia organizativa profesionalizada en la entidad. El triunfo de debió más bien a otro tipo de factores como la división de la elite priísta, la existencias de conflictos al seno del PRI y la política de alianzas de los partidos de oposición, entre otras.

El Enfoque Casuístico de Resultados

Este enfoque es uno de los más utilizados por los analistas políticos. La gran mayoría de los estudios se basan en la interpretación de las cifras finales de la elección tratando de ubicar factores o variables que motivaron al elector a votar por una determinada opción partidista. Por ejemplo, en la elección local de 1995 en Jalisco fue común identificar los casos del 22 de abril de 1992, la muerte del cardenal Jesús Posadas Ocampo, la crisis económica de finales de 1994, los altos índices delictivos, la alta corrupción gubernamental predominante en el momento, la cultura política de carácter conservador dominante en la Zona Metropolitana de Guadalajara y la capacidad de la oposición para convertirse en opción viable de gobierno.[103]

En el caso de la elección de noviembre de 1997 en Jalisco, que políticamente representó un descalabro para Acción Nacional, se señalan como causas, por ejemplo, primero, los errores y el incumplimiento de las promesas de campaña de los gobernantes panistas (tales como el carpetazo que se dio al caso 22 de abril y al del Cardenal Posadas Ocampo, así como el persistente nepotismo, las "novatadas" y el aumento de los índices de inseguridad y delincuencia en el estado), lo que originó una prematura erosión de sus niveles de legitimidad y de apoyo por parte de los electores; segundo, la confianza desmedida de los dirigentes y candidatos panistas en la "lealtad" del electorado; y finalmente, el trabajo proselitista de los otros partidos políticos.

Este enfoque busca encontrar explicaciones al fenómeno político, basado en evidencias empíricas representadas por las cifras electorales que ofrece la autoridad electoral. Sin embargo, los análisis generalmente son parciales, enfocándose únicamente al resultado final de la elección y no a la totalidad de factores, circunstancias y condiciones que se presentaron durante todo el proceso.

El Enfoque Normativo

Este enfoque enfatiza en el conjunto de leyes y normas que regulan los procesos electorales y la participación de la sociedad en los mismos. De manera recurrente, se afirma que la legislación electoral que norma los comicios determina

---

[103] Véase, por ejemplo, Valdez Zepeda, Andrés, "La metamorfosis de un régimen petrificado: Un acercamiento propositivo al estudio del cambio y la transición democrática en Jalisco" en Revista *Espiral: Estudios sobre Estado y Sociedad,* Vol. II, mayo-agosto de 1996, Universidad de Guadalajara.

el tipo y carácter de la representación política que arrojarán las elecciones, ya que las reglas del juego contenidas en su articulado predeterminan el resultado final de una contienda electoral.

Así por ejemplo, de acuerdo con esta versión, la actual ley electoral en el país (COFIPE) está diseñada para favorecer el bipartidismo, otorgando una serie de concesiones y estímulos a los partidos mayoritarios y marginando a los pequeños y medianos. Es decir, la legislación contiene una serie de cláusulas que favorecen la sobrerepresentación de los partidos denominados grandes (PAN, PRD y PRI) y desfavorece a los otros (PT, PVEM y los de nuevo registro).

Anteriormente, en los años cuando las elecciones eran meros ritos protocolarios, los analistas que se apoyan en este enfoque apuntaban que los órganos electorales y la ley electoral estaba diseñada para favorecer al partido en el poder (PRI), tratando de evitar que la oposición accediera mayoritariamente a los puestos de representación popular. Por ello, para lograr una mayor equidad en los comicios se buscó afanosamente modificar la legislación electoral a través de distintas reformas, tratando de ciudadanizar e imparcializar los órganos electorales y crear, de esta forma, condiciones para una competencia equitativa y transparente.

Sin duda, que este enfoque aporta elementos valiosos para el entendimiento de las formas de integración de la representación política, pero su visión puramente legalista le resta amplitud para poder explicar la complejidad de los fenómenos electorales.

El Enfoque Contextual

Este enfoque parte por señalar que los procesos políticos que se suceden en nuestro país o en algún estado de la república no son insulares, sino que forman parte de un proceso más global, de un reacomodo productivo, político, financiero y tecnológico a escala mundial que se inició en la década de los setenta y que ha producido cambios importantes en todos los hábitos del desarrollo nacional. Es decir, de acuerdo a esta visión los resultados de un proceso electoral son producto del contexto socio-político en el que se desarrollan y no solamente de lo que sucede en su interior.

El agotamiento del sistema político, la disfuncionalidad de los mecanismos de legitimación de las viejas elites gobernantes, la necesidad del cambio, el surgimiento o consolidación de nuevas ofertas políticas y las tendencias mundiales son considerados, de acuerdo a este enfoque, como elementos importantes en la reconfiguración de los nuevos escenarios políticos.

De esta forma, de acuerdo a esta perspectiva, los resultados de las elecciones en México tienen que entenderse a la luz del proceso global de transición política hacia la democracia que se inició en Portugal en 1974, prosiguió en Ecuador en 1976 y que para finales de la década de los noventa había trastocado la gran mayoría de los países latinoamericanos. Es decir, lo que pasó en Zacatecas en julio de 1998 fue producto del proceso de transición política que vive el país tendiente a la instauración de un mayor pluralismo político y una diversificación del mapa electoral. Estos resultados son entendidos, además, como una consecuencia lógica de lo ocurrido en las elecciones federales del 6 de julio de 1997 en la que el PRD demostró una gran vitalidad partidista para ubicarse como una alternativa creíble para miles de ciudadanos. El caso Aguascalientes o el propio resultado de la elección presidencial del 2 de julio del 2000 pueden ser entendido también dentro de esta perspectiva de transformación del sistema político mexicano, producido en un contexto de cambio mundial.

La aportación de este enfoque es que tiende a globalizar los fenómenos locales e introduce variables exógenas en la explicación de los fenómenos políticos. Sin embargo, deja de lado los aspectos internos, la dinámica de competencia interpartidista y las circunstancias políticas propias de cada entidad o nación.

El Enfoque Plebiscitario

Esta concepción es también muy común en la interpretación de los procesos electorales explicando el sentido del voto del elector en base a la evaluación de la actividad gubernamental. De esta forma, se considera que una elección representa una especie de acción plebiscitaria para los gobiernos en turno o los partidos gobernantes, de tal manera que un gobierno eficiente, responsable y honesto que cubre las expectativas del ciudadano recibe, por lo general, el visto bueno de los electores en las urnas. Por su parte, la percepción social de un mal gobierno con falta de oficio político y con una manifiesta incapacidad de liderazgo es castigado con votos en favor de la oposición. Es decir, la gente se siente frustrada por el fracaso de los gobernantes en la formulación de políticas públicas que respondan a las demandas de los ciudadanos.

Este es un enfoque útil, pero a la vez "simplista" que ignora el trabajo proselitista y de persuasión realizado por los partidos contendientes, no toma en cuenta el perfil ni la trayectoria de los candidatos, así como tampoco los planteamientos y planes programáticos de las diferentes opciones políticas, ya que centra su atención en la percepción que se forma el elector respecto al partido gobernante y la calidad de su administración. De esta forma, se castiga o se premia, según sea el caso, a los políticos y partidos que incumplen sus promesas y las expectativas que generaron en sus campañas.

Tal fue el caso de las elecciones locales de 1998 en Chihuahua donde el PRI logró recuperar la gubernatura del estado, poniendo en un serio predicamento al PAN a nivel nacional, ya que el resultado en las urnas fue interpretado como un voto de castigo del elector a Acción Nacional ante la falta de oficio político e incapacidad para gobernar.

De igual forma, esta concepción no toma en cuenta los problemas que pudieron haberse suscitado en la nominación de los candidatos, las divisiones internas entre los militantes de una formación política, la falta de una estructura partidista, la ausencia de una política de alianzas y la escasez de recursos económicos para hacer llegar a todos los electores los mensajes y propuestas del candidato.

Este enfoque ayuda a explicar la conducta de algunos electores quienes se inclinan a votar de acuerdo a la calidad y/o cantidad de los servicios públicos que reciben, a la percepción sobre la honorabilidad y grado de responsabilidad que se forman los ciudadanos de los partidos y actores en el gobierno y a la situación económica y experiencias que les toca vivir en lo particular.

Sin embargo, este enfoque sirve tan sólo para explicar una parte de la "ecuación" y, en algunos casos, no ayuda a explicar nada. Por ejemplo, los municipios más marginados de México siguen votando, en su gran mayoría, por el PRI a pesar de las crisis económicas recurrentes y la situación depauperante que predomina en el país.[104] En cambio, administraciones que pueden ser calificadas como buenas, con gran obra pública y un manejo transparente de sus recursos, como el caso de la última administración priísta en Querétaro, no pudieron ser ratificadas en la elección.

El Enfoque Utilitario

El modelo utilitario, un poco diferente del voto racional, arguye elementos de utilidad inmediata que recibe o percibe el elector para orientar el voto hacia una determinada opción política. El obtener una despensa, un objeto utilitario, una comida o una determinada gestión o promesa de gestión para atender un problema particular o público puede representar para el elector una razón suficiente para inclinar su voto a favor de un candidato o partido político. El deshacerse de un gobierno corrupto o inepto pude también, de acuerdo con este modelo, ser suficiente causa para acudir a las urnas y manifestar el voto en una determinada dirección. El voto utilitario tiene, por lo general, un marco temporal de análisis mucho más corto que el modelo racional, que prevé escenarios a mediano y largo plazo.

El Enfoque del Modelo Coyuntural

Este modelo enfatiza en la coyuntura política que se vive en el momento electoral tomando en cuenta el perfil del candidato, el contexto económico, político y social en la que se desarrollo la elección, así como los esfuerzos proselitistas impulsados por los candidatos y partidos en la búsqueda del voto popular. De esta forma, la innovación de las campañas, las estrategias de mercadotecnia política y la creatividad y esfuerzo de los equipos de campaña son fundamentales en la

---

[104] Véase Valdez Zepeda, Andrés, "Lealtades Electorales y Partidos Políticos en el Medio Rural en México", memorias del Colegio de Michoacán, noviembre de 1999.

orientación del voto del elector. De esta forma, tenemos que campañas profesionales, creativas y dispendiosas tienen un alto efecto en la voluntad del electorado. Por su parte, campañas pobres, desorganizadas y sin talento son campañas fracasadas. El voto del miedo es parte de este modelo, ya que los partidos gobernantes muchas veces muestran ciertas habilidades para influir miedo en el elector y resistirse a las opciones que representan un cambio.

El Enfoque del Voto Ganador

Este modelo parte por considerar que los electores son predominantemente egoístas, maximizadores de la utilidad que buscan siempre aparecer como triunfadores, por lo que no determinan la orientación de su voto, sino hasta los últimos días de los comicios esperando que las cuestiones se aclaren y se definan los posibles ganadores, ya que no desean aparecer como perdedores. De esta forma, auxiliados por los estudios de opinión pública y de preferencias electorales, los ciudadanos manifiestas su inclinación no por cuestiones ideológicas o utilitarias, sino por cuestiones relacionadas con las posibilidades de éxito o fracaso de los candidatos y partidos que participan en la contienda electoral.

El Enfoque Holístico Procesual

La perspectiva holística-procesual parte de un principio ecléctico, ya que considera que todos los enfoques aportan elementos importantes para el entendimiento de los fenómenos políticos, pero que ninguno, en lo particular, puede ser útil para explicar la gran variedad de sucesos electorales que se producen en todos y cada uno de los municipios o entidades federativas.

Este enfoque considera a las elecciones como un proceso complejo que no admite explicaciones simples, ni parciales. Es decir, parte por considerar a las elecciones como procesos que se inician desde la aprobación de la normatividad electoral, pasando por la selección de candidatos, la situación interna de las formaciones políticas, los recursos materiales, tecnológicos, económicos y humanos disponibles para las campañas, analizando los diferentes mecanismos que generan incentivos electorales, analiza los resultados, evalúa la acción de los órganos electorales, el porcentaje de abstencionismo, toma en cuenta el contexto en la que se presenta la elección, la cultura política predominante de sus habitantes, las tradiciones e historia de las comunidades, integra en el análisis la evaluación que la ciudadanía hace del partido en el gobierno e interpreta los resultados en una perspectiva que va más allá de los límites territoriales de una entidad federativa.

Comparte muchos elementos de análisis con el modelo de evaluación conocido como el CIPP que se fundamenta en el análisis del contexto, los insumos, el proceso y el producto o resultados.[105]

---

[105] Véase Roger A. Kaufman, *Planificación de Sistemas Educativos: Ideas Básicas Concretas*, México: Ed. Trillas, 1982, p. 57.

Al evaluar el contexto, toma en cuenta los factores demográficos, culturales, históricos y socio-económicos de las unidades electorales.[106] Al evaluar los insumos, considera los recursos económicos, materiales, humanos y tecnológicos que son utilizados en las campañas. Al estudiar el proceso toma en cuenta los procedimientos empleados, incluyendo estrategias, planes de campaña, secuencias, condiciones y papeles desempeñados por los participantes en las campañas. Al analizar los resultados, evalúa la amplitud con que se alcanzan los objetivos planteados, incluyendo cambios realizados sobre la marcha y resultados adversos.

Este es un enfoque pluralista e integrador que no sólo señala la gran cantidad de factores y variables que ayudan a explicar el resultado de las elecciones, sino prioriza la importancia de los mismos, determinando el peso específico que cada uno de ellos juega en los procesos electorales.

De igual forma, es relativista, ya que privilegia el análisis circunstancial, el estudio de la coyuntura y los enfoques micro, buscando adecuar las explicaciones a las realidades específicas y concretas, en lugar de buscar generalizaciones y análisis abstractos.

Otros enfoques

A la par de los anteriores marcos metodológicos para el entendimiento y evaluación de los procesos electorales existe otra serie de enfoques conceptuales que se tipifican de acuerdo al nivel de análisis, profundidad y orientación que privilegian los especialistas. Por ejemplo, es común encontrar estudios descriptivos que narran los principales acontecimientos sucedidos en la justa electoral y la forma en que quedó integrada la representación política en una nación. Este es el tipo de análisis que más predomina.

Por otro lado, abundan también estudios prescriptivos que recomiendan las medidas o pasos que deberán seguir las formaciones políticas y sus candidatos para re-orientar el rumbo a seguir y así asegurar una mayor permanencia en las estructuras de poder. Entre los señalamientos más frecuentes apuntan la necesidad de conservar la unidad partidista, nominar a candidatos con arraigo, prestigio y presencia en las unidades electorales y realizar campañas modernas utilizando las mejores técnicas del marketing político.[107] Estos trabajos también son abundantes. Finalmente, existen estudios más profundos y analíticos que basados en una orientación holística, critica y propositiva tratan de explicar los procesos electorales con un enfoque más objetivo, alejándose del romanticismo

---

[106] Por unidad electoral se entiende el espacio geográfico donde se realiza las elecciones. Un municipio, un distrito o un estado son unidades electorales.

[107] Véase, por ejemplo, Mario Martín Silva y Roberto Salcedo Aquino, *Manual de Campaña*, México: Colegio Nacional de Ciencia Política y Administración Pública, 1997.

político y las actitudes maximalistas. Estos estudios son los más atípicos y los que, a mi entender, dan una mayor luz para comprender la complejidad de los fenómenos electorales.

Consideraciones finales

Una vez analizadas las diferentes concepciones teóricas sobre las motivaciones de los ciudadanos para participar o no en los procesos electorales, es necesario pasar al análisis de las aportaciones reales de la mercadotecnia política, así como de la efectiva utilidad en la lucha por alcanzar o conservar el poder.

La mercadotecnia implica, efectivamente, un proceso de mejora continua que puede generar ventajas competitivas en los procesos electorales en la búsqueda o conservación del poder político. La utilidad de la mercadotecnia política se muestra en al menos las siguientes áreas:

La mercadotecnia política, a través de la investigación de mercados, permite conocer los problemas, necesidades, sentimientos, aspiraciones y formas de pensar de los electores para así diseñar una estrategia de persuasión y una plataforma electoral.

La mercadotecnia política, a través de la segmentación del electorado, permite afinar las estrategias y diseñar los mensajes para dirigirlos específicamente a un determinado sector de ciudadanos, buscando eficientar los recursos e incrementar su capital político.

La mercadotecnia política, a través del uso de la comunicación, ayuda a informar y persuadir al electorado, coadyuvando en la construcción de la lealtad electoral.

La mercadotecnia política, a través del manejo de imagen, permite mejorar la percepción que los ciudadanos tienen de los candidatos y formaciones políticas, así como realizar cambios que permitan mejorar su posicionamiento.

La mercadotecnia política, a través de la planeación estratégica, permite dar direccionalidad a las campañas políticas y generar cierta incertidumbre sobre los rumbos y pautas a seguir en los procesos electorales.

La mercadotecnia política, a través del uso de las nuevas tecnologías informacionales, ayuda a transmitir y socializar el mensaje, las ideas principales y las plataformas electorales de partidos y candidatos a los ciudadanos.

La mercadotecnia política, a través de sus técnicas y estrategias, de persuasión y proselitismo político permite avanzar los objetivos de poder e incrementar las posibilidades de éxito político.

Sin embargo, debido a que las elecciones son procesos complejos y coyunturales, se puede decir que no es un sólo factor o un único modelo el que explica el resultado de las elecciones, sino que los comicios son el resultado de una decisión ciudadana en la que influyen en el resultado final varias razones y variables que reflejan los deseos, preferencias, filias, fobias, intereses, mediaciones y miedos del votante. Es decir, el conjunto de factores que motivan al elector a decidir por una determinada opción política son diversos, como se vio anteriormente, por lo que no es correcto imputar a la mercadotecnia política atribuciones que no le corresponden.

En este sentido, es importante señalar que la mercadotecnia política no asegura, de ninguna manera, un alta votación en los comicios electorales ni tampoco el triunfo de los candidatos a puestos de elección popular. La mercadotecnia política, a lo único que realmente ayuda es a reforzar preferencias electorales y políticas preexistentes entre los ciudadanos, así como a proporcionar una serie de conocimientos, técnicas y estrategias a los candidatos y partidos en la búsqueda del poder político. Esa es, simple y sencillamente, su "gracia" y su verdadera potencialidad.

La Selección del Mejor Candidato:

Una Aplicación del Método VAZA

1. Introducción

La transición democrática ha generado una mayor competencia entre partidos y formaciones políticas en la búsqueda de espacios de representación en la función pública. Esta mayor competencia, a su vez, ha creado dinámicas intrapartidistas en la que distintos actores se disputan férreamente las diversas candidaturas a los distintos puestos de representación popular. Sin embargo, no existe una metodología clara, homogénea y precisa por parte de los partidos políticos con registro a nivel nacional que dé certidumbre a los propios militantes y dirigentes sobre el proceso de selección de candidatos, mismo que, a su vez, asegure un fortalecimiento institucional.

Hasta hoy día, han sido distintos los procedimientos que cada uno de los partidos políticos ha privilegiado para nominar a sus candidatos a los diferentes puestos de elección popular. Unos, por ejemplo, han privilegiado la realización de convenciones en la que sus militantes con derechos plenos participan en la designación de sus candidatos. Otros, por su parte, han utilizado últimamente, además de la consulta directa, las encuestas de opinión, la participación de *focus groups* y los paneles de ciudadanos para seleccionar a sus candidatos. Por su parte, otros han abierto, en varios casos, la elección de sus candidatos a la sociedad, convocando a militantes y simpatizantes del partido a participar en un proceso abierto de selección de sus candidatos. Otros partidos postulan a sus candidatos por acuerdo unipersonal de sus dirigentes o por decisión del órgano colegiado de gobierno.

Todos estos procesos, a pesar de sus bondades y coincidencias con los nuevos tiempos democráticos que vive el país, no han sido del todo satisfactorios y benéficos para las instituciones políticas, ya que las elecciones abiertas han generado un clima de confrontación y división entre las diversas fuerzas y corrientes políticas al seno de los partidos, lo que, en última instancia, ha dañado la imagen y sus posibilidades de triunfo en las campañas.[108] Estos métodos, además, no han mostrado su idoneidad para seleccionar al candidato que no sólo

---

[108] Esta situación se complica aún más ante las dificultades que se presentan al integrar las planillas que serán propuestas para competir en los procesos electorales municipales.

asegure el éxito en la contienda electoral, sino el que desempeñe una administración pública eficiente, responsable y honesta.

Por ello, los partidos se enfrentan a la necesidad imperiosa de encontrar un método mucho más certero para asegurar no sólo ganar la elección, sino tener un desempeño socialmente aceptado en la función pública, buscando además la unidad del partido y el trabajo responsable y honesto de los gobernantes. En este sentido, se creó el método VAZA orientado a mejorar los procesos de selección de candidatos a los diferentes puestos de representación popular y al fortalecimiento de las instituciones partidistas de nuestro país.

2. ¿Qué es el método VAZA?

El método VAZA es un instrumento de la política orientado a mejorar los procesos de selección de candidatos a los diferentes puestos de elección popular, fortaleciendo las instituciones partidistas e incorporando ventajas competitivas al seno de las formaciones políticas en la búsqueda o conservación del poder político.

El método parte de un principio racional que señala que los mejores, no necesariamente los más viejos, deben ser los que dirijan la organización y los mejores deben ser los que mayores posibilidades tengan para ser postulados como candidatos a puestos de elección popular y realizar, en consecuencia, un trabajo satisfactorio.

El método VAZA consiste en la medición y certificación de cuatro grandes variables, que son: la rentabilidad electoral, la capacidad para el ejercicio de gobierno, la habilidad para la recaudación de fondos para la campaña y la garantía de unidad del partido. Estas cuatro variables, a su vez, se subdividen en otras más y se cuantifican o miden a través de tests, estudios o encuestas de opinión, así como análisis de expertos, *focus groups* y la opinión calificada de los órganos de gobierno del partido.

Para que este método pueda realmente funcionar y asegurar los resultados es necesario que se reúnan ciertas condiciones y supuestos. Por ejemplo, este método requiere, en primer lugar, la voluntad política por parte de los dirigentes y militantes de los diversos partidos políticos para ponerlo en operación, incluyendo la validación de los estudios y evaluaciones que lo conforman. En segundo lugar, el método VAZA reclama de una serie de recursos que se deben destinar en el proceso de selección de los candidatos. Finalmente, el método supone que los militantes del partido acatarán "las reglas del juego" y aceptarán los resultados finales del proceso de selección.

Recuérdese que este método está orientado a seleccionar a los mejores candidatos, buscando obtener una ventaja competitiva con respecto de la competencia y así poder aumentar las posibilidades de éxito en las campañas electorales. Este método, además, ayudará, al institucionalizarse, a las formaciones políticas en los procesos de renovación de sus órganos de dirección o gobierno, fortaleciendo además a la organización y evitando rupturas internas mayores.

3. Las Ventajas del método VAZA

El método VAZA presenta una serie de ventajas para los partidos políticos en el proceso de selección de sus candidatos. Las siguientes son las más importantes.

a. Ayuda a tomar decisiones más racionales y oportunas. Este método proporciona información de calidad para que el partido y sus dirigentes tomen decisiones racionales y puedan obtener ventajas comparativas respecto de la oposición.

b. Es mucho más económico. Este método es mucho más económico respecto de cualquier otro, ya sea aquellos que contemplen la elección directa con la participación de la membresía o de la sociedad en su conjunto.

c. Políticamente es menos desgastaste para los propios precandidatos y para la institución. Este método reduce los momentos de incertidumbre y resulta menos desgastante que las elecciones abiertas, ya que el ciudadano manifiesta su preferencia electoral y la dirección del partido valora todos los aspectos que rodean a la elección para poder tomar la mejor decisión.

d. Reclama menos tiempo. El método reclama menos de una cuarta parte que el de la consulta directa o el de las convenciones.

e. Es un buen mecanismo para lograr consensos intra partidistas. Este método permita la flexibilidad necesaria para que se lleguen a los consensos y acuerdos al interior de los partidos y así se evita la polarizaciòn que generan las elecciones primarias.

f. Este método permite llegar a decisiones más sabias, tomando en consideración lo que quiere la ciudadanía y la opinión mayoritaria de la militancia. Es decir, se conoce las preferencias electorales de los ciudadanos, así como de los militantes, tratando de satisfacerlas.

4. Las Variables del Método VAZA

Este método está orientado a medir cuatros grandes variables en la búsqueda del mejor candidato, seleccionar un buen gobernante y postular al mejor ciudadano que represente al partido frente a la sociedad. A estas cuatro variables, se les puede otorgar una ponderación diferente, de acuerdo a la importancia que cada uno de los partidos le dé a cada una de ellas.[109]

De esta manera a la variable rentabilidad electoral se le otorga 35 por ciento, a la variable capacidad para el ejercicio de gobierno 40 por ciento, a la variable garantía de unidad del partido un 15 por ciento y a la variable habilidad para recaudar fondos para la campaña otro 10 por ciento. Es decir, esto implica que para el partido y para su futuro, no basta sólo con ganar una elección, sino el hacerlo de manera unida, con recursos económicos suficientes y postulando un candidato que asegure un ejercicio de gobierno responsable, eficiente y honesto.

a. La rentabilidad electoral.

El concepto de rentabilidad electoral refiere a la capacidad del candidato para lograr un mayor número de votos en la contienda electoral. Implica, por supuesto, el grado de conocimiento que tengan los electores del candidato, su imagen y reputación pública, así como el porcentaje de votos que pueda obtener en la elección.

Para poder cuantificar esta variable se utiliza la investigación cuantitativa como cualitativa. A través de la investigación cuantitativa, realizada por empresas prestigiadas y serias de investigación de mercados,[110] se conoce qué porcentaje de electores identifican o conocen al candidato, cuál es la percepción que tienen de él, el grado de compromiso y apoyo que le darían en futuros comicios, el nivel de credibilidad social del candidato, su honorabilidad, reputación o fama pública y, la evaluación social sobre sus capacidades para ejercer responsablemente el puesto, entre otras.[111]

---

[109] Aquí es importante comentar que este método es flexible y cada uno de los partidos puede otorgar la ponderación que mejor considere conveniente a cada una de las variables. Sin embargo, el método recomienda utilizar la ponderación que se desarrolla en este documento.

[110] De hecho, las encuestas, realizadas bajo criterios científicos y profesionales, son realmente un medio económico y eficiente para conocer anticipadamente la voluntad democrática de los militantes y simpatizantes de un partido.

Por medio de la investigación cualitativa, realizada por los órganos de gobierno del partido, se determina las cualidades y fortalezas de los candidatos, el arraigo, trayectoria y perfil del candidato ideal, así como las debilidades y desventajas del mismo tomando en cuenta la coyuntura político-electoral que se está viviendo, el perfil de los candidatos de los partidos opositores, así como información relevante, no conocida por la mayoría de los electores, sobre la vida y obra de los propios candidatos.[112]

Los resultados de la investigación cuantitativa representan un 20 por ciento del total de este rubro (35 por ciento) y los resultados de la investigación cualitativa el otro 15 por ciento. Para asignar los porcentajes correspondientes a cada uno de los candidatos, se asignar de manera proporcional según sea los diferentes resultados de las evaluaciones, de tal forma que el precandidato más rentable, electoralmente hablando, se le asignan los 20 puntos porcentuales y así a los demás, de acuerdo a los resultados de las mediciones.

b. La habilidad para recaudar fondos.

Las campañas no sólo se ganan con voluntad y esfuerzo político, sino que también reclaman recursos económicos y humanos. Bien decía un viejo político mexicano, que "un político pobre, es un pobre político."

---

[111] Las encuestas y estudios de opinión no sustituyen a las elecciones primarias, sino que las complementan y anticipan resultados, proporcionando una serie de datos para que el partido tome sus mejores decisiones.

[112] Esta información confidencial busca evitar en el futuro escándalos y ataques de los opositores en la contienda a los candidatos postulados o a los funcionarios públicos, una vez en el gobierno. Por ello, los órganos de dirección del partido deben conocer el pasado y presente de los candidatos y, sobre todo, verificar que sus candidatos no sean sujetos de futuros ataques, escándalos y de campañas de desprestigio.

Hoy día, ciertamente la legislación electoral tanto federal como estatal privilegia los fondos de origen público sobre los privados para financiar las campañas electorales. Sin embargo, los recursos que se otorgan son insuficientes ante las grandes necesidades y demandas de toda campaña política. Además, es muy probable que en el futuro las reglas del juego cambien y el monto de los recursos públicos destinados a las campañas se reduzca significativamente. Por ello, todo aspirante a un puesto de elección popular debe tener la habilidad para "arrimar" recursos al partido y así potencializar la campaña y aumentar las posibilidad de éxito.[113]

Esta variable se mide a través de cartas compromisos de los precandidatos, quienes bajo juramente de decir verdad, se comprometen a recabar, mediante diferentes medios como rifas, colectas, aportaciones voluntarias, etc., una cantidad determinada de recursos económicos en efectivo o en especie que recomendará (fijará) la dirección del partido, para ser invertida en la campaña.[114] Adicionalmente, la dirección o secretaría de finanzas del partido debe expedir carta certificada que acredite el paga completo de las responsabilidades como miembro activo o adherente del partido. En el caso de candidatos postulados bajo el perfil de ciudadanos sin militancia partidista, estos también se deben obligar a incorporar recursos económicos para el financiamiento de las campañas, de acuerdo a lo establecido por los órganos de dirección del partido.

De igual forma que como en las anteriores variables, el puntaje máximo (10 puntos) se dará al precandidato que cubra el cien por ciento de los requerimientos

---

[113] Aquí es importante aclarar que no se está diciendo que a mayor dinero invertido en la campaña mayores son las posibilidades de ganar una elección. Simplemente, lo que se señala es que los precandidatos deben tener las relaciones, contactos y apoyos al seno de la sociedad que les permita juntar dinero para inyectar mayores recursos en propaganda, activismo político y mercadotecnia política en las campañas y así mejorar las posibilidad de éxito en las elecciones.

[114] La sanción por incumplimiento de este compromiso, puede ser la perdida de la candidatura o una multa por lo equivalente al monto de la aportación que se estableció en la carta compromiso.

establecidos por los órganos de dirección del partido y el puntaje menor se otorgará dependiendo del monto aportado en relación con la cuota fijada.[115]

c. La garantía de unidad del partido.

La otra variable del método VAZA, tiene que ver con la unidad del partido que es siempre un requisito indispensable, aunque insuficiente, para poder ganar una contienda electoral. De hecho, es bien sabido que las constantes divisiones internas, las luchas intestinas y el canibalismo que se presenta al seno de las organizaciones políticas terminan por minar las posibilidades de éxito de los partidos en las campañas electorales.

Por ello, toda organización política moderna, valora la unidad institucional, la capacidad de los actores políticos para llegar a acuerdos y consensos, así como se preocupa por conservar la integridad de la organización y trata de evitar rupturas mayores que pongan en riesgo no sólo la elección sino el propio futuro del partido.

Esta variable, se mide a través de métodos cuantitativos y cualitativos. A través de los primeros, los militantes y simpatizantes del partido manifiestan la opinión sobre el candidato que más simpatías o antipatías tienen al seno de la organización, aquellos que unen al partido o que lo dividen, aquellos que suman voluntades o restan. En pocas palabras, por medios de encuestas de opinión y percepción se diagnostica cuál es el candidato que garantiza una mayor cohesión y unidad intrapartidista.

---

[115] Aquí es necesario que no se distorsione o se malinterprete esta variable. Nadie comprará las candidaturas, ni estas están en venta. Simplemente, el principio al que responde esta variable establece que "a la política no se le va a sacar, sino a invertir" y todo aquel que aspire a un puesto de representación pública debe saber que tiene que aportar recursos económicos para sustentar algunos de los gastos de la campaña. Indudablemente que el que no gane la postulación, no se le puede obligar a cumplir con este requerimiento.

Los métodos cualitativos que se usan son el panel de expertos y el *focus group* integrados por los órganos de dirección del partido o por militantes "destacados" de la propia institución política. De esta forma, al sumar los resultados de la encuesta, que se valora con 10 puntos como máximo, y la resolución de los métodos cualitativos, que suman también como máximo otros 5 puntos, se obtiene el puntaje correspondiente a esta variable.[116]

d. La capacidad para el ejercicio de gobierno.

Para un partido político serio e institucionalizado, es más importante asegurar un ejercicio de gobierno responsable, eficiente y honesto, que propiamente el ganar una elección, ya que el prestigio futuro de la organización dependerá de lo primero y no necesariamente del propio hecho de ganar la contienda electoral. Es decir, para el partido puede ser más perjudicial el que los ciudadanos se formen una percepción negativa del ejercicio de gobierno bajo su sello partidista, que el propio acto de ganar la elección, ya que de nada sirve llegar al poder si éste se ejerce de manera irresponsable, abusiva, ineficaz y deshonesta.

Esta variable, en consecuencia, se le asigna un valor porcentual mayor en 5 por ciento que al de rentabilidad electoral, ya que el futuro de todo partido depende del ejercicio de gobierno de los candidatos que postula y no necesariamente del sólo hecho de ganar los comicios electorales. De hecho, el ganar una elección puede ser producto de un voto de castigo al partido gobernante en turno, del efecto de "arrastre" de una campaña nacional o estatal, o producto de una campaña creativa y persuasiva, pero sin un real respaldo para el ejercicio responsable de gobierno en el futuro.

Para medir esta variables se debe considerar la experiencia en la función pública, la formación y capacitación profesional del candidato; su capacidad de dirección,

---

[116] Aquí es necesario decir que no se requiere la aplicación de muchas encuestas a su vez, sino el diseño de un buen instrumento de investigación, aplicado con rigor metodológico y científico, para obtener información confiable que permita al partido tomar las mejores decisiones.

manejo de conflictos, toma de decisiones y las habilidades directivas; la inteligencia y la personalidad. De esta forma, la experiencia y conocimiento probado en la administración pública se le otorgan 10 puntos como máximo de los 40 posibles. El grado académico, se reconoce con otros 10 puntos como máximo, la capacidad de dirección y las habilidades directivas se le otorgan otros 10 puntos y a la inteligencia y los rasgos de personalidad, de acuerdo al perfil requerido, los otros 10 puntos restantes como máximo.

Para cuantificar estas variables, se utilizan el análisis de los curriculums presentados con documentos probatorios y originales de los precandidatos, los tests psicometricos para medir inteligencia y detectar perfiles de personalidad de los aspirantes a candidatos, así como para detectar aptitudes y destrezas de los políticos.[117]

5. A Manera de Conclusión

Aplicar al método VAZA implicará un cambio real del paradigma político tradicional que se ha impuesto por muchos años en los partidos políticos. Sin duda, que habrá resistencias al cambio y muchos militantes y dirigentes partidistas desconfiarán de las bondades y potencialidades de este método. Sin embargo, la "prueba del ácido" será ponerlo en operación, y de ser necesario, adecuarlo a las particularidades de cada uno de los partidos y mejorar sus instrumentos de diagnostico.

Pero una cosa es cierta, el método VAZA es mucho mejor que la práctica tradicional que hoy día utilizan los diversos partidos, ya que estos métodos enfatizan generalmente en una sola variable y dejan de lado las otras, que son también de gran importancia para el mismo proceso de selección de los candidatos y, sobre todo, para la obtención del triunfo y el consecuente ejercicio

---

[117] Aquí es importante señalar que ya existe una batería de test que se aplican para conocer con precisión el grado de inteligencia, los rasgos de personalidad, las aptitudes y destrezas de los individuos.

responsable de gobierno. Además, todo partido serio y moderno debe tener claro una política y un método homogéneo, profesional y confiable que le permita avanzar en todo proceso de elección y salir fortalecido de estas justas electorales. Este método proporciona esta certeza y, sobre todo, genera certidumbre a los participantes del proceso. Recuérdese que, todo partido, al cuidar sus procedimientos, cuida las posibilidades de éxito inmediato y su futuro en la política.

Las Variables del Método VAZA

Variable	Forma de medición (acreditación)	Número de puntos
1. Rentabilidad electoral	a) Investigación cuantitativa (encuestas y	35

	estudios de opinión) b) Investigación cualitativa (focus group, panel de expertos y órganos de dirección partidista).	
2. Capacidad para el ejercicio de gobierno	a) Experiencia (documentada) b) Formación profesional (documentada) c) Habilidades directivas (test) d) Inteligencia y rasgos de personalidad (examen psicometrico).	40
3. Habilidad para recaudar fondos	a) Carta compromiso b) Carta de no adeudo	10
4. Garantía de Unidad del Partido	a) Investigación cuantitativa (encuestas) b) Investigación cualitativa (focus group y órganos de dirección))	15
Total		**100**

El Futuro de la Mercadotecnia Política

Imaginar el futuro de la mercadotecnia política no es fácil, ya que el desarrollo de esta disciplina depende no solamente de sus propios esfuerzos, trabajos y potencialidades, sino además de otra serie de factores y circunstancias presentes en el entorno sociopolítico, en el que se desarrolla.

Por un lado, como se ha señalado insistentemente en otros capítulos, la mercadotecnia nace como consecuencia del triunfo del sistema político democrático sobre los sistemas totalitario y autoritario. De ahí que su desarrollo y evolución está muy ligado al futuro del sistema político democrático.[118] Es decir, en la medida que la democracia se consolide o se debilite, según sea el caso, la mercadotecnia política también podrá encontrar las condiciones ambientales para su desarrollo y consolidación o para su retroceso.

Por otro lado, la mercadotecnia tendrá que generar sus pautas de desarrollo, perfeccionando sus métodos de investigación y creando sus propios cuerpos de conocimientos. Esto es, la mercadotecnia política tendrá que generar su propia metodología, marcos teóricos y su identidad disciplinar, para depender menos de los otros campos del conocimiento como la ciencia política, las ciencias de la comunicación y la propia mercadotecnia comercial, fortaleciéndose como disciplina.

Sobre el porvenir de la mercadotecnia, lo único que se puede aseverar con seguridad es que el futuro de esta disciplina es incierto, aunque es probable que la mercadotecnia tendrá un desarrollo muy ligado a la propia evolución del sistema político de cuño democrático, al progreso y los avances tecnológicos, a la evolución y desarrollo metodológico y teórico de la propia disciplina, el tipo y carácter del marco normativo e institucional prevaleciente, así como la madurez de los mercados electorales. En el presente capitulo, se disertará sobre estos y otros asuntos, así como sobre el futuro probable de esta disciplina y la agenda futura de la mercadotecnia.

Cambios tecnológicos

En el futuro, el desarrollo tecnológico posibilitará un gran avance de la mercadotecnia política, tanto en su enfoque instrumental como para realizar sus investigaciones y diagnósticos de mercado. La tecnología, será, sin la menor duda, el eje dinamizador del desarrollo de esta disciplina.

La mercadotecnia política se verá beneficiada gracias a los nuevos inventos y desarrollos tecnológicos en la que la "video democracia" jugará un papel cada día más importante. Nuevas estrategias de contacto directo surgirán o se perfeccionarán apoyadas en la tecnología y el desarrollo del conocimiento, lo que impactará incluso la forma en que se realizan las campañas y los propios comicios electorales.

Estos comicios electorales del futuro serán crecientemente campañas digitalizadas también llamadas punto.com, basadas en el desarrollo de las telecomunicaciones, las nuevas tecnologías digitales y el avance de la informática.

---

[118] El modelo de mercadotecnia política que se imponga en el futuro en la Unión Americana tendrá un impacto muy significativo también en el desarrollo de la mercadotecnia política mexicana, debido a la cercanía geográfica y la gran influencia cultural que existe entre las dos naciones.

La Web será además un instrumento muy importante en la política y, particularmente, en las campañas electorales, usándose de manera intensiva, por las organizaciones partidistas, candidatos y gobernantes aplicados a tareas de proselitismo electoral, organización, diagnóstico sociopolítico, comunicación y definición de agendas públicas. En las campañas, se usarán además las infotácticas, para tratar de persuadir a los electores y ganar los comicios electorales.

La interactividad y la lógica de red propias de la Internet, ganarán también más terreno. De esta manera, se incrementará el activismo electrónico. Los principales candidatos, por ejemplo, tendrán verdaderas estrategias por Internet para la organización de los activistas, la propaganda y la recaudación de fondos de campaña proveniente de fuentes privadas, entre otras cosas.

Como parte del uso de la tecnología en la política se usará, además, más intensiva y ampliamente el arte creativo, la animación computarizada, la composición de colores, la impresión digital y la construcción de imágenes por medios electrónicos.

Cambios del entorno

En el futuro, la mercadotecnia se desarrollará en un contexto social y político, sustancialmente diferente al actual, donde los relativamente altos niveles de participación ciudadana que predominan en el presente, darán lugar a procesos electorales poco concurridos por los electores. Es decir, habrá un creciente desencanto de la ciudadanía no sólo con los comicios electorales, sino incluso con el propio sistema de partidos y el sistema político democrático.

Por ello, la mercadotecnia habrá de innovarse en sus prácticas, procedimientos y tecnologías buscando formas y estrategias efectivas para persuadir y motivar al elector a participar en los procesos electorales. De hecho, la mercadotecnia se habrá de convertir en la herramienta creativa y estratégica que posibilitará que más ciudadanos se vean motivados a acudir a las urnas dando y comunicando razones lo suficientemente fuertes para provocar la participación del elector.

La mercadotecnia política habrá de desarrollarse también bajo un marco normativo más limitativo que el actual, que impondrá ciertas restricciones tanto en el contenido como en los medios y formas en que se difundirán los mensajes comunicacionales. Serán elecciones regidas ya no sólo por códigos de ética y pactos políticos de "caballeros," sino verdaderas leyes electorales que desincentivarán y castigarán a quienes promuevan campañas negativas, descalificaciones de los adversarios y ataques políticos.

Las regulaciones a los medios de comunicación en tiempos electorales incidirán también en el desarrollo y evolución de la mercadotecnia, ya que la política de masas se hará primordialmente por medios electrónicos y a través de nuevos dispositivos tecnológicos en la búsqueda de la "conquista" de los mercados electorales.

Cambios del mercado político

Todo mercado electoral pasa por tres grandes etapas o estadios de desarrollo. La primera, tiene que ver con la emergencia del propio mercado, la segunda etapa es una de semidesarrollo del mercado político y la tercero etapa corresponde a la consolidación o maduración. En cada una de estas fases se demanda cierto tipo de estrategias de mercadotecnia e incluso, se pude decir, que corresponde cierto tipo de mercadotecnia política.

Por ejemplo, en las etapas de emergencia y semidesarrollo, la mercadotecnia tradicional es la más frecuentemente usada, pero en la etapa de madurez la mercadotecnia de alto impacto es la que mejor permite a los gobernantes, partidos y candidatos el poder avanzar sus objetivos políticos.

En el futuro, los mercados electorales alcanzarán un alto grado de maduración, en la que el proceso de intercambio político será más complejo y dinámico, por lo que las estrategias y técnicas de mercadotecnia tendrá que ser, a su vez, más innovadoras y creativas. En este sentido, el grado de madurez y desarrollo de los mercados electorales incidirán significativamente en el propio progreso de la mercadotecnia política.

Nuevas teorías y métodos

Hoy día, no existen marcos teóricos y metodológicos propios creados por expertos y especialistas de la mercadotecnia política para explicar varios de los fenómenos electorales y de legitimidad política, sino que muchos de estos enfoques han sido generados en la ciencia política, las ciencias de la comunicación o la mercadotecnia comercial. Sin embargo, en el futuro se tendrán que construir arquetipos teóricos y metodológicos que expliquen científicamente la complejidad del proceso de intercambio político de carácter voluntario que se da entre la sociedad y su clase política, desde la perspectiva propia de la mercadotecnia política.

Dentro de los nuevos paradigmas, puede pensarse en la construcción de teorías que expliquen de mejor manera los fenómenos ligados a la formación de lealtades político-electorales, el proceso de construcción y destrucción de la credibilidad política, la formación de identidades políticas, la sicología del electorado, las tendencias en el comportamiento político de los ciudadanos y el fenómeno de persuasión política en coyunturas electorales, por señalar algunas.

De igual forma, la mercadotecnia tendrá que avanzar en la construcción de metodologías que ayuden a mejorar las investigaciones del mercado político-electoral, buscando alcanzar resultados más precisos y confiables, así como procedimientos que nos ayuden a diagnosticar los cambios repentinos en las lealtades electorales, la evolución de los mercados políticos y el proceso de decisión del voto.

La mercadotecnia ha evolucionado en sus propósitos y alcances, de ser una disciplina que, en su inicio, privilegiaba un enfoque descriptivo y prescriptivo sobre la conducta y el proceder político de los hombres, diseñando estrategias para moldearlas, ha pasado a una etapa explicativa sobre los fenómenos sociopolíticos y sobre el proceso de formación de mayorías electorales estables, también denominado proceso de legitimación política. Sin embargo, en el futuro la mercadotecnia no sólo debe profundizar y renovar los marcos explicativos sobre el proceso de intercambio político que se da en toda sociedad, sino incluso debe avanzar en sus procedimientos y enfoques teórico-metodológicos para poder prever la conducta de los ciudadanos constituidos en mercado electoral. Es decir, debe pasar de un enfoque explicativa a uno predictivo.

Cambios en el sistema político

Los cambios y evoluciones del sistema político afectarán el desarrollo de la disciplina, ya que no puede haber mercadotecnia si no es bajo un sistema de impronta democrática. De esta forma, el futuro de la disciplina estará muy en relación con el avance del pluralismo político, el nivel de competencia del sistema de partidos y la propia construcción y maduración de la ciudadanía.

Las crisis de la democracia, así como los atentados a las libertades cívico-políticas en los Estados democráticos incidirán, desde dos diferentes perspectivas, en el futuro de la mercadotecnia. Por un lado, la mercadotecnia tendrá que encontrar métodos y estrategias más creativas e innovadoras para motivar una mayor participación de los electores en los procesos político-electorales, lo que implicará una reformulación pragmática de la propia disciplina, así como el desarrollo de nuevas tecnologías y de novedosas estrategias de persuasión. De hecho, el actual sistema político mexicano está entrando en una etapa de acelerado desgaste, ya que las expectativas que se fijaron los ciudadanos sobre las bondades y capacidades para generar gobiernos eficientes y mejores políticas públicas no han sido, del todo, satisfechas. Este desencanto incide en la baja asistencia de los electores a las urnas, aumentando el nivel de abstencionismo y desestimulando el interés de la ciudadanía en los procesos políticos. Ante esta situación, la mercadotecnia está llamada a mejorar, innovar y crear nuevas estrategias y a reinventarse constantemente como disciplina.

Por el otro lado, la crisis de la democracia puede implicar restricciones y limitaciones a la propia disciplina, en la medida que se puedan coartar cierto tipo de libertades y derechos de los partidos y ciudadanos en materia de promoción y persuasión política. De hecho, en países como Venezuela y Colombia se han presentado, en los últimos años, algunos intentos por limitar este tipo de libertades.

Mercadear la mercadotecnia política

Una de las batallas que ha perdido la mercadotecnia tiene que ver con la propia percepción que de ella tienen los analistas políticos, la clase política mexicana y la propia sociedad. Por un lado, la mercadotecnia política es percibida como sinónimo de manipulación, superficialidad, engaño, artificio y banalidad. Por el otro, se le considera como una práctica contraria a la democracia y a la realización de campañas sustanciosas y propositivas, ya que, de acuerdo a sus críticos, "las campañas puedes ser de ideas, proyectos y propuestas o sólo de mercadotecnia."

Por ello, la mercadotecnia requiere generar sus propias estrategias que le permitan posicionarse, positivamente, como una disciplina al servicio de las mejores causas del hombre y de las instituciones políticas. Esto implica, el que se diseñen estrategias mercadotécnicas para posicionar a la mercadotecnia política como una herramienta no sólo útil para la clase política, sino benéfica para la propia sociedad y el desarrollo del sistema político de estirpe democrático.

En el futuro, la mercadotecnia tradicional o vernácula dejará de ser útil, ya que los electores desarrollarán una especie de "anticuerpos" y resistencias para "protegerse" de los bombardeos propagandísticos, por lo que aparecerá formas nuevas de hacer política y persuadir a los electores. De esta forma, la mercadotecnia tendría que crear mecanismos y técnicas innovadoras para hacer política por medios no políticos e incluso, utilizar la antipolítica como un medio para lograr ocupar un puesto de representación pública.[119]

La agenda futura

La mercadotecnia política no sólo debe ser pensada como una herramienta que ofrece ventajas competitivas a los partidos, candidatos y gobernantes, sino como un medio para profundizar la democracia y hacer más competidos y participativos, socialmente hablando, los procesos electorales, en su afán de construir mayorías políticas estables.

La mercadotecnia política, asimismo, debe incorporar en el futuro una dimensión ética en sus formulaciones y proposiciones, adoptando códigos que determinen pautas a seguir y límites para su practicantes, tal y como lo han hecho ya algunas organizaciones internacionales como la Asociación Norteamericana de Consultores Políticos.

Asimismo, la mercadotecnia política debe además renovarse constantemente en sus métodos, constructos y formulaciones teóricas, generando nuevos paradigmas

---

[119] La antipolítico es conceptualizada como todo planteamiento de rechazo y crítica a la política, ya que ésta connota, de acuerdo a sus opositores, corrupción, conflicto, manipulación, prepotencia y abuso. Un mensaje ilustrativo de lo que se entiende por la antipolítica fue el lema utilizado en la elección federal de 1997 en México por el Partido Verde Ecologista de México (PVEM) que rezaba "No votes por un político, vota por un ecologista."

y marcos explicativos sobre el complejo proceso de intercambio político y de construcción de legitimidad.

La mercadotecnia debe investigar los diversos fenómenos y hechos socio-políticos que se presentan no sólo en las coyunturas electorales, sino en todo el proceso político, ya que las campañas no tiene un inicio y un fin bien determinado, sino más bien son de carácter permanente.

En el futuro, la investigación en mercadotecnia pasará de estudiar el mercado político-electoral para saber como influir en él mediante adecuadas estrategias comunicacionales para conocer, entre otras cosas, los factores que generan las filias y fobias de los electores y la formación de identidades partidistas.

Se debe ampliar también las líneas de investigación sobre el proceso de intercambio político, las campañas electorales y los procesos de comunicación política, realizando no sólo investigaciones macro sino además estudios sobre el proceso de intercambio y legitimización política a nivel local y regional, evitando implantar irreflexivamente procedimientos y estrategias que han mostrado su eficiencia en otros países.[120]

Como disciplina, la mercadotecnia tendrá que preocuparse por la formación de capital humano altamente capacitado y profesionalizado, no sólo en el diseño, gestión y dirección de campañas políticas o gubernamentales, sino además en investigación de mercados, indagación de fenómenos ligados al intercambio político, la imagen, la persuasión y el proceso de legitimización política.

En el ámbito educativo, la mercadotecnia tendrá que alcanzar un estatus académico, diseñando planes y programas de estudios a nivel de licenciatura y posgrado, pasando de la etapa de estudios complementarios o informales, a estudios escolarizados y reconocidos por las instituciones educativas a nivel nacional.

En el ámbito de las organizaciones políticas y gubernamentales, se crearán las estructuras formales que impulsen la incorporación de los conocimientos, técnicas y estrategias de la mercadotecnia política en sus actividades cotidianas, privilegiando un enfoque y perfil mercadotécnico en sus programas y acciones.[121]

---

[120] De hecho, uno de los errores más comunes de la mercadotecnia política ha sido el adoptar, de manera mecánica y acritica, los resultados de investigaciones, estudios y supuestos sobre la conducta y motivación del elector en tiempos de campaña, realizados y validados en otros países, principalmente los desarrollados, obviando la realización de estudios de nuestra propia realidad política. Estos conocimientos fueron parcialmente útiles en la época de emergencia y conformación del mercado electoral mexicano, pero no se sugiere utilizarlos en la etapa de maduración y desarrollo del mercado electoral, ya que las mismas características específicas del mercado político, la construcción de la verdadera ciudadanía y las idiosincrasia del electorado mexicano hacen necesario realizar investigaciones y estudios propios y particularizados.

En fin, lo que se espera en el futuro en el campo de la mercadotecnia política es un cambio cualitativo, dejando atrás la etapa de la mercadotecnia vernácula y la improvisación.

---

[121] Esta disciplina, tendrá además que convencer a la clase política sobre las bondades y las ventajas competitivas concretas que puede proporcionarles a fin de conservar o alcanzar el poder público.

Parte dos: Mercadotecnia gubernamental

FUNDAMENTOS DE LA MERCADOTECNIA GUBERNAMENTAL

La mercadotecnia política es una disciplina en construcción en nuestro país. Por su juventud y temática que aborda, este campo del saber nace envuelto en una controversia sobre sus bondades y riesgos para el proceso mismo de cambio político con sentido democrático en México. Para algunos, la mercadotecnia política representa un grave peligro para consolidar la democracia debido a sus efectos manipuladores de las masas y la transgresión de las normas ético-políticas de la sociedad, ya que en su aplicación en campañas político-electorales se abusa de ella. Para otros, la mercadotecnia es un nuevo campo del saber producto del proceso de transición política que no ha sido comprendida y aceptada aún por una parte de los académicos y políticos debido a una serie de desconocimientos sociales y deformaciones que sobre lo político y la política existen en nuestro país.

Su creciente importancia está ligada a la instauración del sistema político de cuño democrático que se normaliza en nuestro país, ya que la constitución y dinámica de los mercados políticos ha experimentado cambios sustanciales en los últimos años. Los bajos niveles de competitividad han dado lugar a una intensa y rigurosa competencia. Es decir, la competitividad partidista ha aumentado en forma sorprendente. En este escenario de alta competencia, los conocimientos que proporciona esta disciplina son de gran ventaja para las elites, de tal forma que la diferencia entre el éxito y el fracaso de los políticos y sus institutos y organizaciones es el uso de la mercadotecnia política.

De esta forma, los estudios y análisis sobre la mercadotecnia política, desde diferentes perspectivas y marcos interpretativos, han experimentado un auge en México. En los diversos medios de comunicación, por ejemplo, frecuentemente se escuchan comentarios y análisis sobre las diferentes estrategias y campañas propagandísticas de los candidatos a la presidencia de la república y a otros puestos de representación popular. Sin embargo, aún no existen en México revistas especializadas en la temática de mercadotecnia política, campañas y elecciones, a pesar de la gran diversidad de procesos electorales que se realizan año con año en el país.[122]

En las organizaciones políticas, se han empezado a crear espacios y estructuras especializadas en mercadotecnia política y estudio de imagen como es el caso del Partido Acción Nacional que contempla dentro de su organigrama la Dirección de Mercadotecnia Política. De hecho, todos los partidos políticos con registro ante el IFE cuentan ya con espacios y personal especializado en esta materia, aunque

---

[122] De acuerdo a Gabriel González Molina, en México se organizan cada seis años más de siete mil campañas electorales con una duración en promedio de doce semanas (Véase Gabriel González Molina, *Cómo Ganar Elecciones: Estrategias de Comunicación para Candidatos y Partidos*, México: Ed. Cal y Arena, 2000).

predominantemente en las estructuras nacionales. En los centros educativos del nivel superior, está nueva disciplina empieza a adquirir un estatus académico, aunque aún como parte complementaria, predominando los diplomados y seminarios especializados en esta materia. Tal es el caso, por ejemplo, del Diplomado en Mercadotecnia Política que desde 1997 oferta el Instituto Tecnológico Autónomo de México (ITAM), la Universidad de Guadalajara y el Instituto de Estudios Superiores de Occidente (ITESO) desde 1999.[123]

Allende las fronteras, la mercadotecnia política está mucho más desarrollada. Por ejemplo, en los Estados Unidos se ofertan programas académicos especializados para formar mercadólogos políticos, expertos en imagen y propaganda, así como estrategas y consultores políticos de alto nivel. En estos países sobresalen publicaciones especializadas como es el caso de la *Revista Campaigns and Elections*. En ese país tiene su sede también el Centro Interamericano de Gerencia Política que organiza seminarios internacionales de mercadotecnia política en diferentes partes del mundo. En Argentina, se encuentra la sede de la Asociación Latinoamericana de Consultores Políticos (ALACOP), que ha introducido esta nueva disciplina a muchas partes del subcontinente a través de la organización de seminarios y cursos internacionales en el campo del marketing político y de encuentros entre especialistas en esta materia. En Brasil, se conformó, en mayo de 1998, la Asociación de Consultores de Comunicación Política y Gubernamental de las Américas (MERCOPAM), que ofrece consultorías especializadas en mercadotecnia política a todo el Continente y cuyo presidente es el mercadólogo Hiram Pessoa de Melo.

En México, la mercadotecnia ha tenido un desarrollo diferenciado, presentándose un desarrollo incipiente como campo del conocimiento académico, y un desarrollo avanzado como campo pragmático del saber político. Es decir, la mercadotecnia se ha incorporado plenamente a las campañas políticas, a pesar de que aún no ha adquirido, propiamente hablando, un estatus académico y profesionalizante.

A la par de la pujante emergencia en México de cursos, seminarios y diplomados sobre mercadotecnia política se ha generado un amplio mercado para las publicaciones sobre esta temática o sobre la organización de campañas electorales. Sin embargo, predomina también en este tipo de materiales la orientación prescriptiva, tipo manual, por encima de los enfoques analíticos.

En materia legal, existe un vacío normativo sobre la permisividad y limites en el uso de las técnicas y estrategias propagandísticas de la mercadotecnia política. En México, el Código de Organizaciones y Procedimientos Electorales (COFIPE), señala algunas definiciones básicas sobre campañas, emblemas, encuestas y

---

[123] En los diplomados que se ofertan en los centros de educación superior del país existe confusión y arbitrariedad sobre los limites, alcances y áreas de estudio propias de la mercadotecnia política, persistiendo la falta de una delimitación del campo cognoscitivo que comprende esta nueva disciplina. De esta forma, encontramos que en diplomados sobre mercadotecnia política se estudia como eje básico los sistemas electorales y de partido, los sistemas políticos, la historia de los partidos políticos y la legislación electoral.

financiamiento de las campañas, pero no existe, propiamente hablando, un código que defina limites y delimite fronteras ligadas a pautas éticas de una contienda políticas civilizada y de nivel. Es cierto, existen otros ordenamientos propios de procedimientos del comercio, el mercado y penales que pueden ser referenciados, pero no existe en la actualidad una ley que reglamente el uso de la mercadotecnia en procesos político-electorales.

Como disciplina académica, la mercadotecnia ha tenido un desarrollo aún limitado, al conservar, como apuntamos anteriormente, un perfil instrumental, por lo que se impone la necesidad de abrir espacios para la investigación en este nuevo campo disciplinar. Los fenómenos políticos ligados al impacto de la mercadotecnia en los procesos de decisión del voto del elector, los estudios de mercado político, las diversas estrategias mercadotécnicas impulsadas por las formaciones políticas, así como el desarrollo de esta disciplina son, entre otros, algunos de las áreas propias para la investigación científica. De hecho, sin temor a equívocos, se puede decir que en este campo disciplinar existe una enorme veta para la investigación, ya que prácticamente son escasos los trabajos analíticos sobre la mercadotecnia política en México.

En los campos académicos, la mercadotecnia tendrá que evolucionar de ser una disciplina periférica, que se imparte de manera optativa o complementaria en los programas académicos (predominantemente de ciencia política, comunicación y mercadotecnia en general o en programas de educación continua), hacia la constitución de su propio campo disciplinar a nivel superior. Es decir, a futuro los centros de educación superior tendrán que ofertar programas de licenciatura, especialidades o posgrados en mercadotecnia política o en vinculación con programas académicos para la formación de consultores políticos, en psicología y comunicación de masas o estrategas de campaña.

¿Técnica, Ciencia o Arte?

No existe claridad sobre el estatus de la mercadotecnia política ni sobre su campo de delimitación con respecto a otras disciplinas. Para algunos, la mercadotecnia es tan sólo un arte, ya que implica una serie de aptitudes, destrezas, técnicas y estrategias propagandísticas que tienen como objetivo la búsqueda de la persuasión y cortejo de los electores. Para otros, la mercadotecnia puede ser considerada una ciencia, ya que tiene su propio cuerpo conceptual, así como métodos, principios, marcos teóricos y su propio capital intelectual. Otros hablan de la mercadotecnia política como tecnología, ya que busca la utilidad, al aplicar sus conceptos, conocimientos y estrategias a la realidad socio-política.

Su naturaleza y objeto de estudio aún no se encuentra bien delimitado, ya que retoma muchos de los conceptos y categorías de la mercadotecnia comercial, de la psicología política y de las ciencias políticas. En este sentido, bien se le puede denominar, una disciplina híbrida producto de la conjugación de la mercadotecnia comercial con la política y la ciencia política.

De la mercadotecnia comercial adopta conceptos tales como estudio de mercado, posicionamiento, imagen, marketing mix y canales de distribución, entre otros. De la política y sus ciencias, retoma conceptos como estrategia, táctica, proselitismo, plan de campaña y propaganda, por señalar algunos.

Sin embargo, esta es una disciplina distinta, ya que la ciencia política es una parte de las ciencias sociales que se ocupa de los fenómenos de la sociedad asociados al poder, el Estado, el gobierno, la cultura y el hombre en su función social. Por su parte, la mercadotecnia política es una disciplina que busca encontrar las relaciones de causalidad de los fenómenos de comunicación, la imagen pública y las estrategias de persuasión de las elites políticas hacia la sociedad. No es meramente descriptiva o prescriptiva, sino también analítica y tiene un carácter dinámico y operativo.

A la mercadotecnia comercial se le define como el estudio y análisis del mercado, así como la instrumentación de programas cuidadosamente formulados y llevados a la práctica para que se efectúen voluntariamente intercambios de valores entre dos o más individuos. La mercadotecnia también se le conceptualiza como un proceso social y administrativo por medio del cual el individuo y grupos obtienen lo que necesitan y desean al crear e intercambiar productos y valores por otros. De esta manera, la mercadotecnia significa trabajar con mercados para que se lleven acabo intercambios con la finalidad de satisfacer necesidades y deseos de los seres humanos.[124]

A diferencia de la comercial, la mercadotecnia política es un acervo de conocimientos tocante a la realidad sociopolítica y la aplicación de ellos en los procesos de legitimación social. Es, de cierta manera, una ciencia teórica con un perfil práctico.

El objeto central de su preocupación es el conocimiento y persuasión de los ciudadanos constituidos en mercado político, investiga sus principales problemas como ente social, indaga su sensibilidad a los estímulos, analizando sus reacciones, sentimientos y comportamiento, diseña las estrategias propagandísticas más efectivas para lograr su cometido, estudia el contexto y la coyuntura política, establece relaciones entre mensaje, percepción y persuasión, se preocupa por los problemas asociados a la imagen y opinión pública, así como de las acciones proselitistas de las elites políticas, penetra en la doctrina y las teorías políticas e investiga los fenómenos de la comunicación política.

En este sentido, la mercadotecnia política implica el análisis y conocimiento de las necesidades de los ciudadanos dentro del ámbito socio-político y el desarrollo de planes y programas conducentes a su satisfacción.[125]

---

[124] Philip Kotler y Gary Armstrong, *Fundamentos de Mercadotecnia*, segunda edición, Edit. Prentice Hall Hispanoamericana, S.A. 1991.

[125] Véase Rafael Reyes Arce y Lourdes Munch, *Comunicación y Mercadotecnia Política*, Ed. Noriega, 1998.

Diferentes acepciones

Como pasa en otros campos del saber, no existe una definición única y absoluta sobre la mercadotecnia política, sus alcances y límites. Para Salvador Mercado, la mercadotecnia política consiste en la aplicación de los conceptos básicos de la mercadotecnia para satisfacer las necesidades y expectativas del mercado electoral.[126] Por su parte, Francisco Javier Barranco Sáiz, señala que el marketing político es el conjunto de técnicas que permiten captar las necesidades que un mercado electoral tiene, estableciendo, en base a esas necesidades, un programa ideológico que las solucione y ofreciéndole un candidato que personalice dicho programa y al que se apoya e impulsa a través de la publicidad política.[127]

La primera definición tan sólo considera que se tiene que trasladar los conceptos, esquemas y principios de la mercadotecnia comercial a la política, lo cual desde diferentes puntos de vista es incorrecto. En primer lugar, la lógica de funcionamiento de las empresas es discordante a la lógica de la política. Es decir, el mercado electoral es distinto al mercado comercial, ya que el político responde a otro tipo de estímulos (aceptación popular y posición política), el proceso de intercambio también es diferente (se permuta apoyos o votos por programas de gobiernos o expectativas de mejoramiento público) y los actores involucrado en el proceso responde a motivaciones también distintas (empleo-salario versus militancia). En segundo lugar, la política entendida en su visión weberiana, como el arte de influir en las decisiones públicas, es un campo mucho más complejo, dinámico e incierto que el comercio que responde a principios y leyes un poco más estables y predecibles. Finalmente, la mercadotecnia comercial fomenta el intercambio de objetos, valores o servicios, y la política busca el intercambio de ideas, proyectos, y simpatías personales o colectivas.[128]

La segunda definición es un poco más acertada y acorde con el planteamiento independentista de la disciplina como campo específico y autónomo del saber político. Sin embargo, también presenta sus limitaciones. En primer lugar, los define única y exclusivamente como un conjunto de técnicas para satisfacer las necesidades que se presentan en el mercado electoral. Sin embargo, la mercadotecnia política no comprende únicamente la cuestiones técnicas, sino y sobre todo, una serie de estrategias y acciones ligadas a los fenómenos de

---

[126] Véase Salvador Mercado H, *Mercadotecnia de servicios*, Editorial Pac. S.A. de C.V. 1996, p.171.

[127] Francisco Javier Barranco Sáiz, *Técnicas de Marketing Político*, Ed. Rei, México, 1997, p. 13.

[128] Existen otras diferencias entre mercadotecnia comercial y política. Las más importantes son: 1) Que en la mercadotecnia política existe un limitado número de partidos y candidatos y en la comercial es enorme el número de productos o servicios que se ofrecen; 2) el mercado político es temporal y el comercial generalmente es permanente; 3) el objetivo de la mercadotecnia política es ganar las elecciones o la aprobación del ciudadano y en la mercadotecnia comercial el objetivo es la utilidad monetaria; 4) La organización electoral es dinámica, se establece totalmente nueva y la comercial es más estable; 5) Finalmente, la mercadotecnia política se basa predominantemente en voluntarios y la comercial en asalariados.

comunicación política, la construcción de imagen, el trabajo proselitista y el estudio del mercado político.

En segundo lugar, la mercadotecnia política, aunque lo incluye, tampoco se reduce a establecer un programa ideológico o proponer candidatos para tratar de solucionar las necesidades que se presentan en el mercado electoral, ya que la mercadotecnia política es una disciplina que no se limita a los procesos electorales, sino que también es una herramienta que puede ser utilizada en procesos de legitimizacion política de gobernantes, líderes, proyectos, ideas y planes de acción más allá de los procesos comiciales.

Finalmente, los términos que usa no pertenecen al nuevo campo del saber de esta naciente disciplina, ya que habla de publicidad, propio del ámbito comercial, en lugar de propaganda que es más acorde a la mercadotecnia política.

Ante este tipo de limitaciones, se puede aventurar una tercera definición que bien puede ir en los términos siguientes: mercadotecnia política es una disciplina que se encarga del estudio de los fenómenos relacionados con el estudio del mercado político, los procesos de comunicación y legitimidad política, las estrategias proselitistas y el proceso de intercambio entre elites políticas y ciudadanos.

La Mercadotecnia como Ciencia

La mercadotecnia política es un campo del saber transdisciplinario y multigeneológico, ya que se le puede identificar, según sea el caso, como ciencia, arte, técnica o tecnología.

Como ciencia, la mercadotecnia política designa un conocimiento, busca la verdad con rigor y objetividad. También cumple con los elementos esenciales del conocimiento científico que son la corregibilidad, la demostrabilidad y la describilidad.

Como disciplina, sus conocimientos están en constante renovación y actualización, desechando esquemas, técnicas y métodos rebasados y construyendo continuamente nuevas pautas del entendimiento socio-político. En este sentido, es una ciencia diferente que se aleja de los principios del positivismo que considera que todos los fenómenos están sujetos a leyes naturales invariables.

Sus hallazgos se pueden contrastar con la realidad, demostrando la valides de sus principios generales y la aplicación de los mismos a otras realidades específicas. En este sentido, se cumple el principio conductista de generalización en la que sus principios pueden aplicarse en otros casos, siempre y cuando presenten las mismas características y circunstancias.

Finalmente, el objeto de estudio de la mercadotecnia está sujeta a la descripción e interpretación de su propio campo cognoscitivo, así como de sus principios, hallazgos y conclusiones.

Sin embargo, en el caso de México, la mercadotecnia política es una ciencia todavía necesitada de una mejor justificación y de marcos teóricos y metodológicos propios, ya que su juventud le ha significado la existencia de vacíos y limitaciones propias de una naciente disciplina.

La Mercadotecnia como Arte y Técnica

A esta disciplina también se le cataloga como arte, ya que implica virtud, destreza, poder, eficacia y habilidad en la manufactura de programas propagandísticos y planes de campaña, entre otras cosas. De acuerdo a una definición de diccionario, el arte es el conjunto de reglas de un oficio que el hombre aplica a la manufactura de un objeto o a la realización de una representación u obra. [129] En este sentido, la mercadotecnia política tiene mucho de arte que implica creación, imaginación y talento de parte de los profesionistas de esta disciplina.

No obstante, otros la asocian y definen más con la técnica, la cual se le identifica mucho también con la ciencia y el arte, ya que a la técnica se le define como el conjunto de procedimientos propios de un arte, ciencia u oficio.

De esta forma, para una gran cantidad de analistas y politólogos, la mercadotecnia política se constituye en una serie de técnicas de persuasión de los ciudadanos para alcanzar los objetivos de poder por parte de los políticos o formaciones políticas. Por ejemplo, de acuerdo a Rodrigo Borja, acudir al subconsciente- donde germinan las motivaciones profundas de los actos humanos- utilizar medios subliminales para modificar sutilmente su voluntad, simplificar las ideas y repetirlas incesantemente hasta incrustarlas en el cerebro de las personas, martillar con los slogans propagandísticos hasta lograr condicionar su conducta, repetir invariablemente el logotipo para que el objeto de la promoción entre también por los ojos son también algunas de las técnicas del marketing político.[130]

Tecnologías del Marketing Político

Una definición distinta a las anteriores señala que la mercadotecnia es una tecnología administrativa aplicada a la política para influir en el comportamiento de las masas en una situación de competitividad. De esta manera, a esta disciplina se le asocia más con el termino tecnología que con ciencia.

De acuerdo a una definición convencional, la tecnología es el conocimiento científico aplicado a tareas prácticas, misma que se diferencia de la ciencia por su perfil pragmático. Como todos sabemos, la ciencia busca la verdad mientras que

[129] Ramón García-Pelayo y Gross, *Diccionario enciclopédico Larousse*, edición 1997.
[130] Rodrigo Borja, *Enciclopedia de la Política*, México: Ed. Fondo de Cultura Económica, 1998, p. 645..

la tecnología persigue la utilidad, la ciencia observa la realidad y la tecnología trata de modificarla, la ciencia es eminentemente especulativa mientras que la tecnología es aplicada.

En este sentido, la mercadotecnia política mantiene elementos tridimensionales tanto de ciencia, de arte, así como de tecnología. O mejor dicho, es una ciencia con un alto perfil tecnologizado que connota e implica creatividad artística. Como ciencia busca conocer la verdad del mercado político y la relación entre fenómenos que se presentan en él, pero como tecnología busca la utilidad, ya que aplica sus conceptos y categorías a la realidad.

Como tecnología, la mercadotecnia proporciona a la sociedad política herramientas y conocimientos útiles para el estudio y percepción del mercado político, en el diseño de planes de campaña y proyectos propagandísticos, de manufactura de programas proselitistas y mejoramiento de la imagen de hombres de Estado, políticos, lideres y actores sociales.

La mercadotecnia política se auxilia de otras tecnologías de vanguardia para alcanzas sus objetivos. De esta manera, utiliza como medios para su expresión a la radio, la televisión, los programas de cómputo, el telepromter, la Internet, la imprenta, el diseño gráfico y la fotografía. Estos medios, a su vez, complementan a la nueva disciplina, ya que sin ellos el desarrollo de la mercadotecnia sería muy limitado. Es decir, la mercadotecnia está ligada al propio desarrollo de otras tecnologías que al usarse intensivamente como medios le dan la forma y el peso específico como disciplina.

La Mercadotecnia Política y otras Disciplinas

La mercadotecnia política comparte fronteras, conocimientos y métodos con otras disciplinas como lo son la economía, el derecho, la sociología, la geografía, la informática y la computación, las matemáticas y la estadística, los estudios internacionales, la administración y las finanzas, la psicología, la filosofía, la historia, el trabajo social y las ciencias de la comunicación.

Muchas de estas disciplinas se constituyen en verdaderos soportes de la mercadotecnia. La economía, por ejemplo, le ayuda a conocer el contexto socioeconómico en el que se realizan los procesos políticos, diagnosticando las políticas económicas prevalecientes y sus efectos sobre la ciudadanía. La economía ayuda también a la mercadotecnia a conocer sobre la situación de ingresos percapita de los electores, el nivel de vida, ayuda a diagnosticar el mercado electoral como lo es lo referente a la oferta y la demanda y acerca de las políticas económicas de una nación.

La historia sirve a los mercadólogos políticos para conocer la evolución política de un determinado mercado electoral, su conformación y cambios que se han dado a través de las diferentes épocas. A través del conocimiento de la historia, la mercadotecnia puede realizar un diagnóstico más adecuado del mercado político, recomendar estrategias a seguir, enfatizar sobre las hazañas y remembranzas de sus héroes e identificar al candidato con valores y tradiciones muy arraigadas entre el electorado.

El trabajo social ayuda a diagnosticar los problemas sociales de los grupos más desfavorecidos de la sociedad, propone alternativas para su solución y para que candidatos y partidos puedan establecer una mejor comunicación con grupos vulnerables de la sociedad.

La ciencia política como la disciplina rectora de la mercadotecnia ayuda al mejor entendimiento de los fenómenos políticos y los temas relacionados con los asuntos de gobierno, políticas públicas y el poder. Por ejemplo, el conocer la cultura política predominante en un determinado segmento del mercado político ayuda al mercadólogo a recomendar estrategias y planes de acciones para conquistar de mejor manera ese mercado político.

El derecho también es importante ya que un mercadólogo político debe basar su trabajo en el respeto a las leyes, normas y reglamentos vigentes en una determinada localidad. De particular importancia resulta, el conocimiento, respeto y observancia de las leyes electorales como lo son el COFIPE y las leyes electorales de los estados.

El estudio de fenómenos sociológicos, objeto de estudio de la sociología, tales como los movimientos sociales, la segmentación social y los conflictos de interés entre diferentes sectores sociales ayudan a que el mercadólogo político tenga una mejor conocimiento de su entorno y el medio donde desarrollará su trabajo.
La geografía auxilia en la construcción de mapas electorales, cartografías de posicionamiento de candidatos y estrategias de campaña por región. La informática y cómputo son esenciales para elaborar bases de datos sobre determinados sectores del mercado político, para llevar la contabilidad y el seguimiento de los gastos de campaña, para hacer proyecciones estadísticas sobre las tendencias electorales, para elaborar los comunicados, para diseñar una hoja de Internet, para dictar conferencias con tecnología virtual, para integrar una red de comunicación con los comités municipales, entre otras actividades.

Las matemáticas y estadística le ayudan a para conocer las tendencias electorales, auxiliar en la elaboración de encuestas sobre las preferencias electorales y para la toma de decisiones sobre bases cuantitativas.

Los estudios internacionales son básicos para conocer las tendencias mundiales y los acontecimientos internacionales que afectan o inciden en las elecciones nacionales o estatales. Para tomar como referencias las experiencias electorales de otros países y los avances más importantes en materia de campañas políticas.

La administración y finanzas útiles para hacer un uso eficiente de los recursos económicos de la campaña y planificar el gasto de los mismos.

La psicología y neurolingüística auxilian a los mercadólogos para conocer la forma en la que piensan los electores, sus valores, miedos e idiosincrasia. Para diseñar estrategias que permitan una mayor incidencia del candidato y partido sobre los electores incluyendo mensajes subliminales y procesos neurolinguísticos.

La filosofía es necesaria para conocer la historia de las ideas políticas y su sustento filosófico, para darle mayor sustento teórico a las presentaciones de mensajes y discursos de los candidatos y para rescatar ideas y planteamientos hechos por filósofos y grandes pensadores de la historia.

Finalmente, las ciencias de la comunicación como parte central de la mercadotecnia nos ayuda a diseñar las mejores estrategias de propaganda que puedan incidir en el mercado político. Esto incluye el estudio del proceso mismo de comunicación y los medios por los que llegar los mensajes a los electores.

Mercadotecnia y Modernización

El auge en el uso de la mercadotecnia política en México responde a varios factores y cambios que se han presentado en otras esferas del desarrollo nacional. Por ejemplo, los cambios demográficos han ocasionado que una gran cantidad de jóvenes se incorporen al mercado político. De hecho, de acuerdo a las cifras del FONAPO, el promedio de edad de los mexicanos es de 26 años, lo que implica que una gran cantidad de ciudadanos sean jóvenes con una edad de entre 18 y 20 años.

Las constantes modificaciones del entorno social están motivando que, de manera creciente, la mujer participe en política, arrebatando con esto el monopolio que históricamente mantuvo el hombre en este campo. Recuérdese que en el caso de nuestro país fue a partir de 1952 cuando la mujer adquirió sus verdaderos y legítimos derechos a votar y ser votadas. De esta forma, han generado además una mayor densidad de organizaciones no gubernamentales y un mayor crecimiento de la sociedad civil.

Los cambios económicos y sus manifestaciones (globalización, integración comercial y reforma económica) están ocasionando una mayor diferenciación social, ensanchando la brecha que divide a los ricos de los pobres. De hecho, el actual modelo de desarrollo que privilegia las políticas económicas de corte neoliberal han generado 40 millones de mexicanos viviendo en la pobreza o en la extrema pobreza. Esta drástica realidad tiene que ser estudiada por los mecadólogos políticos para proponer alternativas a las elites que incidan en la solución de los problemas o en la reducción de los mismos.

Los cambios tecnológicos inciden también en la mercadotecnia y no sólo por la sofisticación de los medios con los que se producen y hacer llegar los mensajes propagandísticos al ciudadano, sino por la velocidad y cantidad en que aparecen nuevas tecnologías para la administración de campañas electorales.

Los cambios políticos, como se comentó más arriba, están generando escenarios muchos más competitivos, nuevos ordenamientos electorales y marcos normativos que reglamentan la competencia política entre viejos y emergentes actores, haciendo posible con esto el desarrollo y auge de la mercadotecnia política.

En fin, la modernización y los cambios que esto ha implicado, está generando nuevos retos y desafíos a esta disciplina, misma que tiene que reestructurarse para estar al nivel que las mismas circunstancias lo reclaman.

Los Servicios de la Mercadotecnia Política

La mercadotecnia política comprende una gran variedad de acciones y campos específicos de servicio y asesoría que no propiamente pueden ser considerados como consustanciales a esta nueva disciplina, sino a otras. La opinión pública y las encuestas, por ejemplo, pueden ser analizados como parte de las ciencias políticas o de las ciencias de la comunicación. La manufactura de un plan de campaña y el diseño organizacional para realizar organigramas de campaña y conformar equipos de trabajo en torno a los procesos políticos es otro campo que se le puede ubicar dentro de la planeación estratégica o en las ciencias administrativas.

Sin embargo, su propio campo de acción y sus alcances también son amplios. Por ejemplo, la investigación del mercado político, las estrategias de mercadotecnia, la propaganda política, el manejo de imagen y las actividades de proselitismo son parte sustancial de esta disciplina. En este sentido, mercadotecnia no es sólo mercadeo, venta de imágenes o ideas políticas, sino investigación, creación y manufactura de procesos perceptivos orientados a alcanzar los objetivos de persuasión de las masas establecidos por las elites.

Los servicios que ofrece la mercadotecnia son diversos y presentan cuatro características principales: Intangibilidad, heterogeneidad, inseparabilidad y caducidad. La primera implica que los servicios que la mercadotecnia ofrece son abstractos e intangibles. En este aspecto, la creatividad y las ideas juega un papel muy importante en los servicios de mercadotecnia.

La heterogeneidad significa que los servicios o productos no están estandarizados y tiene alta variabilidad, ya que deben ser adecuados dependiendo de la especificidad y características del mercado político que se trate. Recuérdese que cada mercado político[131] es único, producto de una serie de circunstancias históricas, políticas y sociales.

Inseparabilidad implica que los servicios, por lo general, se producen y consumen al mismo tiempo, con participación de los ciudadanos en el proceso. Finalmente, la

---

[131] En términos prácticos, una circunscripción electoral (municipio, distrito, estado o nación), una universidad, un sindicato, una organización política o una cámara de comercio se constituye en un mercado político.

caducidad significa que lo que ofrece el partido o candidato tiene poca durabilidad, ya que lo que ofertó, por ejemplo, José López Portillo en 1976, no puede ser valido para la contienda electoral del 2006.

Finalmente, los servicios de mercadotecnia política se ofrecen por consultorías privadas, agencias de publicidad, oficinas de comunicación social, relaciones públicas o despachos especializados en manejo de imagen, marketing, diseño y comunicación.

Subdisciplinas de la Mercadotecnia Política

La mercadotecnia política puede ser dividida para su estudio y análisis en, al menos, cinco subdisciplinas. Ellas son: la mercadotecnia de referencia, la mercadotecnia de reclutamiento, la mercadotecnia de proveedores, la mercadotecnia interna y la mercadotecnia externa.

La mercadotecnia interna asegura que todo el equipo humano trabaje en forma conjunta y armoniosa para alcanzar los objetivos que se persiguen. Lo que busca es eficientar el uso del capital humano y el diseño organizacional para potencializar los atributos de la organización. Mediante la mercadotecnia interna se busca además homogeneidad, responsabilidad y profesionalismo de los integrantes de la organización o equipo de trabajo.

La mercadotecnia de reclutamiento está orientada a incrementar la membresía de los institutos políticos y grupos de interés, seleccionando a los mejores y estimulando la permanencia al interior de la organización. El diseño de campañas especiales o permanentes de reclutamiento, así como sus estrategias propagandísticas y de selección de nuevos miembros de las organizaciones o grupos es una de las actividades principales de este tipo de subdisciplina.

La mercadotecnia de proveedores está orientada a recolectar fondos y recursos económicos que hagan posible la subsistencia de la organización o que la pongan en ventajas con respecto a sus competidores. En países, como los Estados Unidos, donde el financiamiento privado es mucho mayor al público, este tipo de mercadotecnia es de trascendental importancia para la subsistencia y éxito de las formaciones políticas y candidatos.

La mercadotecnia de referencia está orientada al conocimiento del contexto en el que se prestan los servicios, la cultura de las masas, sus sentimientos, problemas, conflictos, prejuicios y valores. De cierta manera, la mercadotecnia de referencia implica el diagnostico preciso del mercado político-electoral, sus cambios y procesos que se presentan a su interior. Finalmente, la mercadotecnia externa o de influencia se orienta al conocimiento del entorno socio-político, económico y cultural a una escala global que, de una u otra forma, permea el desarrollo de la política y la conducta del ciudadano.

Los Actores del Mercado Político

En un mercado político se presentan una serie de procesos y eventos dinámicos en la que interactúan diversos actores políticos y sociales. De cierta manera, el mercado está repleto de actores políticos que, en cada circunstancia, surgen, desaparecen o se consolidan.

Los principales actores del mercado político son tres: los electores, los políticos y sus organizaciones, así como los medios de comunicación. Los ciudadanos, de hecho, son los que en tiempos electorales constituyen el mercado político al cual se le requiere estudiar su comportamiento, sus motivaciones, hábitos de voto y prejuicios.

Los hombres públicos (políticos) son la otra parte del esquema de intercambio que se da en el mercado electoral. Un político ofrece a sus ciudadanos programas, expectativas de solución de los problemas de la sociedad, ideas, imágenes, atributos personales, planes de obra pública o proyectos de nación. Pero como en una sociedad democrática de mercado, se caracteriza por la pluralidad, se hace necesario el estudio de los competidores de estos políticos para conocer sus fortalezas y debilidades.

Definitivamente, los medios constituyen el tercer actor importante del proceso de intercambio que se produce en un mercado político. Los medios pueden ser diversos y abarca todo la serie de objetos utilitarios, pancartas, gallardetes, afiches, prensa escrita (periódicos, volantes, cartas, etc.), y sobre todo, los medios electrónicos (radio, televisión, megáfonos, Internet, etc.) que se utilizan para hacer posible que los mensajes de los políticos puedan llagar a los electores.

Todos estos actores, interactuán regidos por un marco normativo, representado por leyes y reglamentos de carácter político electoral y otro tipo de ordenamientos asociados al comercio, la comunicación y la política.

Consideraciones finales

En los últimos años hemos sido testigos del nacimiento y desarrollo de la mercadotecnia política en México. Este desenvolvimiento se da como resultado de la conjunción de tres factores relevantes: el proceso de transición política con rumbo democrático; el desarrollo y socialización de la tecnología y el acceso a "generosos" recursos económicos por parte de los partidos políticos. [132]Sin embargo, como campo del conocimiento, la mercadotecnia política es una disciplina en construcción en nuestro país. Por su juventud y temática que aborda,

---

[132] De acuerdo al IFE, los partidos políticos con registro tuvieron asignado con recursos públicos un gasto para campañas cercano a los 3, 700 millones de pesos para el proceso electoral federal del año 2000.

este campo del saber nace envuelto en una controversia sobre sus bondades y riesgos para el proceso mismo de cambio político con sentido democrático.

Para sus críticos, la mercadotecnia política representa un grave peligro para consolidar la democracia debido a sus efectos manipuladores de las masas y la transgresión de las normas ético-políticas de la sociedad, ya que en su aplicación en campañas político-electorales se abusa de ella. Para otros, la mercadotecnia es un nuevo campo del saber producto del proceso de transición política que no ha sido comprendida y aceptada aún por una parte de los académicos y políticos debido a una serie de desconocimientos sociales y deformaciones que sobre lo político y la política existen en nuestro país. Ante el vacío de conocimientos, la tendencia de la sociedad se ha orientado a una deformación interpretativa sobre esta disciplina.[133]

Su creciente importancia está ligada a la instauración del sistema político de cuño democrático que se normaliza en nuestro país, ya que la constitución y dinámica de los mercados políticos han experimentado cambios sustanciales en los últimos años. Los bajos niveles de competitividad han dado lugar a una intensa y rigurosa competencia. Es decir, la competitividad partidista ha aumentado en forma sorprendente. En este escenario de alta competencia, los conocimientos que proporciona esta disciplina son de gran ventaja para las elites, de tal forma que la diferencia entre el éxito y el fracaso de los políticos y sus institutos y organizaciones puede ser el uso de la mercadotecnia política.

No obstante, aún hace falta mucho por hacer en esta área. Como parte del desarrollo de la mercadotecnia política en México, en el corto plazo se impone, por ejemplo, la necesidad de trabajar en la delimitación y diferenciación del campo de estudio de esta disciplina, así como en la generación de líneas de investigación propias sobre el proceso de intercambio político y el análisis científico de las campañas electorales en este país. La idea es trabajar en la construcción intelectual de un campo propio del saber en el ámbito de la mercadotecnia política, utilizando los avances que se han presentado en la mercadotecnia comercial, en la ciencia política, en la psicología y en las ciencias de la comunicación. Este impulso exploratorio nos debe llevar a nuevas fronteras del conocimiento sobre esta nueva disciplina y a la identificación de su objeto de estudio. De esta forma, la mercadotecnia política pasará de ser una disciplina emergente para constituirse en un campo consolidado del saber político en nuestro país.

---

[133] Andrés Valdez Zepeda, "Las virtudes del marketing político: Un ensayo en su defensa," en *Este País: Tendencias y Opiniones*, diciembre de 1999.

Gobernar es Comunicar

Introducción

Este capítulo fue pensado para auxiliar a los titulares de los gobiernos, principalmente locales, sobre la mejor forma de gobernar, bajo las premisas fundamentales de la comunicación, las relaciones públicas y la mercadotecnia. Es un escrito prescriptivo, que busca aconsejar o, más bien, recomendar a los gobernantes algunas ideas sobre el arte del manejo de medios, en la búsqueda de la construcción de una buena imagen pública. En este sentido, éste no es un documento analítico, sino más bien un referente que auxilia al gobernante en el manejo exitoso de los medios y la construcción deliberada, planeada y controlada de la imagen de gobierno.

No se trata tampoco de decir que el arte de gobernar se reduzca al manejo de la mercadotecnia, la comunicación social o las relaciones públicas --lo cual puede parecer como superficial--, sino de tener claridad de la creciente importancia, en los tiempos modernos, de los medios de comunicación en la construcción no sólo de la imagen gubernamental, sino también en la legitimidad política de todo grupo gobernante. Sin duda que gobernar implica tener sensibilidad política, actuar con responsabilidad, honestidad y entrega a las mejores causas públicas, pero nunca se debe dejar de lado la idea de que gobernar es, en gran medida, comunicar, construyendo desde las bases y a partir de la comunicación el éxito en el ejercicio de gobierno.

El presente apartado pretende coadyuvar en la formación de los gobernantes para que sepan qué, dónde, cuándo y cómo declarar ante los medios de comunicación. Este escrito proporciona, además, algunos consejos para el manejo de medios y la construcción de una buena imagen pública.

Comunicación y legitimidad

1. La primera idea que todo gobernante debe tener muy en claro es que gobernar es comunicar. Esto es, en la responsabilidad de gobernar no sólo es importante un buen desempeño por parte de los titulares de las diferentes dependencias gubernamentales, sino también informar a los ciudadanos sobre los logros, avances, problemas y planes que se tienen. Coloquialmente hablando, se puede decir que "no sólo se debe poner el huevo, hay que saber cacarearlo."

Esto implica que se adopte una filosofía distinta a la que ha prevalecido en el pasado en el ejercicio gubernamental, en donde la comunicación social sea un eje articulador de los esfuerzos del grupo gobernante. El gobernar bajo un nuevo esquema centrado en la comunicación o, si se quiere, en la mercadotecnia, tendría varios beneficios. En primer lugar, se trabajaría para reforzar la legitimidad de los gobernantes, ya que gobernar informando al ciudadano genera mayor respaldo y consenso. En segundo lugar, gobernar comunicando ayuda a formar o reforzar una imagen más positiva de los gobernantes. Y, finalmente, usar la comunicación social como un eje articulador del ejercicio de la función pública acerca más a los gobernantes con los ciudadanos y les proporciona a estos últimos mayor información para juzgar su desempeño.

Indudablemente, existen diferentes formas de lograr la gobernabilidad. Una de ellas es la realización de eventos y acciones que impacten profundamente a la opinión pública y que, bien publicitados, conciten el respaldo popular. Es decir, la legitimidad de un gobierno también se construye por golpes publicitarios espectaculares. Tales fueron los casos, por ejemplo, de Alberto Fujimori, en Perú, cuando logró detener al "Presidente Gonzalo," Abimael Guzmán, líder del movimiento insurgente Sendero Luminoso, cuando inició un proceso de desmantelamiento de la guerrilla en ese país. Otro caso fueron las acciones del entonces presidente de México, Carlos Salinas de Gortari, quien decidió, al inicio del sexenio, dar un golpe espectacular al viejo corporativismo sindical y ordenó la captura del líder petrolero, Joaquín Hernández Galicia, alias "La Quina." Estas acciones y el manejo adecuado que se hizo de medios incrementó, al menos temporalmente, la popularidad de los gobernantes en turno y logró un amplio respaldo social.

En este sentido, la recomendación que viene al caso es que los gobernantes identifiquen las acciones que son ampliamente aceptadas y demandadas por la población y que no se habían realizado con anterioridad por parte de pasadas administraciones, realizarlas sin el menor titubeo y darle un manejo adecuado de medios. En otras palabras, los golpes de imagen deben ser espectaculares, empezando desde el primer día de su gobierno con un bombardeo profesional de imagen.

En consecuencia, un gobierno trascendental es producto de dos grandes acciones: un trabajo honesto, eficiente y oportuno en todas las áreas del gobierno y una buena imagen. Esta última, sin duda, se puede crear a partir del diseño de un plan estratégico de imagen gubernamental creado ex profeso. El trabajo de todo gobernante implica, sobre todo, comunicación. Por ello, la tarea sustancial de comunicación e imagen debe recaer sobre expertos o profesionales en la materia. La imagen de su gobierno debe coincidir con la imagen institucional que se apruebe con anticipación, la cual todos los funcionarios deben contribuir a crear y cuidar.

El gobernante requiere también respaldarse en el *marketing* y las relaciones públicas, y no sólo en las políticas de comunicación social. Es decir, por un lado, el *marketing*,[54] entendido como el proceso planeado de construcción de una imagen pública, el diagnóstico de los problemas que más afectan y le interesan a la comunidad para la toma de decisiones en materia de políticas públicas y el impulso de planes y campañas promociónales para lograr la aceptación de una idea, un proyecto o una acción de gobierno;[55] y por el otro, las relaciones públicas, entendidas como las acciones para ampliar y reforzar el contacto y compromiso del gobierno con grupos sociales específicos y de interés, con altas personalidades del mundo de la política, la cultura y las finanzas, así como con gobiernos de otras entidades.

Esto implica una concepción más amplia de la tarea de gobernar que no sólo recae en la simple acción de informar, sino en la meditada y bien planeada

---

[54] El *marketing* es un término anglosajón cuya traducción se emplea para hablar del área funcional de la mercadotecnia.

[55] El *marketing* ayuda también a la construcción de un personaje y al diseño de estrategias útiles para el mejoramiento continuo en la acción de gobernar.

construcción de una imagen pública del gobierno que utiliza el *marketing*, la comunicación social y las relaciones públicas en la búsqueda de un fin mayor.

Gobierno bajo diagnóstico

1. Para diseñar una campaña promocional no sólo es necesario el conocimiento preciso de los logros y avances en el ejercicio de gobierno, sino también el conocimiento puntual y específico de las aspiraciones, problemas, filias, fobias, sentimientos, tabúes y necesidades de los ciudadanos. Esto se logra gracias a la investigación de mercados, en la cual se utilizan herramientas de carácter tanto cualitativo como cuantitativo para hacer el diagnóstico requerido. Por ello, todo gobernante debe apoyar su trabajo y la toma de decisiones en estudios de mercado realizados por profesionales, en los cuales se conozcan a fondo los problemas y necesidades más importantes de la población. Esto implica investigación para la toma de decisiones.

La investigación de *marketing*, como herramienta informacional, tiene dos usos principales: conocer el sentir y opinión de la ciudadanía y agrandar las posibilidades de toma de decisiones de carácter racional. Sobre esto último, por ejemplo, el gobierno federal en el sexenio pasado realizó un estudio, por el cual pagó 23 millones de pesos, para determinar cuáles sectores de la población se encontraban en pobreza extrema y podían ser beneficiados por el programa Progresa. Los tipos de investigación que podemos encontrar en el campo de la mercadotecnia gubernamental son: histórica, descriptiva, experimental y comparada. Los métodos y técnicas de investigación que se pueden utilizar en la mercadotecnia gubernamental son también diversos, sobresaliendo los bibliográficos, de campo, estadísticos e históricos.

2. El gobernante requiere, además, apoyarse en encuestas de opinión para conocer el grado de aprobación o desaprobación que le otorga la sociedad, conocer los principales problemas que le preocupan al ciudadano y saber qué opinión tiene sobre las acciones y planes de gobierno, entre otras. Este diagnóstico, que se sugiere se haga de manera periódica a lo largo del ejercicio de gobierno, le será muy útil, como elemento retroalimentador, para seguir o modificar actitudes, políticas, programas o acciones de gobierno y, en general, para palpar o conocer la opinión pública predominante.

Un ejemplo de este tipo de estudios, enfocado al ex presidente Ernesto Zedillo Ponce de León, lo realizó el periódico *Reforma*, el cual, desde 1995 hasta el término de su mandato, en noviembre de 2000, realizó encuestas de opinión en el ámbito nacional. A la par del estudio de mercado, usted debe construir una buena relación con los medios. Aspectos que se abordarán a continuación:

Relación con los medios

1. Mantenga una excelente relación con los medios y sus representantes para que cubran, informativamente hablando, la labor que usted desempeña. Siempre

muéstrese abierto e interesado en informar a la ciudadanía sobre los asuntos de gobierno. Cultive amistad con los reporteros y sus superiores. Nunca se enfrente ni ofenda a los medios, ya que de lo contrario su gobierno puede enfrentar serios obstáculos o críticas por parte de sus representantes. Recuerde que la prensa constituye, en la práctica, el "cuarto poder" al cual usted le debe garantizar respeto y atención. Por ello, repito, mantenga una relación cordial, respetuosa, atenta y constante con los propietarios de los medios o sus representantes. De ellos depende, en gran medida, el que las políticas y objetivos de comunicación social de su gobierno se puedan concretar.

2. Nunca deje pasar el día de la libertad de expresión. Véala como una oportunidad para acercarse a los medios y generar confianza en ellos. Usted puede organizar un festejo, una comida o un acto especial que le permita un mejor acercamiento entre gobierno y medios de comunicación. Debe repartir tarjetas de felicitación y reconocimiento o puede, incluso, mandar pequeños regalos a los reporteros. Muestre su interés siempre en ellos, y más especialmente cuando los trabajadores de los medios de comunicación celebran su día.

Su gobierno tiene asignado o, si no, debe tener en lo inmediato, un gasto para asuntos de comunicación social. Ello implica el que usted o su coordinador de comunicación determinen hacia cuáles medios se destinará dicho presupuesto. Esto, que a simple vista parece muy sencillo, se puede convertir en un conflicto si no se maneja con cuidado. Trate de definir prioridades, conforme a la cobertura y posicionamiento del medio, pero busque también los equilibrios, ya que los medios que no reciban un trato que ellos consideren adecuado, pueden tomar una actitud crítica o despreciativa hacia su gobierno. Recuerde que los medios sobreviven, en gran parte, no sólo por los ingresos que los anunciantes privados les proporcionan, sino también gracias a los recursos que el gobierno gasta en promoción y anuncios.

3. La prensa tiene una gran capacidad para moldear la opinión pública. Indudablemente, la opinión pública es mucho más que los medios, pero la prensa cumple una función muy importante para transmitir información, formar impresiones y significados sobre los acontecimientos cotidianos y, sobre todo, para impulsar una forma de entender y procesar la política, los procesos y fenómenos políticos.

4. La prensa tiene sus propios intereses y usted puede lograr que sus intereses sean también parte de los medios. Sin embargo, usted debe saber que, por desgracia, también hay gente "torcida" en el negocio, abusos y también charlatanes en algunos medios. Usted no los enfrente, simplemente no se preste a posibles chantajes o prácticas malsanas. Trate, en todo caso, de conducirse con responsabilidad y honestidad, dando un trato respetuoso a todos por igual.

Existen diferentes formatos y medios por los cuales se puede estar en contacto con los ciudadanos a través de los medios de comunicación. A continuación, se describen los más importantes en la construcción de la imagen pública gubernamental y de sus funciones.

Ruedas de prensa

1. Toda rueda de prensa debe ser preparada con anticipación. Es importante dar información que sea atractiva para los medios y que pueda ser transformada en noticia para la población. En las ruedas de prensa se debe estudiar y memorizar, con cuidado, datos y cifras que refuercen y ayuden en el proceso de persuasión del ciudadano. Todo debe estar preparado y completamente supervisado, de tal forma que no existan contradicciones en la información, imprecisiones, errores o malentendidos.

2. A una rueda de prensa, dependiendo del asunto por tratar, se debe citar con anticipación, al menos con 24 horas antes de su celebración. Para citar a la rueda de prensa no sólo es necesario hacer llegar el citatorio a los medios o sus representantes, por fax o correo electrónico, sino que es muy importante lograr una comunicación directa –por lo menos, vía telefónica-- con los periodistas y reporteros de la fuente explicándoles la importancia del tema por tratar. En las invitaciones se debe estipular el motivo de la rueda de prensa, así como, lugar, hora y día de la celebración.

3. La rueda de prensa debe desarrollarse en un lugar accesible para los medios y en horarios "tradicionales", ya que de lo contrario es muy posible que no acudan. De hecho, en materia de ruedas de prensa los representantes de los medios ya tienen una serie de rutinas, lugares predilectos y costumbres que usted debe conocer para lograr una nutrida asistencia a sus actos.

4. A su arribo al salón donde se realizará la rueda de prensa, salude personalmente a los reporteros y agradézcales su interés por cubrir y atender la invitación que se les hizo. Al iniciar la rueda de prensa, es importante recalcar, en lo general, este agradecimiento a todos los asistentes. Siempre sea puntual en los compromisos establecidos con los medios, si usted citó a una determinada hora a la rueda de prensa, trate de estar unos minutos antes de esa hora, pero nunca llegue tarde. De lo contrario, los reporteros pueden estar molestos, con razón, por su impuntualidad y esto puede devenir en una orientación inadecuada de su nota informativa.

5. Nunca se debe improvisar en una rueda de prensa, a no ser que sea absolutamente necesario. Se recomienda entregar material escrito o en video a los medios para facilitar el entendimiento y realización de la nota informativa. Es recomendable, además, una preparación del gobernante en el asunto por tratar, de tal forma que se demuestre dominio del tema, conocimiento de los detalles y especificaciones del asunto del cual se va a informar. Entregue, además, un expediente que refuerce la información dada en la rueda de prensa.

6. El gobierno debe cuidar su imagen y presentación en la rueda de prensa. Esto implica cuidar su vestimenta, el aseo corporal, los arreglos del salón donde se celebrará la conferencia de prensa, el sonido y demás materiales necesarios. En particular, el gobernante se debe mostrar relajado y receptivo ante el cuestionamiento de los reporteros. Nunca, a no ser que se trate del anuncio de una pérdida lamentable, por más escabroso que sea el tema, debe reflejar angustia y desesperación en su rostro.

7. Durante el desarrollo de la rueda de prensa el gobernante debe mostrar seguridad y dominio del tema. Es importante que se haga una exposición magistral del asunto a tratar, que se conozcan los pros y contras, además de lo más actual del debate, así como, las versiones, en caso de que existieran, que los opositores han dado del tema. Durante la presentación, el gobernante debe mostrar sus habilidades discursivas, histriónicas y de persuasión ante los asistentes a la rueda de prensa. Recuerde, gobernar es comunicar.

8. Cuando es una rueda de prensa en la que participan también otros funcionarios, deles oportunidad de que amplíen la información y la refuercen, pero de antemano pídales no mostrar conflicto, contradicción con lo señalado por usted o desconocimiento del tema. Es decir, los informantes en una rueda de prensa se deben mostrar como un equipo sólido y cohesionado en el que existe unidad e integración. Es importante, además, dejar en claro entre sus funcionarios que quien debe ganar la atención y el interés de la prensa es el gobernante, el titular de la dependencia, no sus subordinados, por lo que se deben evitar protagonismos de gobernantes de jerarquía menor.

9. Después de concluida su exposición, es muy común que los periodistas tengan alguna pregunta o cuestionamiento que hacer. Por tal motivo, el gobernante se debe mostrar receptivo, agradeciendo la pregunta que se haga y respondiendo con amabilidad y atención, independientemente del tono, motivación y contenido de la pregunta. Es muy importante dar igualdad de oportunidades a los medios, sin mostrar preferencias sobre ninguno, para no generar celos o exacerbar las contradicciones muchas veces existentes al interior de este gremio

10. Una vez que se hayan agotado las preguntas de los reporteros, agradezca otra vez su presencia e invítelos a estar en contacto permanente con usted o sus asistentes para ampliar, en caso de que sea necesario, la información. Si se prepara algún brindis, permanezca por un corto tiempo en el salón y acérquese para comentar y saludar a los representantes de los medios más importantes. Esto generará una actitud favorable de los reporteros hacia usted y su gobierno.

11. Nunca se confronte con los reporteros, a pesar de que se sienta agredido u ofendido. Responda con respeto, en calma y con la mayor serenidad. Esto no es fácil, pero usted debe saber que la pregunta puede ser una provocación en la cual no debe caer. Si la pregunta no tiene nada que ver con el tema que está usted tratando, de manera respetuosa señale que con gusto daría respuesta a la misma,

pero que será al finalizar la conferencia, ya que no puede desviar la atención del tema central sobre el que está informando.

12. Algunas veces, los reporteros buscan confrontar a funcionarios y políticos, señalando comentarios y declaraciones supuestamente dichos por sus críticos o adversarios, que no son muy precisos ni necesariamente verídicos. No caiga en la fácil provocación, trate de responder moderadamente y con las reservas necesarias. No deje que los reporteros le generen enemigos gratis o lo hagan ver como belicoso. Primero infórmese y después dé respuesta puntual y, si así se requiere, enérgica sobre el asunto comentado.

13. Grabe todas las ruedas de prensa, ya que puede ser necesario hacer aclaraciones posteriores. Recuerde que una cosa es lo que usted dice en una rueda de prensa y otra puede ser lo que el reportero entendió y transmitió en su nota informativa. Si usted cuenta con grabaciones de lo declarado, puede acudir con los superiores del reportero y buscar una aclaración pública, pero si no tiene pruebas de lo declarado, usted poco puede hacer. Generalmente, en esas circunstancias, el director del medio le dará la razón a su personal, por encima de otras personas.

El gobierno es fuente permanente de información, por lo que las conferencias de prensa deben ofrecerse de manera periódica, de tal forma que los medios estén acostumbrados a sus intervenciones, posturas e informes. Sin embargo, asegúrese que en toda rueda de prensa se generen noticias y se den argumentos informativos atractivos para los medios.

Entrevistas en radio

1. Las entrevistas en radio son muy comunes para los gobernantes, ya que los reporteros buscan con frecuencia tener y transmitir notas informativas que tengan que ver con los asuntos públicos y de gobierno. De hecho, en los últimos años han proliferado programas radiofónicos de noticias debido al creciente interés del ciudadano en los asuntos públicos y el predominio de una cultura más auditiva. Por ello, es necesario que el gobernante esté preparado para ser exitoso en todas las entrevistas en radio que su función le demandará de manera cada día más frecuente.

2. Mientras esté al aire es de suma importancia una total concentración. Ponga interés hasta en los más mínimos detalles y todas las preguntas y cuestionamientos que se le hagan. Apréndase, además, muy bien el nombre o nombres de sus entrevistadores. Converse con él como si estuviera manteniendo una charla familiar, pero ponga atención en su voz, la entonación, las pausas y el contenido de sus palabras. Es importante también que conozca a su entrevistador. Pregunte sus antecedentes, experiencias, filias o fobias partidistas, y todo lo referente a su programa y estilo de comunicación. En su presentación puede, además, introducir anécdotas y analogías adecuadas según el tema y el momento que se viva.

3. Prepare siempre las entrevistas, no deje que la improvisación y la inercia del trabajo le hagan quedar mal ante el público radioescucha. Recuerde que en la radio usted tiene una excelente oportunidad para comunicarse con amplios auditorios y para dar la información que sea de su mayor interés. Hoy día, la radio es un nicho de oportunidades que permite acercar puntos de vista y contrastar opiniones, convirtiéndose, en cierta manera, en sustituto de la plaza pública donde anteriormente se debatían o contrastaban las opiniones ciudadanas.

4. Las entrevistas en radio se pueden dar en diferentes formatos, ya sea que se invite al gobernante a acudir a algún estudio o cabina de grabación; que el reportero se traslade a la oficina del gobernante; que éste sea abordado en un acto público o en "entrevista de banqueta". Ante tal variedad de escenarios, el gobernante debe saber qué hacer en cada uno de los casos.

5. Cuando el gobernante acuda a una cabina de grabación, debe pedir con anticipación que le manden un guión sobre el tema y los puntos de interés para la entrevista. Si es posible, y el nivel de confianza es bueno, puede pedir incluso un guión sobre los principales cuestionamientos que se le harán, así como, el tiempo que dispone para explicarlos. En la entrevista, el gobernante tiene que mostrar seguridad en lo que dice, ser respetuoso con el auditorio y el reportero que lo entrevista, así como buscar ser persuasivo sobre el tema que trata.

6. Cuando las preguntas sean un tanto incómodas, se debe buscar esquivarlas pero no debe ser tan obvio, de tal forma que no se dé una sensación al auditorio de que no quiere dar una respuesta. Puede responder que, por el momento, no tiene la información suficiente para articular una respuesta, que lo investigará y más tarde dará contestación a la pregunta. Se puede también decir que sí se contestará, pero en la respuesta se puede "salir por la tangente" o, simplemente, se puede ser omiso en esta pregunta o responder con generalidades, con un lenguaje cantinflesco[56].

7. En una entrevista por radio, se tiene que hablar pensando detenidamente lo que se dice, buscando siempre no faltar a la verdad ni ofender o agredir a terceros. Recuerde que "el pez por su boca muere," por lo que es más prudente ser parco en las respuestas que "desbocarse" y generar en el auditorio una sensación de anarquía en el gobierno. No incurra en el error que muchos gobernantes cometen cuando manifiestan una tendencia a responder de más a las preguntas, a decir más de lo que se desea saber.

8. Cuando algún radioescucha se comunique a la radio y lo contradiga públicamente, usted debe guardar la cordura y lo debe invitar a acercarse a su gobierno e informarse con más detenimiento y profundidad sobre el tema en

---

[56] Para evadir preguntas "venenosas" o escabrosas puede señalar lo siguiente: "Llegaré a ese tema en breve, pero primero permítame explicar... Esa es una pregunta importante, pero para contestarla usted debe entender..." De esta forma, usted puede salirse por la tangente.

cuestión. Nunca debe descalificarlo y acusarlo de ser un "gatillero" pagado por la oposición. Dé una respuesta firme, pero respetuosa: recuerde que no sólo lo escucha el crítico, sino también cientos o miles de ciudadanos.

9. En una entrevista por radio las frases cortas y bien sustentadas le ayudan a formar entre el auditorio una buena imagen de su persona y su gobierno, por lo que debe privilegiar lo breve y sustancioso por encima de lo largo y aburrido. Preocúpese por la entonación de su voz, la realización de pausas y por hacer énfasis en determinadas palabras y frases que usted quiera remarcar.

10. Nunca acepte entrevistas cuando sepa que hay otros invitados que asisten a la radio con la única finalidad de criticarlo o "acabarlo" políticamente. Usted es una persona muy ocupada, por lo que sobrarían excusas para explicar la ausencia en el programa. Usted no está obligado a acudir y ya habrá tiempo de aceptar en otra ocasión la invitación, pero bajo mejores escenarios. Si no es posible evadir la invitación, salude cordialmente a los participantes, trate de "romper el hielo" y lograr un previo acercamiento y acuerdo con los demás invitados.

11. Para construir su imagen pública a través de la radio, tendrá que presentarse "siempre tan bien preparado para hablar, como si en cada una de las causas se fuera a someter a juicio su talento". En sus presentaciones cuide el volumen de la voz, la entonación y la dicción. Siempre que tenga la oportunidad de hablar en la radio, emita un mensaje claro, sincero, breve y emotivo. Recuerde, lo breve es dos veces bueno. En comunicación, lo menos, es más.

12. Un gobernante es, en esencia, un buen comunicador. El dominio de la oratoria, el arte de convencer puede ser aprendido. Recuerde, que tener una buena imagen verbal es requisito indispensable para triunfar en la política.

13. Antes de hablar en público fije objetivos claros y precisos. Escoja un tema o dos de los que pueda hablar con propiedad; hágalo con respeto y decisión. Trate de motivar los sentimientos benévolos del auditorio.

14. Un buen comunicador es aquel que estimula la imaginación de los radioescuchas, hace un recuento de la historia, utiliza frases celebres, pensamientos universales, recuerda anécdotas y llama a la acción. Recuerde que el dominio de la elocuencia hace hombres superiores; vuelve segura, honrosa, brillante y alegre la vida.

15. Hable con elegancia y precisión. No permita que su pobreza de lenguaje lo delate, encasille o clasifique en el grupo de los mediocres. Recuerde que a un gobernante se le aprecia y clasifica por cuatro cosas: por lo que hace, por lo que parece, por lo que dice y por la manera en que lo dice.

16. Al preparar su discurso, trate de explotar las motivaciones que hacen actuar al hombre: el deseo de lucro, la conservación, los placeres, el orgullo, los

sentimientos, los afectos, los ideales, la religión, la justicia, la piedad, el perdón y el amor.

17. Coma lo necesario antes de hablar. Cuando tome el micrófono hágalo con energía, recuerde que la energía es magnética para las masas. Hable con entusiasmo contagioso. Pronuncie sus discursos con frases que produzcan imágenes, con palabras que se pongan como figuras delante de los ojos.

18. El nerviosismo es un factor que trabaja en contra de sus objetivos. Trate de controlarse. Si se siente nervioso, respire profundamente, retenga por unos segundos el aire en sus pulmones y exhálelo con fuerza.

19. Cuando las entrevistas son en su oficina o la sala de prensa, trate de "ir al grano" e informar sobre los asuntos más importantes que tenga que tratar. Sea cortés con sus invitados y bríndeles todo tipo de atenciones y consideraciones. Explíqueles cordialmente el motivo de la entrevista y entrégueles anexos que les ayudarán a reforzar la información que usted les proporcione. Nunca hable de más, ni pierda el sentido de la parquedad.

20. Si las entrevistas son de "banqueta", debe cuidar mucho su entonación y el contenido de sus declaraciones. En ocasiones, es recomendable reducir al mínimo este tipo de entrevistas, ya que las mismas invitan a la improvisación y, muchas veces, se constituyen en espacios donde se cometen los errores más graves. Otorgue este tipo de entrevistas sólo cuando sea absolutamente necesario.

21. Si usted es abordado en un acto público, recuerde siempre que es mejor poco pero sustancioso. No acepte provocaciones ni caiga en actitudes de enfrentamiento con los medios, pero tampoco se sienta obligado a responder todo lo que los reporteros le pregunten. Simplemente, dé respuestas secas y precisas o invítelos a platicar con mayor detenimiento en otra ocasión.

Entrevistas en televisión

1. Las entrevistas en televisión, hoy por hoy, son las más importantes y las que más público tienen. De acuerdo al XII Censo General de Población y Vivienda 2012, realizado por el INEGI, 93% de los hogares mexicanos tienen televisión y la gran mayoría se informa por este medio sobre lo que pasa en su entorno. Por ello, debe aprovechar toda oportunidad que usted tenga para aparecer en la "pantalla chica" e informar a su auditorio.

2. El acceso a la televisión puede darse de diferente forma: aprovechando los espacios de carácter público que se generan o mediante el pago de estos espacios. Trate de aprovechar los espacios gratuitos que se abren al gobernante, procurando siempre que su acción de gobierno se convierta en noticia. En tal sentido, fomente las ruedas de prensa, los boletines informativos y acérquese con los representantes de los medios de comunicación. Su gobierno puede ahorrarse

mucho si puede construir una red de relaciones y amistad con los medios. Por la tanto, nunca desperdicie la ocasión de salir al aire sin gasto alguno.

3. Todo gobernante debe dominar el arte de las presentaciones exitosas en la televisión. En televisión su imagen es muy importante. Por tal motivo, siempre que acuda a este medio, cuide su presentación física, la vestimenta y su semblante. Nunca acepte estar ante las cámaras si usted no ha atendido su presentación. Si por cuestiones de trabajo o agenda, no tuvo el tiempo suficiente para arreglarse, los estudios de grabación tienen siempre espacios y materiales para que usted atienda estas cuestiones.

4. Prepárese siempre antes de aparecer ante las cámaras. Pida con anticipación un guión de los temas por tratar o el asunto que le interesa abordar al comunicador. Nunca llegue a un estudio o reciba a un reportero de televisión sin saber cuál es el asunto sobre el que usted va a ser cuestionado. Ante los ojos de la ciudadanía nunca debe usted aparecer como un improvisado o un desinformado.

5. Siempre salude al auditorio y al presentador, sea cordial con todos y gánese su simpatía. El arte de gobernar implica hacer uso de algunas técnicas asociadas con la retórica, la actuación y el melodrama. Sea sincero, pero no aburrido, recuerde que los teleespectadores sólo pueden captar, casi en su totalidad y si es su primer programa sintonizado, lo que dice sólo en los primeros 7 minutos de su intervención.

6. La televisión forma imágenes y el teleauditorio pone más atención en lo que ve que en lo que escucha. Recuerde que en los primeros 7 segundos, los tele-espectadores se formaran una primera imagen sobre su persona y su gobierno, por lo que debe aprovechar al máximo esta oportunidad. Tenga en mente que la gran mayoría de las decisiones las hacemos por los ojos. Maquiavelo decía que: "Generalmente, los hombres juzgan por lo que ven y más bien se dejan llevar por lo que les entre por los ojos que por los otros sentidos [...] y pudiendo ver todos, pocos comprenden lo que ven".

7. Inicie la entrevista en forma pausada, utilizando la entonación, el lenguaje corporal, los ejemplos concretos, señalando la importancia de los logros y avances que se han dado en su administración. Si es conveniente, haga un análisis comparativo con respecto a otros años y otras administraciones. Muéstrese cordial, amigable, cercano al ciudadano y sus problemas.

8. Ante la posible interpelación o cuestionamiento del moderador o entrevistador, responda con atención y agradezca la pregunta. Trate de verse sincero e interesado en resolver los problemas que afectan a la comunidad. Nunca pierda la compostura frente a las cámaras, a pesar de la presión o incomodidad en la que usted se encuentre.

9. Aproveche la oportunidad que le dan las cámaras para mostrar a su auditorio que usted es un gobernante culto e informado y que conoce a profundidad los asuntos de interés público. Siempre que sea posible, y sin ser arrebatado, aproveche la oportunidad para tomar la palabra. Recuerde que en televisión el tiempo es oro.

10. Cuando usted esté al alcance de las cámaras nunca haga señales o gestos irrespetuosos o que puedan mostrar desinterés, cansancio o aburrimiento. Recuerde que una cámara puede estar al acecho de todo lo que haga o diga, sin que necesariamente esté usted bajo el interrogatorio directo. Cuídese de los periodistas y camarógrafos mal intencionados, que buscarán momentos para importunarlo.

11. Si la televisión es usada con fines promociónales pagados, es muy importante tener definido un plan estratégico de comunicación que tenga objetivos y metas muy claras. Los mensajes deben ser diseñados por profesionales y con base en los objetivos buscados. Nunca deje este tipo de tareas a la improvisación o los amigos. Debe contratar expertos y profesionales en la materia.

12. El mensaje central de la campaña debe definirse con base en un estudio de mercado y en relación con los objetivos que pretenda alcanzar. Los mensajes deben movilizar los sentimientos de la población, estar orientados a apelar a la sensibilidad estética del ciudadano y sus emociones. Además, los mensajes deben ser informativos, creativos y entretenidos para la población. Recuerde que la televisión es muy cara, por lo que no se debe desperdiciar ningún recurso.

13. Toda campaña de difusión gubernamental debe estar orientada a formar una opinión positiva en los ciudadanos sobre sus gobernantes y sus acciones. Por tal motivo, usted debe impulsar la difusión de logros, avances y planes futuros. Hágalo siempre de la mejor manera y señalando que su gobierno se preocupa por mantener informada a la población.

14. En las campañas pagadas usted puede promover logros y acciones, pero también personas. Sin embargo, sea cuidadoso ya que cuando predomina este último tipo de mensajes, es muy seguro que surjan diferentes críticas y cuestionamientos sobre la promoción. Cuando no es el gobernante el objeto central de la comunicación, las campañas pueden ser mejor aceptadas; pero, en ocasiones, es necesario correr el riesgo de la crítica ante los beneficios mayores que se pueden obtener por una campaña amplia y agresiva en los medios de comunicación para crear o moldear una imagen del gobernante.

15. Busque los horarios y los medios más adecuados para realizar la campaña de promoción. Para ello apóyese en la investigación sobre canales de distribución, preferencias televisivas y *ratings*. Generalmente, en televisión, a la hora de los noticiarios y durante las noches, de 20:00 a 23:00 horas, hay un mayor número de ciudadanos atendiendo su monitor de televisión. Ajuste también la programación

de los anuncios con base en su presupuesto y el tipo de auditorio que quiera alcanzar.

16. La construcción de la imagen pública es la decisión más importante que un gobernante de nuevo cuño puede hacer. Por ello, atienda todos los detalles. Una mirada muy baja refleja inseguridad, temor o deshonestidad. Mantenga la vista ligeramente hacia arriba, la cara un poco alzada, pero no mucho porque lo contrario refleja inaccesibilidad o arrogancia. La gesticulación y el uso de sus manos son importantes. Los ademanes deben complementar su mensaje verbal. La gente no confía en usted si no puede verle las manos cuando habla. En consecuencia, mantenga limpias y atractivas sus manos.

17. La iluminación puede cambiar la imagen y rostro del gobernante. Al hablar frente a las cámaras, inunde la sala de luces. Hable en tal lugar donde la luz le dé de frente en el rostro, para que se puedan apreciar sus gesticulaciones. Tranquilícese, no haga movimientos nerviosos, pues su inquietud sólo delata su inseguridad. Recuerde, la televisión exagera cada movimiento. La pérdida de dominio de sí mismo, conduce, en el mismo momento, a la pérdida del dominio de la audiencia.

18. Recuerde que en los primeros instantes de su intervención se juega el destino de su entrevista en televisión. Por ello, preocúpese por lograr atrapar la atención del auditorio. Es decir, el gobernante debe tener una apertura atractiva, debe asir al televidente en el primer minuto, de otro modo el público cambiará de canal. Trate de mostrar ante el auditorio una gran capacidad de manejo y de conducción.

19. La virtud y la fortuna son dos aspectos que marcarán su porvenir. Si tiene la oportunidad de salir en la televisión, la fortuna ya lo ha acompañado, ahora falta que usted haga uso de su virtud. Usted debe entender que la reputación de los gobernantes está, en gran medida, en manos de los comunicadores, por lo que debe cultivar las más finas y cuidadosas relaciones.

20. Cuide su vestimenta. Evite cuellos de camisa doblados hacia arriba, una corbata sucia o mal anudada, camisas desabrochadas, joyas ostentosas y, en general, evite que su vestimenta o maquillaje den una imagen negativa de su persona.

21. Debe evaluar la forma de dar información a los medios y la forma en que ésta es percibida por el auditorio. Grabe y analice los videos. Trate de conocer cómo lo ve la gente a través de los medios y cómo se ve usted. Evite la voz impostada. Si es necesario modular la voz hágalo, pero trate de hablar con naturalidad, como si estuviera en casa.

22. La televisión trabaja mejor con campañas positivas que negativas. Por ello, es importante que los mensajes que usted emita estén cargados de optimismo y un sentido positivo de la acción de gobernar. Un gobernante rencoroso o visceral

seguramente causará una impresión negativa en su auditorio, lo que le puede resultar contraproducente en materia de imagen pública.

23. La libre expresión de ideas, opiniones y pensamientos incluye la crítica a los gobernantes, el debate público, el libre intercambio de ideas y el derecho a disentir. No cometa el error de tratar de imponer algún tipo de censura a los medios, ya que estas actitudes le pueden resultar perjudiciales. Para un gobernante tampoco es bueno dar consejos a los medios sobre lo que deben hacer, o entrar frecuentemente en conflicto con los hombres de prensa, tratando de señalarles posibles desviaciones o deseables caminos.

24. Hable claro frente a las cámaras. Diga las cosas con precisión. No tenga miedo. Use frases cortas, de construcción directa. Use ejemplos o metáforas que permitan al televidente comprender los asuntos con mucha claridad.

25. Sea interesante. Trate de ser doctoral en su exposición. Trate de imitar a los locutores profesionales. Muestre un buen aspecto y use su lenguaje corporal, pero no exagere. Su aspecto y sus gestos no deben contradecir su discurso. La imagen pública de un gobernante está, en cierta manera, asociada al sentido del humor, a su sonrisa, a su alegría de vivir. Por ello, es recomendable que un político aprenda a sonreír, a transmitir optimismo y alegría por la vida.

26. Respete a los demás. Ante preguntas difíciles o provocadoras, conserve la calma y mantenga siempre la ecuanimidad. Jamás pierda la cabeza ante preguntas insultantes. Trate de sortear los cuestionamientos difíciles y siempre sonría. Recuerde que su imagen es lo más importante, lo que más debe cuidar.

27. Trate de caer bien. Recuerde que los medios seguramente han cortado su discurso, pero lo que importa es la impresión que uno deja en miles de televidentes. Muestre entusiasmo y convicción, y trate de transmitir ese entusiasmo a los demás; nadie convence a los otros si no parece estar convencido él mismo.

28. Base su exposición en hechos reconocidos y valores aceptados. No contradiga innecesariamente a los demás. No pida disculpas por pensar como piensa, ni esconda su manera de pensar: eso le restaría credibilidad.

29. Muestre siempre una buena actitud. Cuando el periodista le pregunte, mírelo. Cuando usted hable, mírelo también, como cuando ve a un amigo al que quiere convencer de algo.

30. Cuide su postura, ya que ésta puede proyectar una mala o buena personalidad. La personalidad que proyecte contribuye más el éxito en la vida que la inteligencia que posea. Sin embargo, recuerde que la popularidad es casi siempre precaria, e incluso efímera.

31. Necesita proyectar ante las cámaras un temperamento amable, benévolo, bondadoso, afable, condescendiente, afectuoso, cordial e inteligente. Pero

recuerde, la reputación e imagen que proyecta, si bien son sumamente importantes, no bastan para ser exitoso en la política.

32. En toda entrevista es importante que usted adopte un tono de sinceridad, lo cual seguramente le redituará una mayor credibilidad. Es recomendable, además, practicar frente a una cámara de televisión y criticar, para evitarlos, los errores de sus presentaciones en televisión. El arte de aparecer en medios debe estudiarse, aprenderse y practicarse como todas las otras artes.

La oficina de comunicación social

1. Su gobierno debe poner en operación, en caso de no contar con ella, una oficina de comunicación social, y confiar en los trabajos que desde ahí se realicen. Esta oficina, departamento o coordinación debe ocupar un espacio y lugar importante dentro de su nuevo esquema de gobierno. Para integrar su equipo de comunicación no sólo confíe en sus amigos y camaradas de partido: invite a profesionales y expertos en ciencias de la comunicación a colaborar con su administración.

2. La oficina de comunicación social debe tener los recursos económicos, la importancia y los elementos humanos para realizar adecuadamente su trabajo. En ella se pueden impulsar tareas de redacción de boletines de prensa, edición de gacetas y periódicos gubernamentales, organizar ruedas de prensa, programar entrevistas de los gobernantes en la radio, la televisión y la prensa. En esta oficina, además, se puede monitorear a los medios, presentar resúmenes informativos a los funcionarios y diseñar campañas especiales de promoción de los logros y avances de gobierno. Se pueden organizar, también, campañas para promover la imagen institucional y la difusión de programas y acciones específicas del gobierno.

3. El responsable de la oficina de comunicación social debe ser una persona dinámica, informada y sensible, capaz de desarrollar excelentes contactos con los medios y sus representantes. Esta función exige, además, el conocimiento acerca del modo de operar de los medios, preparación en ciencias de la comunicación o disciplinas afines y capacidad para trabajar bajo presión y en horarios discontinuos.

4. Desde la oficina de comunicación social se pueden elaborar la gaceta del gobierno, periódicos murales, boletines de prensa, la página de Internet, así como realizar acciones y programas especiales para construir la imagen de gobierno que se desea y abonar en el apuntalamiento de la legitimidad. La oficina de comunicación social puede también realizar monitoreos de los medios de comunicación masiva y análisis de información, principalmente de los más importantes, así como realizar u ordenar encuestas de imagen.

5. En algunas ocasiones, los nuevos gobernantes deben dominar el arte de comunicar los mensajes directamente al ciudadano, sin la filtración de las

coordinaciones de comunicación social. Siempre se debe privilegiar el contacto directo del gobernante con la población.

6. Si su gobierno dispone de espacios gratuitos en radio o televisión úselos todos, pero con calidad. Usted puede encargar a la coordinación de comunicación social la elaboración de programas noticiosos del gobierno en los cuales se informe a la población sobre los logros y avances de su administración, se traten temas educativos y de interés del auditorio, así como entrevistas con los gobernantes y personalidades. Sin embargo, recuerde que estos programas deben ser tan entretenidos como informativos.

7. Es muy importante que la coordinación de comunicación social lleve una correcta administración de los gastos de comunicación, ya que, sin duda, éstos van a ser auditados y fiscalizados. No permita que a partir de una mala administración de dichos recursos se levante un escándalo que afecte su imagen. De hecho, usted debe vigilar que todo el presupuesto de su dependencia sea manejado con honestidad y transparencia para evitar escándalos públicos.
Dentro de las herramientas utilizables por la oficina de comunicación social, encontramos:

a) Las gacetas

Todo gobierno debe editar, al menos, una gaceta, periódico o semanario que se constituya en un instrumento para informar, formar una opinión y contribuir a la construcción de la imagen gubernamental que se quiera. Esta gaceta debe ser publicada periódicamente, según los recursos con los que se cuente, y ser elaborada conforme a los cánones profesionales en la materia.

La gaceta debe ser también el medio oficial para que el gobierno fije posiciones sobre asuntos de interés público, informe sobre avances y logros alcanzados, así como para discutir asuntos de interés de la opinión pública. Formar, informar y entretener deben ser los objetivos centrales de este tipo de publicaciones.

La gaceta deberá ser, de preferencia, gratuita y ser distribuida con oportunidad de tal forma que, al menos, cada familia de su circunscripción pueda tener un ejemplar de la misma. Dentro del contenido de la gaceta también debe privilegiarse el tratamiento de asuntos de interés de los ciudadanos, como trámites para recibir algunos servicios públicos, horarios de oficina, calendarios de pago de impuestos y contribuciones, entre otros.

b) Periódicos murales

En caso de que los recursos con los que cuenta el gobierno no sean suficientes para tener una publicación periódica como una gaceta, se puede "echar mano" de otros medios más económicos, como el diseño de periódicos murales y la edición de volantes y trípticos informativos.

Los periódicos murales con fotografías y material gráfico son muy útiles para poblados pequeños y centros de alta concurrencia ciudadana, como mercados y plazas públicas, en donde los pobladores tengan un espacio para conocer qué hace su gobierno y en qué se gastan los recursos de sus impuestos.

Todo periódico mural debe, además, ser colocado en un lugar que permita su apreciación y lectura cómoda por parte de los ciudadanos, y ser presentado con tipografía y textos de fácil lectura.

En el periódico mural se pueden ofrecer también espacios para que los propios ciudadanos colaboren enviando materiales, propuestas y colaboraciones sobre temas de interés general.

c) Boletines o comunicados de prensa

Todo comunicado de prensa debe anunciar algo novedoso que interese al reportero o al medio, para que de él se haga noticia. Esto implica que el contenido de los comunicados o boletines dé a conocer acciones o logros importantes, la agenda de trabajo del gobernante, la visita de alguna personalidad destacada o la firma de algún convenio de colaboración con otra dependencia.

Antes de preparar su comunicado decida a quién se enviará, cuándo y cuál será el mensaje central que se transmitirá. Redacte el boletín en el lenguaje de los periodistas, procurando que sea breve, preciso y directo. Seleccione también los medios a los que se enviará. En particular a quienes tengan interés en publicar su nota, hacer un reportaje o ampliar la información. Es muy importante que todo comunicado de prensa esté bien redactado, no tenga faltas de ortografía o problemas gramaticales. Quien redacte estos documentos debe estar, además, bien informado del asunto por informar, así como tener experiencia periodística.

Todo comunicado de prensa debe estar escrito en hojas con membrete, con el logotipo o nombre de la dependencia en la que el gobernante se desempeña. Es importante poner fecha y numerarlos de manera consecutiva. En todo comunicado de prensa se debe señalar la dirección o teléfonos de la dependencia que lo emita, así como, señalar que se trata de un boletín o un comunicado de prensa.

Prepare un número amplio de fotografías. Incluya en los comunicados de prensa unas que sean tomadas en su lugar de trabajo, otras con su familia, otras durante el trabajo de campo o visitas a la comunidad y otras en actos especiales. Cuide que estas fotografías sean de calidad y formen la percepción en el público de un gobernante dinámico, sincero y entusiasta. Estas fotografías estarán orientadas a crear la imagen que usted quiere que se forme.

d) La página de Internet y las redes sociales

Todo gobierno debe incorporar en sus planes y acciones los últimos avances de la tecnología. En este sentido, en materia de comunicación el gobernante debe diseñar y actualizar de manera permanente, al menos, una página Web en la que se describan las acciones fundamentales del gobierno, se pongan a disposición del ciudadano documentos y reglamentos básicos, así como, los planes y proyectos más importantes de su administración. A través de este instrumento, el gobernante estará cumpliendo una función de información y de contacto con sus gobernados.

Toda página Web debe ser construida por profesionales (*Web Master*), quienes deben diseñar este instrumento permitiendo una navegación fluida y fácil por parte de los usuarios. Esta página Web se debe constituir en un medio de vinculación con la población, la cual incluya, entre otras cosas, un directorio de funcionarios incluyendo su dirección electrónica, un organigrama de la dependencia, los planes de desarrollo y documentos rectores de la institución. La página Web puede también contener documentos históricos, servicios proporcionados por el gobierno, requisitos para la realización de trámites de servicios públicos, informes de gobierno, boletines de prensa, gacetas, cartelera, agenda de eventos y todo aquello que se considere útil para la ciudadanía.

Es importante que la página Web se actualice de manera periódica, incluyendo una reseña de las actividades y eventos más importantes que realiza el gobernante o que se presentan en la circunscripción de que se trate. Es necesario, además, publicitar por otros medios este instrumento electrónico, de tal forma que los ciudadanos conozcan la dirección para poder acceder a la página gubernamental.

La página Web puede depender de la coordinación de comunicación social y estar muy en contacto con las políticas y planes de acción en materia de comunicación. Las redes sociales también han jugado un papel muy importante dentro de la comunicación de gobierno en los últimos tiempos. Sin embargo, es importante saber comunicar y cuidar lo que se dice, ya que todo puede ser usado en su contra.

e) Las campañas especiales

La campaña de imagen gubernamental puede también realizarse por alguna oficina de consultoría experta en la materia o por la oficina de comunicación social del gobierno. Sin embargo, si se decide que su manejo sea interno, se debe cuidar el diseño de la campaña, la elaboración de mensajes y textos, así como su producción.

Toda campaña de imagen gubernamental debe estar sustentada en un plan estratégico que incluya, por lo menos, los siguientes apartados: objetivos, estrategias, elaboración de presupuestos, programación y evaluación. En los objetivos, el plan debe buscar crear o reforzar la imagen deseada del gobernante o situarlo ante la opinión pública, informar a la ciudadanía sobre un asunto de interés o buscar el respaldo de la población hacia una idea, un programa o acción de gobierno. Las estrategias incluyen definir el medio por el cual se difundirá la campaña, el diseño en fondo y forma del mensaje, así como los tiempos que durará la campaña. En la elaboración del presupuesto se incluirá el costo de la campaña segmentada por medio(prensa, radio, televisión u otro) y por tipo de medio (*La Jornada*, *Proceso*, *Público*, *Mural*; TV Azteca; Radio Metrópoli, etc.). En la programación se incluirá, básicamente, el cronograma de la campaña por medio y tipo de medio. La evaluación, que busca retroalimentar la campaña, se realizará en tres tiempos: pocos días después del inicio, a mediados y al finalizar la campaña.

Una campaña especial puede organizarse, por ejemplo, en torno al informe anual que su gobierno debe realizar, o por motivo de la celebración de una fecha especial para la entidad que usted gobierna.

El gobernante debe crear una imagen de cercanía con la comunidad, por lo que no debe atrincherarse en su despacho. Por lo tanto, debe vérsele resolviendo problemas, visitando poblados, hablando con la ciudadanía, con familias y líderes, así como entrando a centros de trabajo y planteles educativos. Se puede crear un buzón especial para recibir quejas o sugerencias de los pobladores, instaurar un día para los ciudadanos (miércoles ciudadano) o disponer de un número telefónico para acercar al gobernante con la población.

Para mejorar su imagen, el gobernante debe abstenerse de acudir a lugares públicos donde se presenten espectáculos de hombres o mujeres desnudas, se consuma en exceso alcohol, drogas o recurrir a la violencia física. Indudablemente, en cuestiones de carácter privado, no debe cometer excesos ni permitir que se difundan posibles problemas o desavenencias familiares o sentimentales.

El nepotismo le puede acarrear una crisis muy seria de imagen, por lo que debe abstenerse de emplear a familiares directos en puestos de gobierno. La forma en que resuelva los conflictos de gobierno, o incluso de carácter privado también, puede resultar dañina para su imagen. Por ello, lo recomendable es la prudencia y la moderación, por encima de los exabruptos y acciones viscerales.

f) El departamento de relaciones públicas

Todo gobernante debe, además, contar con una oficina de relaciones públicas, que realice actividades diferentes a la oficina de comunicación social. La oficina de relaciones públicas se encargará, esencialmente, de fomentar y cultivar las relaciones del gobierno con líderes, autoridades gubernamentales de otras dependencias y niveles de gobierno, así como con grupos de interés, agencias internacionales, personalidades y grupos sociales específicos.

La oficina de relaciones públicas debe buscar ampliar los contactos, relaciones y convenios de colaboración con sus pares y otras dependencias gubernamentales de mayor o menor nivel, debe trabajar, también, en la construcción de la imagen gubernamental en coordinación con comunicación social y los expertos en mercadotecnia. La ventaja de la oficina de relaciones públicas tiene que ver con un contacto más directo con otros actores o con ciudadanos, lleva, muchas veces, la representación oficial del gobierno y realiza actividades específicas de promoción y difusión de la dependencia gubernamental.

Un gobernante "todo terreno"

La política es un campo dominado por los símbolos, los ritos y el protocolo, por lo que el arte de gobernar implica el manejo creativo y estricto de estos símbolos, propios de su alta investidura y la responsabilidad política que le corresponde ejercer. Por ello, el gobernante moderno debe dominar el arte de la presentación pública en medios electrónicos y los protocolos de la política. Debe ser, además, una persona preparada para enfrentar diferentes escenarios y debatir ante propios o extraños. Pero, sobre todo, el gobernante debe mostrar presencia, encanto e inteligencia, cualidades que lo hagan ver ante los ojos de la ciudadanía como una persona preparada, correcta, responsable y capaz de dirigir los destinos de su comunidad.

Todo gobernante debe estar preparado para enfrentar críticas y cuestionamientos sobre sus acciones y decisiones. De hecho, la acción de gobernar es una actividad sujeta a la crítica y fiscalización por parte de diferentes actores. Por ello, es mejor que usted esté preparado y acepte la crítica como una cuestión normal de la que puede aprender, mejorar y retroalimentarse.

En una sociedad democrática, las crisis políticas serán consustanciales a la acción de gobernar, por lo que el gobernante deberá estar preparado para dar un manejo inteligente de medios y evitar costos políticos innecesarios por un tratamiento inadecuado o torpe de estas crisis. De hecho, muchas crisis gubernamentales se agravan y complican por un manejo incorrecto de medios, por lo que todo buen gobernante, que debe ser "todo terreno", debe estar capacitado para manejar con inteligencia y sensibilidad este tipo de asuntos.

Como gobernante, usted tendrá, seguramente, una agenda de trabajo muy complicada, pero debe administrar bien su tiempo para dedicarle espacios, cada día más amplios, a las actividades de comunicación y construcción de la imagen de gobierno. Recuerde, esta área es prioritaria en la construcción de la legitimidad gubernamental. Nunca lo olvide: *gobernar es comunicar.*

Mercadotecnia Parlamentaria

1. Introducción

El proceso de democratización, que se está viviendo en nuestro país desde finales de la década de los ochenta, trastocará, más temprano que tarde, todas las áreas de la política e imprimirá una lógica de mayor competencia y afianzará la necesidad de una mayor legitimización social de las instituciones gubernamentales.

De esta forma, el proceso de democratización llevará asociado la búsqueda de instrumentos y herramientas, como el marketing, que coadyuven a lograr una mayor legitimidad de los representantes populares, que los hagan a los ojos de los ciudadanos más responsables, mejoren su imagen y ayuden en la toma de decisiones. Es decir, las nuevas circunstancias de pluralidad y democracia que predominan en el país harán necesario el uso del marketing como herramienta fundamental para lograr una mayor legitimidad y consenso para las instituciones gubernamentales, incluyendo a los congresos estatales y el Congreso de la Unión, que aquí se denominará la institución parlamentaria.

Existen diferentes medios para lograr la legitimidad en el ejercicio del gobierno en una sociedad democrática. Por ejemplo, a través del cumplimiento de las promesas de campaña, a través del desempeño eficaz y eficiente, por la prestación oportuna y de calidad de los servicios públicos, a través de la explotación de símbolos ideológicos, por medio del ejercicio honesto de la función pública y por el manejo adecuado de los asuntos económicos y del Estado, entre otros. Sin embargo, la legitimidad, que se traduce en consentimiento y respaldo del ciudadano, se refuerza y adquiere principalmente a través del conocimiento de parte de la sociedad de las obras, actitudes, políticas, acciones y logros de gobierno y esto se obtiene gracias a un buen programa de mercadotecnia.

Una de las herramientas modernas, para apuntalar la legitimidad de los gobiernos, en una sociedad democrática, lo es el marketing gubernamental.[57] Una parte del marketing gubernamental lo constituye el marketing parlamentario que implica un proceso de percepción, comprensión, planeación, estímulo y satisfacción de las necesidades, demandas y expectativas de los habitantes de una determinada circunscripción territorial (mercado), al canalizar los esfuerzos y recursos que dispone el poder legislativo para satisfacer dichas necesidades. En este sentido, la mercadotecnia implica, de cierta manera, un proceso de adaptar los recursos de una institución parlamentaria a las necesidades de la ciudadanía, conformada como mercado.

El marketing parlamentario busca, básicamente, legitimar al poder legislativo, y a través de ésta mayor legitimidad de los funcionarios en turno o partidos, en el poder afianzar la gobernabilidad. Es decir, el objetivo fundamental de la mercadotecnia parlamentaria está muy ligado a la búsqueda del apoyo popular, la legitimidad social y la gobernabilidad.[58]

---

[57] Esta es una sinonimia equivocada, ya que marketing público es un concepto mucho más amplio que el marketing gubernamental y parlamentario.

Este tipo de mercadotecnia se ocupa de los planes de comunicación social de los poderes legislativos (federales y estatales) y de las instituciones de carácter gubernamental en la búsqueda de la legitimidad y el consenso social.

Esto implica, que en la actividad pública, no basta un buen ejercicio gubernamental, sino que también es necesario el dar a conocer a la sociedad del buen ejercicio del congreso. Para ello, existen diferentes medios para hacerlo, como puede ser el uso de la televisión, la radio, la prensa escrita, la Internet, los periódicos murales, las gacetas, los libros y folletos, entre otros. Sin embargo, todo esto se debe hacer de manera profesional, organizada y sistematizada a través de un plan estratégico de mercadotecnia parlamentaria.

El marketing parlamentario, ante un escenario de posible reelección inmediata de los legisladores, no será una opción para los gobernantes que busquen refrendar sus posiciones de poder político, sino una necesidad para el acceso y mantenimiento del poder político, para la toma de decisiones y la mejora continua de la institución parlamentaria. En este sentido, se puede decir que el marketing parlamentario es un instrumento imprescindible en una democracia moderna para la búsqueda de la legitimidad, el consenso y el respaldo popular.

En México, se ha orquestado en los últimos años una campaña de desprestigio de los Congresos locales y del mismo Congreso de la Unión, así como, de sus integrantes, que los describe como instituciones poco productivas, sobre politizadas, que buscan el lucro personal por encima del bienestar general y que dedican una mayor parte de su tiempo a discutir asuntos de poco interés e importancia para la población. En esta campaña, se han sumado, por igual, intelectuales, empresarios, medios de comunicación y diferentes organizaciones político-sociales y que han logrado generar duda e incertidumbre en la sociedad sobre la eficiencia, funcionalidad y labor de las instituciones parlamentarias. De ahí la necesidad, de contrarrestar estas campañas con un plan de mercadotecnia parlamentario que informe sobre el desempeño de los congresos y su importancia en el marco del sistema político nacional. En este sentido, el presente capítulo aporta algunos elementos que le permitan a la institución parlamentaria una mejor valoración por parte de la sociedad en su conjunto.

2. Conceptos fundamentales

La mercadotecnia parlamentaria puede ser conceptualizada de diferente manera, dependiendo del énfasis que se le quiera dar a una de sus variantes y funciones. Desde la perspectiva académica, por ejemplo, el marketing parlamentario es una disciplina que se encarga del estudio del proceso de intercambio político voluntario que se da entre el Congreso y los ciudadanos. Es una disciplina también que investiga el mercado gubernamental, los fenómenos relacionados con la imagen y

---

[58] De esta forma, una de las preocupaciones centrales de la mercadotecnia tiene que ver con lograr el apoyo ciudadano o respaldo social a las acciones, programas y políticas del Congreso.

la opinión pública, así como, diseña y pone en operación sus planes y estrategias para posicionar al parlamento ante la sociedad y así cortejar y conquistar ese mercado político.

Desde la perspectiva pragmática, el marketing parlamentario es un conjunto de herramientas y técnicas de comunicación entre el Congreso, la ciudadanía y otros poderes públicos, la manufactura deliberada de una imagen pública del parlamento y la construcción de la legitimidad de sus integrantes.

Esta mercadotecnia parlamentaria es diferente a la mercadotecnia electoral, política, pública y gubernamental, ya que la mercadotecnia pública se refiere a todas las acciones de diagnóstico, comunicación y satisfacción de necesidades que impulsan todos los entes públicos, incluyendo por supuesto al gobierno y los organismos e instituciones de carácter público. De esta forma, una institución educativa autónoma, pero de carácter público, como las universidades, al igual que un organismo electoral, como el Instituto Federal Electoral, puede tener su plan estratégico de mercadotecnia. En este caso, se habla de marketing público.

El marketing gubernamental se refiere, única y exclusivamente, a las acciones de los gobiernos en turno. La mercadotecnia electoral se refiere a las acciones de candidatos, partidos y grupos de interés en momentos electorales en la búsqueda de la conquista del poder político. Es decir, la mercadotecnia electoral, tiene que ver con las acciones realizadas en la etapa electoral y la mercadotecnia gubernamental se inicia desde el momento en que se toma posesión como gobierno. Esto implica, que al día siguiente de ganar las elecciones comienza la agónica defensa de la labor del gobierno y con ello, la mercadotecnia gubernamental. Por su parte, el marketing parlamentario se circunscribe a las acciones de comunicación, planeación estratégica, imagen y diagnóstico del mercado realizada por las instituciones parlamentarias y sus integrantes.

El marketing político engloba tanto al marketing gubernamental como al público, al electoral y parlamentario. Es una especie de concepto integrador, que muchas veces se utiliza como sinónimo de los otros tipos de mercadotecnia. El marketing parlamentario es parte del marketing gubernamental.

3. La evolución de la mercadotecnia parlamentaria

La mercadotecnia parlamentaria, en su sentido moderno, aparece tardíamente en la década de los setenta, como parte de la mercadotecnia social, resaltando como resultado de un estudio de las instituciones no lucrativas y las áreas asociadas al sector gubernamental.[59] Sin embargo, en México fue hasta mediados de la década de los noventa cuando la mercadotecnia gubernamental y parlamentaria empieza a adquirir importancia y cuando se inicia la apertura de limitados espacios para el análisis y estudio de esta disciplina como tal.

---

[59] Mercado, Salvador *Mercadotecnia de Servicios: Tácticas y Estrategias para el éxito en la Comercialización de los Servicios*, México: Ed. PAC S.A. de C.V. 1996.

En este sentido, se puede decir, que la mercadotecnia ha llegado al sector gubernamental en forma tardía, muy ligada al proceso de transición política con sentido democrático. Anteriormente, desde tiempos inmemorables existió la propaganda gubernamental, pero el término mercadotecnia implica la existencia de un mercado político que el gobierno, al igual que sus opositores, busca conquistar o retener, a través de diferentes técnicas de persuasión.

Es decir, la mercadotecnia parlamentaria, como la política-electoral, es consecuencia de los nuevos escenarios de alta competitividad y pluralidad política que está viviendo nuestro país desde finales de la década de los ochentas y que hoy día se ha convertido en un paradigma universalmente aceptado.

Naturalmente, no todos los políticos necesitan llegar al poder de la mano de los especialistas en marketing, aunque cada día es más frecuente. Sin embargo, una vez al frente del gobierno y los diputados, necesitan de un permanente sistema de comunicación capaz de contrarrestar el desgaste que produce el ejercicio del poder.[60]

El ciudadano es el núcleo central de la preocupación de la mercadotecnia parlamentaria, pero también los grupos de interés y los diferentes movimientos sociales, así como, sus líderes y directivos. Este tipo de mercadotecnia también se concentra en la aceptación o el apoyo ciudadano a las instituciones parlamentarias, dependencias, organismos y directivos de tales instituciones.

4. Su objeto y campo de estudio

Se entiende por objeto de estudio al fenómeno o conjunto de fenómenos cuyo conocimiento, suficientemente desarrollado, da lugar a una ciencia. Todo objeto de estudio se constituye en dos elementos: el empírico y el teórico. El elemento empírico es, en cierta forma, la materia prima que sustenta el desarrollo teórico, el que da certeza y confiabilidad a las investigaciones y el que, en última instancia, puede refutar o aceptar las conclusiones teóricas. Por su parte, el elemento teórico busca la generación de patrones, marcos explicativos y referenciales, aplicables a múltiples casos, es el que da sustento científico y epistemológico, el que sistematiza y avanza el conocimiento.

La naturaleza y objeto de estudio del marketing parlamentario aún no se encuentra bien delimitado, ya que retoma muchos de los conceptos y categorías de la mercadotecnia comercial, mercadotecnia política, mercadotecnia gubernamental, mercadotecnia electoral, de la psicología política, las ciencias de la comunicación, las ciencias administrativas y de las ciencias políticas. En este sentido, bien se le puede denominar, un campo transdisciplinar producto de la conjugación de

---

[60] Montaner, Carlos Alberto, "Lavín, Lagos y el Marketing Político", en *El Nuevo Herald*, Firmas Press, 19 de diciembre de 1999.

conceptos y categorías de otros tipos de mercadotecnia, de la comunicación, la ciencia política y otras disciplinas.

En este sentido, el ámbito de estudio de la mercadotecnia parlamentaria es muy amplio, en la medida que los fenómenos políticos ligados con el proceso de legitimidad, consenso, comunicación y persuasión entre integrantes del Congreso y diferentes núcleos de población también lo son. Su dinamicidad, pluralidad y constante renovación hacen de la mercadotecnia parlamentaria una disciplina que sólo permita una aproximación imperfecta e incompleta a la realidad.

Sin embargo, como un primer acercamiento podemos decir que el objeto de estudio de la mercadotecnia parlamentaria, se circunscribe al análisis de cuatro áreas fundamentales: el proceso de intercambio político que se dá entre los integrantes del poder legislativo y la sociedad; el proceso de comunicación política de congresistas con otros sectores gubernamentales, grupos de interés y diferentes sectores sociales; las campañas (esfuerzos) de promoción e información del Congreso; y los estudios de mercado o diagnóstico sociopolítico.

Estas áreas de estudio se desdoblan en otras series de partes igualmente importantes como el estudio de la imagen pública, los estudios de opinión, las encuestas, las estrategias y los planes de propaganda, la segmentación del mercado, las formas como recibe y procesa el ciudadano los estímulos comunicativos, la cultura política y psicología de masas y las teorías del comportamiento humano en la sociedad, entre otros.

La investigación en mercadotecnia parlamentaria es una actividad encaminada a la solución de problemas, creación de nuevos conocimientos para explicar el proceso de intercambio político entre el Congreso y la ciudadanía. El objeto de investigación es muy amplio, aunque se puede partir del proceso de intercambio voluntario entre directivos o líderes de las fracciones parlamentarias con segmentos específicos de la sociedad. Los métodos y técnicas de investigación que se pueden utilizar en la mercadotecnia parlamentaria son muy amplios, sobresaliendo los bibliográficos, de campo, estadísticos, históricos y de semi-experimentales.

De la mercadotecnia comercial adopta conceptos, tales como, estudio de mercado, segmentación, posicionamiento, imagen, marketing mix y canales de distribución, entre otros. De la política y sus ciencias, retoma conceptos como estrategia, táctica, proselitismo, plan de campaña y propaganda, por señalar algunos. Sin embargo, esta es una disciplina distinta, ya que la ciencia política es una parte de las ciencias sociales, que se ocupa de los fenómenos de la sociedad asociados al poder, el Estado, el gobierno, la cultura y el hombre en su función social.[61] Por su parte, la mercadotecnia parlamentaria es una disciplina que busca encontrar las relaciones de causalidad de los fenómenos de comunicación, la

---

[61] Véase, Duverger, Maurice,"La Noción de Ciencia Política" en Juan Cristóbal Cruz Revueltas,   *¿Qué es la Política?*, México: Publicaciones Cruz O. S.A. 1994.

imagen pública y las estrategias de persuasión de los integrantes del congreso hacia la sociedad. No es meramente descriptiva o prescriptiva, sino también analítica y tiene un carácter dinámico y operativo.

A la mercadotecnia comercial se le define como el estudio y análisis del mercado, así como, la instrumentación de programas cuidadosamente formulados y llevados a la práctica para que se efectúen voluntariamente intercambios de valores entre dos o más individuos.[62] La mercadotecnia también se le conceptualiza como un proceso social y administrativo por medio del cual el individuo y grupos obtienen lo que necesitan y desean al crear e intercambiar productos y valores por otros. De esta manera, la mercadotecnia significa trabajar con mercados para que se lleven acabo intercambios con la finalidad de satisfacer necesidades y deseos de los seres humanos.[63]

A diferencia de la comercial, la mercadotecnia parlamentaria es un acervo de conocimientos tocante a la realidad político-gubernamental y la aplicación de ellos en los procesos de legitimación social. Es, de cierta manera, una disciplina teórica con un perfil práctico que busca lograr legitimidad y consenso.

El objeto central de su preocupación es el conocimiento y persuasión de los ciudadanos constituidos en mercado político, investiga sus principales problemas como ente social, indaga su sensibilidad a los estímulos, analizando sus reacciones, sentimientos y comportamiento, diseña las estrategias propagandísticas más efectivas para lograr su cometido, estudia el contexto y la coyuntura política, establece relaciones entre mensaje, percepción y persuasión, se preocupa por los problemas asociados a la imagen y opinión pública, así como, de las acciones proselitistas de los congresistas, penetra en la doctrina y las teorías políticas e investiga los fenómenos de la comunicación política.

En este sentido, la mercadotecnia parlamentaria implica el análisis y el conocimiento de las necesidades de los ciudadanos dentro del ámbito socio-político (respecto del poder legislativo) y el desarrollo de planes y programas conducentes a su satisfacción.[64] Las siguientes son algunas áreas de atención de la mercadotecnia parlamentaria.

a. Investigación de mercados

La investigación en mercadotecnia parlamentaria es una actividad muy amplia, diversa y compleja, que tiene múltiples facetas y aristas. Ejemplos de investigación

[62]Véase, Kotler, Philip y Armstrong, Gary, *Fundamentos de Mercadotecnia*, Segunda edición, México: Prentice Hall Hispanoamericana, 1991.
[63] Ibid.
[64] Véase, Reyes Arce, Rafael y Munch, Lourdes, *Comunicación y Mercadotecnia Política*, Ed. Noriega, 1998.

en mercadotecnia lo constituyen, por señalar algunas, las actividades que realizan los diputados y las fracciones legislativas para elaborar su agenda parlamentaria; el consultor a fin de diagnosticar el mercado parlamentario y definir las estrategias a seguir; el comunicólogo que estudia el proceso de comunicación política y sugiere la emisión de diversos mensajes; el politólogo que analiza los fenómenos políticos asociados a la legitimidad y construcción de consensos sociales; el docente que investiga a fin de ejercer correctamente su magisterio; así como, el investigador quien indaga, pregunta, asocia y contrasta para generar nuevos conocimientos.

Es decir, en mercadotecnia parlamentaria existen, a *grosso modo*, dos vertientes de investigación. Una tiene que ver con la investigación del mercado, con el diagnóstico de los problemas, sentimientos, aspiraciones y necesidades de los ciudadanos para diseñar el mensaje propagandístico y la serie de estrategias para su conquista y la otra se refiere a la investigación científica sobre el proceso de intercambio político, así como, el desarrollo y situación actual de la disciplina. Es decir, la primer área de investigación tiene un objetivo pragmático como parte de las estrategias de los líderes, diputados y fracciones parlamentarias en la búsqueda del respaldo político y la segunda tiene un objetivo más relacionado con el análisis y la reflexión científica.

De esta forma, podemos señalar que por investigación en mercadotecnia, desde la perspectiva pragmática, debemos entender el conjunto de actividades tendientes al diagnóstico del mercado gubernamental, de la competencia entre fracciones parlamentarias y del contexto en el que se desarrollan la actividad de los congresos. El objeto de este tipo de acciones de investigación es el diseño de la comunicación política, el análisis objetivo de la coyuntura y del mercado político.

Por investigación de mercadotecnia parlamentaria, desde la perspectiva académica, entendemos el conjunto de actividades y esfuerzos para conocer y explicar los fenómenos relacionados con el proceso de intercambio político, así como, las acciones encaminadas a explicar, sobre una base científica, los hechos más trascendentales relacionados con las campañas internas, los procesos de comunicación política, la opinión pública, la imagen, la percepción e identidad de los congresos (y sus actores: diputados o senadores), así como, el desarrollo de la mercadotecnia como nueva disciplina del conocimiento. Lo que busca la investigación científica, en el campo de la mercadotecnia parlamentaria, es la interpretación de hechos empíricos para buscar tendencias generales sobre el proceso de intercambio político que se da al seno de la institución y de ésta con la sociedad.

Los métodos y técnicas de investigación que se pueden utilizar en la mercadotecnia parlamentaria son también diversos, sobresaliendo los bibliográficos, de campo, estadísticos e históricos. La investigación bibliográfica implica, principalmente, la revisión exhaustiva de libros, documentos, bases de datos, revistas y publicaciones periódicas. La investigación de campo implica el levantamiento de encuestas, las visitas domiciliarias, las entrevistas con informantes claves, la consulta entre los congresistas, entre otras cosas.

La investigación estadística implica la incorporación de paquetes computacionales y programas estadísticos para conocer la evolución de los fenómenos políticos y el cambio del mercado gubernamental, el levantamiento, procesamiento y presentación de encuestas, así como, las tendencias de desarrollo de ciertos fenómenos, preferencias y lealtades políticas. El método histórico implica una apreciación retrospectiva en el tiempo de los fenómenos en estudio, para incorporarlos como referentes retroalimentadores de la práctica política parlamentaria, para sustanciar y direccionar acciones, así como, reducir riesgos y momentos de incertidumbre.

La investigación en mercadotecnia parlamentaria es una actividad encaminada a la solución de problemas y creación de nuevos conocimientos para explicar el proceso de intercambio político entre diputados y senadores con los ciudadanos. El objeto de investigación es muy amplio, aunque se puede partir del proceso de intercambio entre la institución parlamentaria y la ciudadanía.

Sin embargo, a pesar de la creciente importancia del poder legislativo y la constitución de gobiernos divididos casi inexistente la investigación en materia de mercadotecnia parlamentaria. De hecho, los mismos analistas políticos y estudiosos de los fenómenos sociales, muchas veces menosprecian este campo del conocimiento, ya que lo consideran poco relevante y más bien ligado a la "charlatanería" y el "esoterismo."

Por ello, el reto es trabajar en la construcción intelectual de un campo propio del saber, utilizando los avances que se han presentado en la mercadotecnia comercial y política, en la ciencia política, en la psicología y en las ciencias de la comunicación. Este impulso exploratorio nos debe llevar a dar forma, contenido y, en consecuencia, abrir nuevas fronteras del conocimiento sobre esta nueva realidad gubernamental.

b. Imagen parlamentaria

El diagnóstico y la construcción de una imagen, es otra de las áreas en las que el marketing puede contribuir, lo cual está también muy asociado al proceso de legitimidad política del Congreso y la construcción de relaciones y vínculos con la sociedad.

Todo Congreso, o fracción parlamentaria, puede realizar una "auditoría de imagen" para conocer qué se piensa de ellos y su trabajo, cómo lo percibe la sociedad, para diagnosticar con exactitud la percepción real que de la institución parlamentaria se tiene. De esta auditoría, se puede desprender una serie de programas y acciones de comunicación social, relaciones públicas y mercadotecnia orientadas al fortalecimiento de la institución parlamentaria y la creación de una imagen deseada. Es decir, con base a una auditoría de imagen, se puede elaborar un plan estratégico para la adecuación, modificación y construcción de la imagen que se desea. De esta forma, el marketing parlamentario cobra razón, como una herramienta estratégica en el mejoramiento o construcción de una imagen pública de poder legislativo, que no sólo atienda las percepciones que de ella se tenga por los otros poderes públicos, sino también, sobre todo, por parte de la sociedad.

De hecho, toda institución parlamentaria tiene una imagen genérica y también particularizada, que se forma a lo largo de su existencia y de acuerdo a sus acciones, políticas y relaciones que establece con grupos de interés, sectores sociales y organizaciones de todo tipo.

Si la imagen que proyecta la institución parlamentaria no es la que se desea, lo procedente es empezar con un plan de acción, que se oriente a la construcción de una nueva imagen, más acorde con lo que se pretende. La imagen también puede subdividirse de acuerdo a prácticas y políticas de las fracciones parlamentarias, agendas legislativas, logros y avances de plan de trabajo, así como, por acuerdos y asuntos tratados en el pleno del Congreso o en sus comisiones que sean de interés general para la sociedad.

En la construcción de una nueva imagen corporativa, que debe partir de la aprobación y apoyo de las diferentes fracciones parlamentarias y la mesa directiva, se debe involucrar también, y sobre todo, a los empleados y personal que labore en el Congreso, ya que ellos son, en gran medida, los prestadores de diversos servicios hacia la población. Esta debe ser una imagen planeada y pensada a mediano plazo. Para ello, se deberán invertir recursos, tiempo y esfuerzos en la búsqueda de la mejora continua y el cumplimiento de los fines, objetivos y planes de la legislatura en turno.

c. Comunicación política

El Congreso deberá usar la comunicación como instrumento de mercadotecnia orientado a generar legitimación y producir información en dos vías. La primera tiene que ver con las políticas de comunicación interna dirigidos a sus empleados y a los otros poderes públicos. La segunda, por su parte, tiene que ver con las políticas de comunicación hacia la sociedad y grupos de interés determinado como pueden ser los sindicatos, las cámaras industriales o los líderes de opinión, por señalar algunos ejemplos.

La comunicación dirigida al interior se relaciona con los asuntos que puedan ser de interés para los empleados como prestaciones, salarios y otros asuntos propios de ámbito laboral, así como, cuestiones de carácter informativo y formativo desde la perspectiva laboral. Esto se puede hacer a través de la publicación de una gaceta o boletín interno que se distribuya en el Congreso de manera periódica. La comunicación dirigida hacia la sociedad y a los "pares" (los otros congresos) tiene que ser más de carácter general sobre la agenda legislativa, la rentabilidad parlamentaria o sobre una determinada postura del Congreso sobre un tema de interés general que se presente en el contexto local, estatal, nacional o internacional.

La idea detrás de todo esto (de la comunicación y la mercadotecnia) es que en el Congreso, lo importante no sólo será un desempeño responsable y honesto de parte de sus integrantes, sino también, y, sobre todo, la información sobre los logros, avances, problemas y planes que tienen. En otras palabras, "no sólo se debe poner el huevo sino que también hay que cacarearlo," lo que implica la adopción de una filosofía distinta donde la comunicación social y el marketing sean un eje articulador de los esfuerzos del parlamento.

El dirigir a una institución parlamentaria bajo un nuevo y moderno esquema centrado en la comunicación y el marketing tendría varios beneficios. En primer lugar, se reforzaría la legitimidad de los líderes de las fracciones que los representan, ya que el dirigir informando genera mayor respaldo y consenso social. En segundo lugar, el dirigir comunicando ayuda a formar o reforzar una imagen más positiva del Congreso, al hacer del dominio público sus logros, avances y puntos de acuerdo. Y finalmente, el usar la comunicación social como un eje articulador en el ejercicio de la alta responsabilidad de dirigir una institución parlamentaria acerca más a los representantes populares con la sociedad y sus diferentes sectores, proporcionando mayor información a estos últimos para juzgar su desempeño. Esto implica el reconocimiento de que gobernar es comunicar y de que la acción del Congreso es en esencia un ejercicio de buena mercadotecnia.

d. Estrategias y planes de mercadotecnia

Otra área importante del marketing parlamentario tiene que ver con las estrategias y planes de acción que permitan alcanzar los objetivos políticos y de imagen de la institución parlamentaria. Esto implica, el hacer uso de los conocimientos que aportan las ciencias administrativas, como la organización, planeación, evaluación, dirección y control en las tareas cotidianas de los congresistas.

La planificación es entendida como la tarea de trazar las líneas generales de las cosas que deben ser hechas y los métodos para hacerlas, con el fin de alcanzar los objetivos organizacionales.[65] De esta forma, las campañas de imagen pueden y deben planearse, ya que toda campaña profesional reclama el diseño de un plan general donde se establezcan las grandes políticas a seguir, las principales acciones y tareas a desarrollar, así como, los temas centrales del mensaje de la institución parlamentaria y sus directivos. Por su parte, la estrategia es conceptualizada como las acciones y caminos a seguir para poder llevar a cabo los objetivos planteados en el plan. Esto implica, el diseño de planes concretos bien elaborados y en los que se definan objetivos y metas a alcanzar.

---

[65] Véase, Chiaventato, Idalberto,*Introducción a la Teoría General de la Administración*, México: Editorial McGraw Hill, segunda edición, 1989.

La estrategia en mercadotecnia parlamentaria implica el impulsar acciones concretas y tomar decisiones inteligentes y oportunas en la búsqueda de los objetivos organizacionales fijados, así como, en los planes concretos y específicos acordados por la mesa directiva y las fracciones parlamentarias. De esta forma, al hacer uso del marketing, se pueden impulsar planes específicos para construir y posicionar la imagen de los directivos, fracciones y diputados ante la sociedad, así como, confeccionar planes de posicionamiento social de una imagen determinada del congreso. En esta cuestión, se puede también impulsar campañas especificas, para informar y formar a la población, construir relaciones con otros actores sociales y organismos de la sociedad, con grupos de interés, partidos políticos y gobiernos.

5. Otras funciones

La mercadotecnia parlamentaria cumple varias funciones en el ejercicio de la función pública, ya que no sólo se encarga, como se señaló anteriormente, de los aspectos relacionados con la construcción de la legitimidad, sino que, también, cumple funciones de educación, formación y participación de la comunidad. Es decir, la mercadotecnia parlamentaria se constituye como una tarea crítica para asegurar la participación y cooperación de todos los agentes de la comunidad en la búsqueda del bienestar general, así como, en la construcción de consensos, la concientización ciudadana y, sobre todo, en la formación de valores colectivos acordes y de apoyo al sistema político predominante.

La mercadotecnia parlamentaria se constituye además, en una nueva forma inteligente y creativa para hacer aceptable entre la ciudadanía y los empleados públicos[66] acciones y planes de gobierno. Es una especie de nueva técnica de persuasión para lograr la aceptación y el respaldo ciudadano. A través de este tipo de mercadotecnia se pueden generar consensos sociales y se logra la participación ciudadana.

Si bien el marketing parlamentario es un concepto mucho más amplio que va más allá de los spots publicitarios y la imagen gubernamental, los aspectos relacionados con la comunicación social y la propaganda ocupan papeles muy importante en las actividades de gobierno. Por ello, se deben idear una serie de estrategias y acciones creativas que permitan realmente emplear a fondo esta nueva herramienta de la modernidad. La transformación de los actos y labores del Congreso en noticias y su amplia circulación, la construcción de personajes, la formación de hábitos de consumo, de noticias gubernamentales por parte de los ciudadanos, así como, la empatía y buena relación de diputados y senadores con los representantes de los medios de comunicación son sólo algunas de las acciones permanentes en materia de mercadotecnia que se tienen que realizar de manera permanente.

---

[66] Cuando la mercadotecnia se orienta a lograr la aceptación de ideas, programas y tareas del Congreso entre los mismos empleados públicos estamos hablando de mercadotecnia interna y cuando los esfuerzos se dirigen hacia los ciudadanos estamos hablando de mercadotecnia externa.

La formación y preparación de congresistas en materia de mercadotecnia, transformándolos no sólo en buenos legisladores o políticos, sino también, en profesionales mediáticos, capaces de enfrentar con éxito a los medios y poder vender una imagen de bienestar general y de eficiencia gubernamental, es una de las acciones concretas del campo de trabajo de esta nueva disciplina.

6. Consideraciones Finales

Uno de los principios de la mercadotecnia señala que todo acto de gobierno se debe publicitar. En esto están de acuerdo, la gran mayoría de los estudiosos de este tipo de cuestiones y los especialistas en asuntos públicos. Por ejemplo, Carlos Fernández y Roberto Hernández Sampieri señalan que un buen gobierno es producto de dos grandes factores: Un buen trabajo en todas las áreas y una buena imagen. Esta buena imagen se logra a través de la formación de equipos de trabajo de comunicación y los planes de marketing[67].

Por su parte, Carlos Ferrá Sextos recomienda una política de comunicación del Plan Estratégico en el Ámbito Municipal consistente en las siguientes acciones: publicación de un documento de divulgación, publicación de documentos técnicos, organización de jornadas sobre planificación estratégica, montaje de una exposición, realización de un vídeo, desarrollo de campañas de publicidad (televisión, radio y prensa), publicación de un boletín informativo, apariciones en los medios de comunicación, redacción de artículos en publicaciones especializadas y presentación a agentes seleccionados con capacidad de decisión.[68]

En la función pública, muchas veces se hace más con un gramo de imagen que con toneladas de material. Por ello, es recomendable cuidar y construir la imagen de gobierno más idónea de acuerdo a la circunstancia, la coyuntura y el lugar de que se trate. La imagen como legislador debe ser consistente con la que se proyectó como candidato o incluso se debe aspirar a superarla. Una buena imagen de gobierno incluye la capacidad de trabajo, la honestidad en el manejo de los asuntos y recursos públicos, la accesibilidad, la paciencia, el liderazgo, la calidad de los servicios prestados y la capacidad de comunicación de funcionarios y gobernantes. De esta forma, la mercadotecnia se constituye en una herramienta muy útil en la construcción de esta imagen del Congreso, por lo que debe utilizarse de manera creativa e intensiva en todo el proceso legislativo.

Propaganda y Poder Político

---

[67] Fernández, Carlos, y Hernández Sampieri, Roberto, *Marketing Electoral e Imagen de Gobierno en Funciones*, México: Ed. Mc Graw Hill, 2000.

[68] Ferrá Sextos, Carlos *Planeación Estratégica*, Madrid, Documento Mimeografiado, 1998.

Hablar de la propaganda política es un tema, además de apasionante, muy amplio y complejo. La propaganda política la generan los movimientos sociales, las formaciones partidistas, los gobiernos, las élites políticas, los líderes y los candidatos a puestos de elección popular, entre otros. Esta propaganda se presenta en diferentes latitudes y se ha generado a lo largo de la historia del hombre, aunque, en su acepción moderna, es considerado un fenómeno de fines del siglo XIX y fundamentalmente del siglo XX.[148] Por la tanto, lo primero que debemos hacer es acotar el análisis de esta temática en una dimensión temporal y espacial, así como determinar que tipo de fenómeno será sujeto de indagación sobre el uso y emisión de fuentes de propaganda.

Bajo esta línea de argumentación, en el presente escrito me circunscribiré al análisis de la propaganda política relacionada con los procesos electorales y los partidos políticos en México durante los últimos años. Sin embargo, abordaré algunas cuestiones referenciales sobre el desarrollo y situación actual de la propaganda como acción política y como fenómeno de comunicación social.

El proceso de propaganda, al que aquí me refiero, puede conceptualizarse como la serie de actividades informativas, de persuasión y de comunicación política durante el proceso electoral que llevan a cabo los principales partidos políticos, candidatos y gobernantes en turno con la finalidad de lograr un impacto significativo en la sociedad y así conservar o incrementar su aceptación y respaldo social. Esta conceptualización incluye los sistemas de comunicación y propaganda ideados para conservar o modificar la imagen de un partido o candidato, las actividades informativas para "vender" un proyecto político o para justificar un gobierno y sus políticas.[149] Su objetivo central se orienta en lograr, mantener o incrementar los niveles de credibilidad social, formar impresiones, construir significados y avanzar sus metas políticas.

La palabra propaganda deriva del latín *propagare* que significa propagar, sembrar, extender. Este vocablo tiene, a su vez, varias definiciones superpuestas: causar que los animales o las plantas se multipliquen o procreen; engendrar descendientes, transmitir características de una generación a otra; dar a conocer, publicitar y transmitir.

De acuerdo a Rodrigo Borja, la propaganda es el arte de promover sistemáticamente una idea política, un partido, una creencia o una causa de interés público, por medios publicitarios, para lograr su aceptación general.[150] El

---

148 De acuerdo a Anthony Pratkanis y Elliot Aronson, la era de la propaganda comenzó en Filadelfia, Estados Unidos de Norteamérica en 1843, cuando un joven llamado Volney Palmer creó la primera agencia de publicidad (véase La Era de la Propaganda: Uso y Abuso de la Persuasión, Barcelona: Ed. Paidos, 1994).

149 En este sentido, las actividades de propaganda de una formación política competitiva e institucionalizada son continuas, ya que se realizan antes, durante y después de los tiempos electorales determinados por los calendarios políticos. Sin embargo, el tipo y magnitud de la propaganda política tiende a incrementarse y diversificarse conforme se acercan los calendarios electorales.

150 Véase Rodrigo Borja, *Enciclopedia de la Política*, México: Fondo de Cultura Económica, 2a. Edición,

término fue acuñado en 1622 por el Papa Gregorio XV, en los tiempos de la contrareforma, al crear la institución canónica denominada Sagrada Congregación de *propaganda fide.* Esta congregación tuvo como objetivos la propagación del catolicismo para contrarrestar el expansionismo de las ideas protestantes. Si bien, el termino fue acuñado en el siglo XVII, su práctica es muy antigua, ya que desde los tiempos del emperador Julio Cesar se encuentran algunos graffitis en las bardas de la Roma Antigua como instrumentos de propaganda política. Por su parte, Alejandro Magno acuñó monedas con su propia imagen.[151] Esto implica que los orígenes de la propaganda política datan de muchos años atrás, aunque, debe quedar claro como se señaló anteriormente, que la propaganda es un fenómeno dominante del siglo XX.[152]

La propaganda se desarrolló a un paso acelerado con el surgimiento de cada uno de los medios de comunicación de masas: La imprenta en el siglo XVII, las publicaciones comerciales masivas en la década de 1880, la radio en la década de los treinta, la televisión en los cincuenta y el correo directo y el telemarketing en la década de los ochenta. Hoy día, en la sociedad de la información y el conocimiento, la propaganda es un medio organizado para influir y dirigir la opinión pública. Constituye el mejor intento sistematizado y deliberado por modelar la opinión, el sentimientos y la acción de los ciudadanos. Es un principio central del poder de una sociedad con régimen político de cuño democrático.

Modernidad y Propaganda

La nueva propaganda está asociada con tres nuevos fenómenos de la modernidad: el desarrollo tecnológico, la tercer ola de transiciones hacia la democracia y el establecimiento de sociedades de mercado.

A través del desarrollo tecnológico, la propaganda política ha alcanzado niveles sin precedentes, ya sea en forma gráfica, escrita, en audio o vídeo. De esta forma, encontramos, por ejemplo, fenómenos como el telemarketing, la videopolítica y el uso de la Internet en las campañas electorales. Con el diseño gráfico por computadora, la impresión digitalizada y las cámaras digitales la propaganda política ha logrado avances "revolucionarios," pasando en menos de un siglo de un formato lento y restringido (libros, graffitti, carteles y folletos) a uno de alcances mundiales.

El actual proceso de democratización, llamado por Samuel Huntington la tercer ola de transiciones hacia la democracia,[153] ha influido también enormemente en el

---

1998.

[151] En materia de propaganda, el antecedente más antiguo que se recuerda es una pintura mural en Pompeya que elogiaba a un político y pedía al pueblo que votara por él. Sin embargo, el momento decisivo para la publicidad fue en 1450 cuando Johann Gutenberg invitó la imprenta. El primer anuncio impreso en lengua inglesa apareció en 1478.

[152] Aquí es importante hacer la aclaración que entre propaganda y publicidad, existe una indebida sinonimia, ya que la propaganda se refiere al ámbito del pensamiento ideológico y la acción política, mientras que la publicidad se refiere a cuestiones de las empresas y los asuntos comerciales.

desarrollo de la propaganda política. Ciertamente, la propaganda también se ha desarrollado bajo regímenes autoritarios e, incluso, totalitarios como fue el caso de la Alemania de Hitler, pero bajo el paradigma de la democracia, la propaganda ha alcanzado altos e inimaginables niveles de desarrollo. Lo cual nos lleva a la constitución del mismo mercado electoral, la disputa de este mercado por una pluralidad de actores y formaciones políticas y la búsqueda de nuevas y modernas técnicas de persuasión en la disputa del poder político.

De esta forma, propaganda política y democracia aparecen como dos fenómenos estrechamente relacionados. Esto es así, en gran parte, debido a que una parte de la lógica del control social y legitimidad de un grupo de poder político dentro de una sociedad democrática se basa en la construcción de una plataforma propagandística y de comunicación dirigida hacia las masas. Consecuentemente, una opción de poder en una sociedad democrática encuentra su legitimidad en el voto popular, por lo que sus esfuerzos se encaminan a mantener o incrementar el respaldo social que los electores otorgan.

Por otro lado, el predominio de la sociedad de mercado y, por consiguiente, de consumo, como nueva característica de la modernidad, también ha influido en el desarrollo de la propaganda. De hecho, los electores se han convertido en grandes consumidores de productos y servicios políticos, lo que ha posibilitado el que la propaganda pueda llegar a millones de ciudadanos, constituidos en mercado electoral.

El Nuevo Modelo de Propaganda en México

El nuevo modelo de la propaganda que se está adoptando en México presenta rasgos muy similares a los existentes en otras latitudes que cuentan con un sistema político democrático, como es el caso de los Estados Unidos de Norteamérica. Estas nuevas formas de propaganda contrastan con el modelo mexicano predominante en la época post-revolucionaria, donde se privilegiaban las concentraciones masivas, el contacto directo y mítines por encima de la propaganda en medios, los electores eran atraídos y llevados hacia el candidato, la credibilidad social en las elecciones era mínima y los comicios representaban una especie de "ritos protocolarios" para llevar a los espacios de representación pública a actores designados desde las altas esferas del poder.

A partir de la década de los noventa, los procesos electorales de nuestro país sufrieron una profunda transformación y con ellos las formas de propaganda utilizada por las diferentes fuerzas políticas. A partir de esta época, surgieron nuevas características en las formas y medios de propaganda, reflejando una gran influencia, como se señaló más arriba, del modelo norteamericano.

---

[153] Samuel P. Huntington, "Democracy´s Thir Wave" en Larry Diamond y Marc F. Platnner, Editores, *The Global Resurgence of Democracy*. Boltimore: The John Hopkins University Press, 1993.

Las siguientes son las características más sobresalientes de la nueva propaganda política, mismas que son muy coincidentes con las del modelo de mercadotecnia política de nuestro país:

1. La propaganda se orienta progresivamente más hacia la difusión de atributos y fortalezas del candidato y no tanto del partido. Las formaciones políticas quedan relegadas en un segundo plano, dando mayor énfasis al candidato. De acuerdo a esta nueva orientación en el uso de la propaganda, el candidato es el mensaje, generando, de cierta manera, un regreso al neocaudillismo en la que la personalización es el punto nodal y eje vertebral de las campañas propagandísticas.

Anteriormente, si bien los nombres de los candidatos eran importantes, la maquinaria propagandística estaba orientada a apoyar a los partidos, a legitimar el gobierno proveniente de una determinada formación política y, en consecuencia, a asegurar que el partido emanado de la "revolución mexicana" siguiera dirigiendo los destinos del país. Bajo este modelo de propaganda, las instituciones estaban sobrepuestas por encima de las personas. Ahora, con el nuevo modelo, si bien la institución partidista sigue teniendo relevancia, lo que más importa es el candidato y sus atributos.

De esta forma, hoy día observamos campañas propagandísticas orientadas a difundir principalmente la imagen del candidato, así como su trayectoria y experiencia de gobierno, marginando o, incluso omitiendo en algunos casos, el nombrar el partido o formación política que lo postula.

2. Se observa una creciente profesionalización de las campañas propagandísticas en la que la improvisación y el empirismo dan lugar a campañas organizadas por consultores especializados y profesionistas de las ciencias políticas, de la comunicación y la mercadotecnia política.[154] Dentro de esta nueva era de

---

154 Hoy día, cualquier político importante contrata consultores de comunicación y estrategas políticos para que le aconsejen sobre la manera de persuadir al público y llegar a ser elegido.

8 En Latinoamérica la tendencia ha sido en el mismo sentido. Por ejemplo, uno de los primeros consultores políticos externos fue el norteamericano Joe Napolitan quien en 1973 le coordinó la campaña presidencial a Carlos Andrés Pérez de Venezuela. En 1978, Davi Garth trabajó para la COCEI de ese mismo país y la agencia norteamericana Sawer/Miller asesoró a Mario Vargas Llosa en el Perú a inicios de la

organizar campañas los consultores políticos de renombre de otros países, principalmente norteamericanos, son contratados para prestar sus servicios en los equipos de campaña de los candidatos presidenciales. Por ejemplo, tanto Vicente Fox, Cuauhtémoc Cárdenas y Francisco Labastida contaron en la elección presidencial de julio del 2000 con asesoría externa en materia de propaganda política.[155]

3. Las encuestas sobre las preferencias electorales pasan de ser medios de diagnostico sobre el mercado político para convertirse en nuevos instrumentos de propaganda. Con esto, se presenta una cierta distorsión y abuso de los verdaderos fines de investigación objetiva de las encuestas como herramientas de conocimiento, situándose, como medios de propaganda, al servicio de los intereses políticos y económicos.

4. Los medios electrónicos de comunicación (radio y televisión) monopolizan las campañas propagandísticas al actuar como canales hegemónicos de distribución de la oferta electoral de los contendientes. De esta forma, las campañas se transforman en "guerras mediáticas" por lograr persuadir al elector y obtener el voto a su favor. Lo que importa en este nuevo modelo de campaña, ya no es llenar plazas, sino llenar urnas y los medios de comunicación se convierten, ante la creciente socialización y acceso de la televisión y radio, en conductos privilegiados de los contendientes para buscar persuadir al elector.

5. La videopolítica, como la define Giovanni Sartori,[156] se convierte en el medio de campaña por excelencia, sustituyendo al contacto directo y a los mítines masivos, que si bien no desaparecen, pasan a ocupar un segundo plano en las estrategias contempladas en las campañas. La radio y la prensa siguen ocupando un lugar importante en la estrategia de comunicación política de los candidatos, principalmente por su relativo bajo costo económico, pero la televisión se posiciona, a pesar de los también relativos altos costos, como el medio por excelencia al que acuden de manera creciente los diferentes candidatos y formaciones políticas.

El acudir al expediente de la televisión por los políticos parte de la idea que lo que importa no es necesariamente la realidad, sino la percepción, la imagen del candidato y porque el porcentaje de recordación y retención del elector por este medio es mucho mayor en vídeo que en audio o texto.[157] En este sentido, la

---

década de los ochenta. A partir de estos años, la participación de consultores externos en mercadotecnia política se ha incrementado en la gran mayoría de los países del subcontinente.

9 Giovanni Sartori, Homo Videns: La Sociedad Teledirigida, México: Ed. Océano, 1999

.

10 De acuerdo a estudios realizados en la materia, se concluyó que el porcentaje de recordación en texto del hombre normal es de 10 a 12

televisión representa un medio idóneo para que los candidatos y partidos presenten visualmente mensajes e imágenes persuasivas y cumplen con sus objetivos proselitistas, ya que se considera que el ser humano adquiere el 10% de sus conocimientos por el oído y el 80 por ciento por la vista.[158]

6. Se incorporan nuevas tecnologías en el proceso de comunicación política como el uso de Internet, de tal forma que el elector que tenga acceso a la tecnología moderna puede ampliar la información y comunicación con el candidato y su equipo de campaña. La Internet se convierte también en instrumento de información y comunicación entre militantes y dirigentes partidistas. De esta forma observamos, por ejemplo, que en la pasada elección presidencial todos los candidatos a la presidencia de la república editaron sus páginas web, donde el público en general puedo conocer, entre otras cosas, las plataformas programáticas, la oferta electoral, el currículum y agenda del candidato, o pudo inscribirse en la lista de simpatizantes y apoyadores.

7. El elector mexicano se convierte en consumidor de productos políticos, por lo que la propaganda, ante el agotamiento del modelo tradicional, experimenta nuevas formas y medios para llegar al elector como su incursión en programas de entretenimiento. Es así como, los programas de TV y radio de entretenimiento, análisis y debate se ven "inundados" por los candidatos o sus representes. Tal es el caso, por ejemplo, de programas televisivos de entretenimiento, como el que protagonizaron Eugenio Derbez, (Derbez en Cuando) y Adal Ramones (Otro Rollo) a fines de 1999 y durante la primera mitad del año 2000, en los que diferentes candidatos a la presidencia de la república desfilaron por este tipo de escenarios. Los programas televisivos de debate y presentación de propuestas por parte de los candidatos también se multiplican.

De cierta manera, los programas de espectáculos cómicos con la participación de los candidatos han sido posible debido al hecho que la gran mayoría de los electores no quiere oír hablar de política y no le presta mayor atención a la propaganda tradicional, por lo que el político se ve obligado a buscar formas alternativas para poder hacer llegar al elector su mensaje. En otras palabras, busca descubrir los circuitos de interés y reflexión no políticos del electorado para atraer su voto.

8. Las campañas propagandísticas de orientación negativa empiezan a privilegiarse por encima de las campañas propositivas, de ideas y proyectos

---

por ciento, en audio de 20 al 25 por ciento, en vídeo del 40 al 45 por ciento e interactivo del 70 al 80 por ciento (Señalado por la empresa consultora CC&A en el Seminario Internacional de Mercadotecnia Política, celebrado el 18 y 19 de febrero del 2000, ITESM, campus Ciudad de México).

[11]Bartlett. C., *La Propaganda Política*, México: Fondo de Cultura Económica, 1941.

programáticos. De cierta manera, las nuevas campañas se basan más en la imagen y la propaganda superficial que en el debate de ideas y proyectos políticos de fondo. Uno de los principios que parte toda campaña negativa es que el elector actual privilegiar el gusto por el espectáculo, el amarillismo y el sensacionalismo por encima del análisis profundo de ideas, proyectos y plataformas programáticas.[159] Las campañas negativas buscan además desprestigiar al oponente, propiciar en el elector dudas sobre el adversario, generar "miedo" en el ciudadano o rechazo hacia la política y las elecciones.

9. Los debates como propaganda. Como parte de los procesos electorales se empiezan a institucionalizar los debates entre los diferentes candidatos y partidos que compiten por el voto del elector. Como es ampliamente conocido, uno de los primeros y más sonados debates televisados que se presentaron a nivel nacional entre los candidatos a la presidencia de la república se dieron en nuestro país en mayo de 1994 entre el abanderado del Partido Acción Nacional, Diego Fernández de Cevallos, el candidato del Partido de la Revolución Democrática, Cuauhtémoc Cárdenas Solórzano y el abanderado del Partido Revolucionario Institucional, Ernesto Zedillo Ponce de León.[160] En la elección presidencial del año 2000, se organizaron dos debates entre los candidatos a la máxima magistratura del país: uno el 25 de abril y la otra el 26 de mayo del 2000.[161] A partir del 2012, los debates presidenciales ya se intitucionalizaron y forman parte de la naciente democracia mexicana.

Hoy día, los debates se han hecho una constante, ya que si bien no se contempla la obligación de su realización en las leyes electorales, no se puede concebir una elección presidencial o a una gubernatura sin la existencia de debates entre los principales contendientes. De esta forma, los debates se convierten también en instrumentos de propaganda.

10. Las campañas propagandísticas se orientan hacia los electores (masas) y no hacia las élites, ya que los votos cuentan y, a diferencia del pasado, definen el carácter de la representación política. Las campañas añejas estaban orientadas preferentemente a lograr la aprobación de las elites y los grupos de poder, menospreciando la fuerza del electorado. Por su parte, las campañas actuales, como procesos más complejos y sistemáticos, integrados por diversas etapas

---

[159] En esta misma línea de argumentación, señala Sproule que las audiencias masivas responden a conclusiones, no a razones; a eslóganes, no a complejidades; a imágenes, no a ideas; a personajes agradables, atractivos, no a expertos o intelectuales.

[14] De hecho, este fue un segundo debate, ya que días antes del magno debate entre los candidatos "más fuertes" a la presidencia se había producido otro debate entre los otros contendientes a la presidencia, postulados por los partidos minoritarios. En el segundo debate sólo participaron los candidatos de la Alianza por el Cambio, Alianza por México y del PRI, Vicente Fox, Cuauhtémoc Cárdenas y Francisco Labastida, respectivamente

.

estrechamente vinculadas entre si, tienen el objetivo de obtener el poder a través de la persuasión del ciudadano.

11. La propaganda se orienta a persuadir al elector a sabiendas que existe una mayor volatilidad y una menor lealtad del voto tradicional. De cierta manera, la nueva democracia genera el "hombre plástico" el cual es influenciado y moldeado por los diferentes mensajes propagandísticos que son emitidos desde los diferentes medios de comunicación.

Estas son las principales características que está adoptando la nueva propaganda, sin embargo su propio desarrollo está generando algunos riesgos, costos y consecuencias negativas. Por ejemplo, las campañas propagandísticas se han convertido en procesos políticos muy costosos desde la perspectiva económica, ya que tenemos el caso de las elecciones presidenciales de México del año 2000, donde el presupuesto de origen público para las campañas de los once partidos políticos con registro fue cercano a los cuatro mil millones de pesos. Estos recursos, en su gran mayoría (60 a 70%) se destinaron a cubrir las onerosas facturas de los medios electrónicos, principalmente televisión, ya que el acceso a este medio resulta muy gravoso.

Estas campañas dispendiosas y despilfarradoras son sumamente ofensivas ante las recurrentes crisis económicas que padece el país y la pobreza lacerante de millones de mexicanos. El uso excesivo del maniqueísmo propagandístico también desorienta al electorado y genera un ambiente de tensión y enrarecimiento político. [162]

La contaminación con materiales no biodegradables como plásticos, el abuso en el uso del marketing político orientado a lograr la manipulación del elector y la sensación de "hartazgo" del ciudadano ocasionado, en gran medida, por el bombardeo de propaganda, son otras consecuencias negativas de su nuevo desarrollo.

Consideraciones Finales

En una sociedad moderna, la propaganda constituye una importante forma de poder social y político, es un fenómeno que forma parte de la vida cotidiana de la sociedad democrática en el proceso de renovación de sus élites políticas. La propaganda política constituye un medio central de los partidos, gobiernos o grupos de interés que busca su ingreso, permanencia o ascenso a las estructuras de poder o el aumento de su presencia política en una determinada sociedad. A través de un adecuado y oportuno despliegue propagandístico, los grupos de poder pueden legitimarse socialmente, avanzar sus metas políticas y perdurar en las estructuras de poder del Estado.

---

[162] Por ello, no se debe olvidar que la construcción de un ciudadano, de una sociedad democrática se obtiene presentando hechos verídicos y juicios sensatos de la realidad política, y no mediante técnicas artificiales de manipulación política y de maquiavelismo informativo.

Aunque existen antecedentes de la existencia milenaria de la propaganda, como medio de comunicación y persuasión de masas, la propaganda política es, en realidad, un fenómeno del siglo XX. En esta época, se ha convertido en, relativamente, poco tiempo en un principio central del poder de la nueva sociedad de la información.

La situación que se dio en México durante las elecciones presidenciales del 2000, de una u otra forma, representó una "guerra" propagandística protagonizada por las distintas fuerzas partidistas en pro de la conquista del mercado electoral. Esta nueva propaganda apeló a nuestra sensibilidad estética y a nuestras emociones. Esta propaganda buscó verse, entenderse, aprenderse, recordarse y ejercitarse en el comportamiento, como fue el caso de la campaña de Alianza por el Cambio.

Finalmente, es importe apuntar que por medio de la reforma electoral federal de 1996, en materia de propaganda política, se logro introducir en la reglamentación del COFIPE, algunos señalamientos normativos sobre su permisividad, financiamiento y prerrogativas para los partidos políticos, donde se definen ciertos limites, topes de gastos de campaña y pautas éticas de conducta en esta materia.[163] En el caso de algunos estados, como Jalisco, en la legislación electoral (Ley Electoral) incluso se señala el tipo de material que debe usarse para evitar el daño ecológico.[164]

Sin embargo, la legislación, en general, es un tanto laxa y en muchos casos no se cumple.[165] En este sentido, la principal asignatura pendiente en materia de propaganda política consiste en reglamentar un poco más su uso, incorporando una dimensión ética y una nueva racionalidad ecológica en su elaboración y

---

[163] Anthony Giddens, señala al respecto que uno de los riesgos de la propaganda mediática tiene que ver con el poder desmedido que pueden adquirir los magnates de los medios de comunicación y del dinero. Es decir, el poder económico puede trastocar el poder político y controlarlo (*Un Mundo Desbocado: Los Efectos de la Globalización en Nuestras Vidas*, Madrid: Ed. Taurus, 2000).

[17] El artículo 67 de la Ley Electoral del Estado de Jalisco señala en su párrafo V que la "propaganda será de material reciclable, fácil de retirar, biodegradable y que no modifique el paisaje, ni perjudique los elementos que conforman el entorno natural."

[18] En el proceso federal del año 2000 en el que se renovaron los dos poderes públicos de la república (legislativo y ejecutivo), tan sólo trascendió que el IFE impuso una sanción de 100 salarios mínimos vigentes en el Distrito Federal al PRI en el estado de Michoacán por haber colocado propaganda en el Centro Histórico de la Ciudad de Morelia. Hecho que fue denunciado por un ciudadano (*Mural*, 29 de agosto del 2000, p.11A).

difusión, pero sobre todo, lo que se requiere es el cumplimiento de los ordenamientos vigentes. Diseñar un modelo de propaganda política propio y acorde a las particularidades de nuestro país debe ser, a mi juicio, otra de las asignaturas pendientes en esta materia.

Bibliografía

BEN-DAVID J. (1994). El papel de los científicos en la sociedad: Un estudio comparativo. México: Editorial Trillas, p. 99.

BURGER Peter y Luckmann Thomas (1968). La Construcción Social de la Realidad. Argentina: editorial Amarrotu.

FERNANDEZ Carmen Beatriz y REYES Luz Mely (2003). Marketing Político: Herramientas para Ganar Elecciones. Konrad Adenauer Stiftftung.

HAIDAR, J.I. (2012). "Impact of Business Regulatory Reforms on Economic Growth," Journal of the Japanese and International Economies, Elsevier, vol. 26(3), mes de septiembre, pp. 285–307.

HARTLYN, Jonathan y Valenzuela, Arturo (1999). "La democracia en América latina" México: Revista de Ciencia Política Vol. XX, No. 1.

HUNTINGTON, Samuel. (1993). The Third Wave of Democratization. Norman: University of Oklahoma Press.

MARTÏN Salgado, Lourdes (2002). *Marketing político: arte y ciencia de la persuasión en la democracia.* Barcelona, España: Paidós.

MAAREK Philippe J. (1997) Marketing político y comunicación: claves para una buena información política. España: Editorial Paidós.

MERTON (2002). Teoría y estructuras sociales: México: Fondo de Cultura Económica, 4°. Edición.

MARSH, Peter (2012). The New Industrial Revolution: Consumers, globalization and the end of mass production. USA: Yale University Press.

PEREZ Sedeño, Eulalia (2000). Institucionalización de la ciencia valores epistémicos y contextuales: un caso ejemplar. *Cadernos Pagu*(15), 2000.

VILLAVICENCIO Preciado, Rocío Guadalupe (2011). Ben-David El Proceso de Institucionalización de las Ciencias. México: Universidad de Sonora.

VALDEZ Zepeda Andrés (2002) Teoría y Práctica del Marketing Político. México: Editorial, Universidad de Guadalajara – Asociación Latinoamericana de Consultores Políticos (ALOCOP).

VALDEZ Zepeda, Andrés (2005). Mercado y Democracia: La política en la era moderna. México: Instituto Electoral del Estado de Chihuahua.